저자 沈建华　편저 왕혜경

머리말

저자는 다년간 외국 유학생을 대상으로 중국어 수업을 진행하면서 학생들이 어려움을 토로하는 경우를 많이 보아 왔다. 대부분의 학생들이 공통적으로 어렵다고 느끼는 점을 살펴보면 다음과 같다.

중국인과 대화할 때, 텔레비전을 시청할 때, 유학생들이 들을 수 있는 단어 하나 하나는 모두 이해할 수 있지만, 그 각각의 글자들이 함께 쓰이면 어떤 의미인지 또는 어떠한 상황에서 쓰이는지 알 수 없을 뿐 아니라, 사전을 찾아도 쉽게 찾을 수 없다는 것이다. 이런 단어들은 중국인의 아주 일상적인 생활에서 습관적으로 쓰이는 표현이기 때문이다.

이러한 표현속에는 관용어, 고정 형식, 고정 문장 형식 등이 있다. 가장 큰 특징으로는 2개 또는 그 이상의 단어로 구성되어 있으며, 글자 자체로 명확한 의미를 직접 이해하기 어렵고 많은 함축적 의미를 가지고 있어, 반드시 언어 환경과 연관시켜야 이해할 수 있다는 점이다. 현재 일반적인 중국어 교재에서는 이러한 구어적 표현에 대한 언급은 거의 찾아볼 수 없으며, 사전에서도 역시 쉽게 찾아볼 수 없다.

이에 본 교재를 통하여 학습자들이 가장 중국인다운 표현의 의미와 용법을 쉽게 이해하고, 한어수평고시의 듣기 문제에 응용할 수 있도록 하기 위하여, 다량의 어휘를 수집하여 가장 상용되고 있는 표현을 선별하여 총 20개의 상황으로 구성하였으며, 그 구어적 표현이 쓰일 수 있는 언어 환경을 설정하여 그 의미와 용법을 이해할 수 있도록 하였다.

단어 및 숙어
학습자들이 이해하기 어려운 단어와 숙어를 10개 내외로 선별하여
그에 따른 해설을 실었다.

핵심정리
각각의 습관 용어에 대한 상세한 해설과 예문을 실어
그 의미를 더욱 쉽게 이해할 수 있도록 하였다.

연습문제
각 과에 해당하는 연습문제를 실어 각각의 표현에 대한 이해를 한층 심화하도록 하였다.

본 교재는 중·고급 수준의 중국어 학습자를 위하여 집필한 북경어언대학의 교재이다. 아울러, 총 500여 개의 상용하는 구어적 표현만을 수록하였으며, 다년 간의 저자 경험을 바탕으로 구성하였다. 특히 상세한 해설을 실어 교재용 외에 일반 독학자들도 쉽게 학습할 수 있도록 하였다.

아무리 많은 단어를 알고 있고, 문법에 도통한다 한들, 내가 직접 실제 써먹지 못한다면 이 얼마나 억울한 일인가? 본 교재는 이런 학습상의 어려운 점을 간파하여, 중국인의 생활속에서 베어나오는 구어적 표현들을 쉽게 이해함으로써, 나아가 중국어를 정복할 수 있는 발판을 제공하고자 한다. 오직 사전에서만 존재하는 죽은 단어는 이 책을 통해 종지부를 찍어도 좋을 것이다.

Contents

01 我自己的钱爱怎么花就怎么花 |6
내 돈이니까 내가 쓰고 싶은 대로 쓰는 건데요

02 这次考试又考砸了 |20
이번 시험 또 망쳤어

03 这60块钱就打水漂儿了 |33
60위엔 날렸어

04 你可真是个马大哈 |46
넌 정말 못 말리는 덜렁이야

05 这事让我伤透了脑筋 |60
이 일 때문에 내 머리가 너무 아파

06 有的路口都乱成一锅粥了 |74
어떤 길은 뒤죽박죽 엉켜 있어

07 这都是看爱情小说看的 |86
그건 다 애정 소설 너무 봐서 그런 거야

08 在工作上他向来一是一, 二是二 |100
일에 있어서 그는 항상 똑 부러져

09 为了孩子我们豁出去了 |114
아이를 위해서 우리들은 전부 다 내던졌어

10 这事儿八成得黄 |127
이 일은 십중팔구 가망이 없어

| 11 | 谁都猜不出他葫芦里卖的什么药 | 139 |

아무도 그 사람의 꿍꿍이 속은 몰라

| 12 | 你现在是鸟枪换炮了 | 152 |

자네 갈수록 신수가 환하군 그래

| 13 | 拿到票我这一块石头才算落了地 | 166 |

표를 손에 넣고서야 한숨 놓을 수 있었어

| 14 | 你说这叫什么事儿啊 | 179 |

웬일이니, 웬일이야

| 15 | 我已经打定主意了 | 192 |

나는 이미 마음을 정했어

| 16 | 那些菜真不敢恭维 | 204 |

이 요리들은 정말 칭찬해 주고 싶어도 칭찬해 줄 수가 없어

| 17 | 此一时彼一时 | 217 |

그때는 그때고, 지금은 지금이야

| 18 | 老坐着不动可不是事儿 | 230 |

가만히 앉아서 움직이지 않는 것도 할 짓이 아니야

| 19 | 我觉得他说在点子上了 | 245 |

내 생각에는 그의 말이 정곡을 찌르고 있다고 봐

| 20 | 他给我们来了个空城计 | 257 |

그 사람 우리들 때문에 일부러 자리를 피한 것 같아

01 我自己的钱爱怎么花就怎么花

(丽华兴冲冲地跑回家来)

丽华：妈，我买了件新大衣，您瞧瞧怎么样？不错吧？刚才在商场我一眼就看上了。

妈妈：你呀，一发工资就手痒痒，在家闲不住。上个月你不是刚买了一件吗？

丽华：那件早过时了，根本穿不出去！这可是今年最时髦的。

妈妈：每个月就那么点儿钱，老追时髦你追得起吗？衣服够穿不就得了？你看你，左一件，右一件的，咱们家都能开时装店了。唉，让我说你什么好，我的话你怎么就是听不进去呀？

丽华：要是听您的，一年到头，出来进去老穿那两件，多没面子呀，我可怕别人笑话。看人家刘萍萍，一天一身儿，从头到脚都是名牌儿。

妈妈：她？我最看不惯的就是她，天天打扮得什么似的。她一个电影院卖票的，哪儿来那么多钱？要我说，那钱肯定不是好来的，你可不能跟她学。想想我年轻那会儿……

丽华：妈，您又来了，您那些话我都听腻了。要是大伙儿都像您似的，一件衣服新三年旧三年地穿，咱们国家的经济就别发展了，市场也别繁荣了。都什么年代了，您也该换换脑筋了。

妈妈：我没有你那么多新名词儿，说不过你。哎，这件怎么也得上百吧？

丽华：不贵，正赶上三八节打折优惠，才460块。

妈妈：我的天！460块还是优惠价？我一个月的退休金才500块！你也太……

丽华：我自己的钱，爱怎么花就怎么花，别人管不着。

妈妈：像你这样大手大脚惯了，将来成家了可怎么办？还不得喝西北风啊？

丽华：我呀，要么找个大款，要么就不结婚，我在您身边伺候您一辈子。

妈妈：你？说得比唱得还好听，不定是谁伺候谁呢。丽华，妈不是不让你打扮，可你眼下最要紧的是多攒点儿钱，找个好对象，把婚结了，等以后有条件了再打扮、再穿也不晚哪。

丽华：看您说的，现在不打扮，等七老八十了再打扮，谁看哪！我才不那么傻呢。

妈妈：唉，我说什么你都当成耳旁风。老话儿说得好：不听老人言，吃亏在眼前。现在你不听我的，将来可没你的后悔药吃，该说的我都说了，你爱听不听吧。对了，一会儿你爸爸回来，别跟你爸爸说多少钱，他要是跟你发火儿，我可不管。

丽华：我才不想听他给我上课呢，他那一套我都会背了。您放心，我有办法，他要是问哪，我就说这是处理品，大甩卖，便宜得要死，只要60块。

단어 및 숙어

1 **闲不住**[xiánbuzhù] 잠자코 있지 못하다. 가만히 있지 못하다

2 **过时**[guòshí] 시대나 유행에 뒤떨어지다.

3 **那么点儿**[nàme diǎnr] 겨우 그 정도. 아주 적은 수량을 강조하는 지시대명사.
(명사를 수식하는 경우에도 '的'를 사용하지 않는다.)

4 **一身儿**[yìshēnr] (옷, 의류 등의) 한 벌. '一身'은 '온 몸, 전신'이라는 뜻이지만, '儿'화 현상을 일으키면 의미가 달라진다는 점에 주의하자.

5 **学**[xué] '배우다'. '익히다'가 기본의이지만, 본문에서는 의미가 확장되어 '흉내내다'라는 뜻으로 쓰였다.
예 他喜欢学鸡叫。 그는 닭울음소리 흉내 내기를 좋아한다.

6 **新三年旧三年**[xīnsānnián jiùsānnián] '新三年旧三年, 缝缝补补又三年 féng féng bǔ bǔ yòu sān nián'이라는 속담에서 유래한 표현이며, 근검절약하여 옷 한 벌로 여러 해를 지낸다는 뜻을 나타낸다.

7 **新名词儿**[xīnmíngcír] 신조어. 새로 만들어진 말. '新名词'(신명사)라고 해서 새로 만들어진 '名词'(명사)만 해당되는 것이 아니라, 동사, 형용사, 유행어, 약어 등을 막론하고 새롭게 만들어져서 사용되는 단어라면 모두 여기에 포함된다.

8 **三八节**[sānbājié] 정식 명칭은 '国际妇女节'이며, '三八妇女节'라고 한다. 중국에서는 매년 3월 8일 부녀자들을 위하여 다양한 행사가 개최된다.

9 **大款**[dàkuǎn] 부자. 돈이 아주 많은 사람. '款'은 돈이라는 뜻을 의미한다.
예 **公款**[gōngkuǎn] 공금

10 **伺候**[cìhou] 시중들다

11 **老话儿**[lǎohuàr] 옛말. 속담

12 **不听老人言, 吃亏在眼前**[bù tīng lǎorén yán, chīkuī zài yǎnqián] 나이든 사람의 충고를 듣지 않으면 눈앞에서 손실을 보게 되는 법이다. 노인들은 경험이 많기 때문에, 그들이 해주는 충고를 듣고 따르지 않으면 손해를 보는 것도 당연하다는 뜻이다. '不听老人言'은 '不听好人言(남의 말을 듣지 않으면)'으로 바꾸어 말하기도 한다.

13 **处理品**[chǔlǐpǐn] 처리품. 처분품. 재고품(질이 좋지 않거나 팔고 남아서 싼 값에 처분하는 물건)

14 **大甩卖**[dàshuǎimài] 바겐세일

15 **要死**[yàosǐ] 정도가 극히 심하다는 것을 나타내며, '극단적으로 ~하다'의 뜻을 나타낸다.
예 忙得要死。 바빠서 미칠 것 같다.

핵심정리

Point & Note

🔊 1-03

1. 你呀 nǐ ya : 너도 참

상대방을 마주하고 화자가 구체적인 불만이나 불평을 늘어놓기에 앞서, 미리 주의를 환기하거나 질책하는 느낌으로 자신의 감정을 표현하는 방법이다.
'你' 대신에 '他/她', '我' 다른 사람의 이름, 또는 일반사물명사로 대체할 수도 있다.

(1) 你呀, 怎么不早点儿告诉我, 让我白跑了一趟。
(2) 你的屋子真脏, 一个星期都没打扫了吧？你呀！

2. 一发工资就手痒痒 shǒu yǎngyang : 손이 근질근질하다

'痒痒'은 어떤 일을 하고 싶어서 참지 못하는 모습을 형용하는 표현이다.
'痒痒' 앞의 명사는 '손'이 될 수도 있고, '발'이 될 수도 있다. 본문에서는, '돈을 쓰고 싶어 안달이다'는 의미를 나타내므로, '手'를 썼다. '공만 보면 축구를 하고 싶어서 발이 근질근질하다' 라는 표현은 '脚痒痒'이라고 한다. 이외에도 '嗓子痒痒'(목이 근질근질하다), '心里痒痒'(마음이 근질근질하다)등의 표현도 종종 쓰인다.

(1) 刚学会开车那会儿, 我一看见车就手痒痒。
(2) 看见小王他们打乒乓球打得那么高兴, 小李的手也痒痒了。
(3) 我哥哥特别喜欢踢足球, 看见足球他的脚就痒痒, 就想踢。
(4) 看见他们马上要出发去旅行了, 我的心里怪痒痒的, 真希望自己也能去。

3. 那件早过时了, 根本穿不出去 chuān bu chūqu : 입고 나갈 수가 없다

동사와 결과보어/방향보어 사이에 '得'나 '不'를 삽입한 가능보어 형식이다. '穿'과 '出去'의 사이에 '不'가 쓰여 불가능을 나타낸다. 즉 '유행이 지난 옷을 입고 바깥에 나갈 수 없음'을 의미한다.

(1) 这种衣服太薄了, 又那么紧身, 哪儿穿得出去呀？
(2) 旗袍确实很漂亮, 可穿旗袍一定得有个好身材, 我这么胖, 哪儿穿得出去呀？

핵심정리

 1-04

 老追时髦 zhuī shímáo**, 你追得起吗** : 유행을 쫓다

'老'는 부사로 '늘, 항상, 언제나'의 뜻을 나타내며, '追时髦'의 동사 "追" 대신에 '赶'을 써서 '赶时髦'라는 표현도 자주 쓰인다.

(1) 演唱会上歌星们那五颜六色的头发很是引人注目，很快，追时髦的年轻人也都把头发染成了各种颜色。

(2) 看见厚底鞋很流行，我们办公室的老李也赶起了时髦，买来了一双。

(3) 近两年，跆拳道(táiquándào)在北京慢慢儿成了时髦的运动，我们这儿不少女孩子也追时髦，练起了跆拳道。

 衣服够穿不就得了 bú jiù dé le : ~하면 되지 않니

'得了'는 '됐다, 좋다, 그만' 등의 허락이나 금지를 나타낸다. 이 단어 앞에 '不'라는 부정사와 함께 쓰이면 부정형의 뜻이 아니라, 문장 전체가 반어적인 표현이 된다. 즉 '~하면 되지 않니'라는 의미를 나타낸다. '就'에는 특별한 의미가 없다. 그렇지만 화자의 말투에는 불만 혹은 짜증스런 감정이 있음을 기억하자. '不就行了'라고 쓰기도 한다.

(1) "报告的最后一段我还没写完呢，怎么办？"，"回去把它写完不就得了？" 老张不耐烦地说。

(2) 你有什么话直接告诉他不就行了？干吗非让我转告？

(3) 要是我去你不放心的话，你自己去不就得了？

 你看你 nǐ kàn nǐ **左一件，右一件** : 너 좀 봐 너

상대방의 잘못을 하나하나 지적하거나 상대방의 행동을 구체적으로 꾸짖고 비판하기 전에 주의를 환기하는 작용을 하며, 2인칭 '你'만이 가능하다.

(1) 你看你，冷成这个样子，来，到暖气这边儿暖和暖和。

(2) 你看你，整天就知道看书，别的事什么也不会。

(3) 你看你这急脾气，先让他把话说完嘛。

Point & Note

1-05

 左一件, 右一件 zuǒ yí jiàn, yòu yí jiàn 的, 咱们家都能开时装店了:
이쪽에 하나, 저쪽에 하나

'左 + 一 + 양사/명사₁ + 右 + 一 + 양사/+명사₂' 형식으로 쓰여 수량이 많음을 나타낸다.
'左 + 一'와 '右 + 一'의 뒤에 옷을 세는 양사 '件[jiàn]'을 사용하여, 옷이 집안 여기저기에 많이 널려 있음을 나타낸다.
'左 + 동사₁ + 右 + 동사₂'라는 형식은 동작의 횟수가 많음을 나타내기도 하는데, 동사는 동일하게 사용할 수도 있고, 의미가 유사한 다른 동사를 사용할 수도 있다.

(1) 你左一本右一本的, 买那么多法律书干什么?
(2) 他左一次右一次地骗(piàn)你, 你怎么还相信他呀?
(3) 我不小心踩了人家的脚, 所以赶紧左一个"对不起", 右一个"真抱歉"地表示道歉。
(4) 知道儿子没考上大学以后, 老王很生气, 左一句"没本事", 右一句"没出息", 把儿子骂哭了。

 让我说你什么好 ràng wǒ shuō nǐ shénme hǎo : 도대체 내가 너에게 어떻게 말해야 되겠니

화자가 상대방에게 큰 불만을 가지고 있음을 나타내는 표현이다. 직역하면 "나로 하여금 너에게 무엇인가 말을 하도록 한다면 무슨 말을 하는 것이 좋을까?" 정도가 되는데, 우리 말로는 자연스럽지 않다. 본문에서의 뉘앙스만 따진다면 "어휴, 못 살겠다, 못 살겠어"가 가장 적절할 듯하다.

(1) 妈妈说:"学生证又找不着了? 让我说你什么好, 东西老是乱放, 没个地方。"
(2) 听说我骑车又跟别人撞上了, 腿上还受了点儿伤, 奶奶说:"让我说你什么好啊, 告诉你多少次了, 别骑那么快, 你就是不听, 现在知道了吧?"

 我的话你怎么就是听不进去 tīng bu jìnqù : 귀에 들어가지 않는다

다른 사람의 의견을 받아들이지 못한다는 뜻으로 상대방의 귓속으로 자신의 말이 들어가는 것이므로 '进去'를 사용하였다. 다른 의미로는 산만하여 이야기에 집중하지 못함을 나타내기도 한다.

핵심정리

🔊 1-06

(1) 他总觉得自己了不起,所以大家给他提的意见他一点儿也听不进去。
(2) 以前爸爸的话他多少还听一点儿,可现在,谁的话他也听不进去了。
(3) 女朋友提出跟他分手后,他心里很乱,上课老师说的,他根本听不进去。

⑩ 一年到头 yì nián dào tóu, 出来进去老穿那两件 : 일년 내내

일년 365일을 지칭하며, '到头'는 종종 '到头儿'로 발음하기도 한다.

(1) 他是个大忙人,一年到头,总是在外面开会。
(2) 这些运动员一年到头,不是比赛,就是训练,只是到过年的时候才回家休息两天。

⑪ 多没面子 méi miànzi 呀 : 얼마나 체면이 서지 않겠는가

'多'는 부사로, 감탄문에 쓰여서 '얼마나 ~한가' 라는 뜻을 나타낸다.
'面子'는 '면목'이나 '체면' 등을 뜻하며, '没面子' 이외에도 '丢面子 diū miànzi' 라고도 표현한다.

(1) 当地的风俗是, 人越多越好, 要是婚礼上来的客人少, 主人就会觉得很没面子。
(2) 昨天爸爸当着外人的面批评他, 这对他来说是最没面子的事。

⑫ 看人家 kàn rénjia 刘萍萍 : 다른 사람 좀 봐요

'人家'는 여기에서 '남'이나 '다른 사람'을 의미한다. '看+ 人家'는 비교의 대상이 되는 다른 사람에 대한 부러움이나 탄복을 나타내는데, '人家'의 뒤에 구체적인 인명 혹은 단체명 등을 사용할 수 있다. 이 경우, '人家'와 그 뒤에 이어지는 사람 혹은 단체는 서로 동격이 된다.

(1) 看人家老马的儿子,回回考试得第一。
(2) 看人家北方出版社,年年能出一两本好书。
(3) 看人家,汽车、房子、名牌时装,什么都有。

Point & Note

1-07

⑬ 天天打扮得什么似的 de shénme shìde : 꼭 무엇처럼 (치장하다)

'동사/형용사 + 得什么似的' : 동사의 동작 또는 형용사의 정도가 말로는 형용할 수 없을 만큼의 수준에 도달하였음을 나타낸다.

(1) 听完了我讲的笑话，她笑得什么似的，连眼泪都笑出来了。
(2) 为这事，昨天两个人吵得什么似的，把孩子都吓哭了。
(3) 老王说："这几天我忙得什么似的，哪儿有时间看电视啊。"
(4) 听说几个多年没见的老同学也要来，他高兴得什么似的，一大早就起来去买菜买肉，还说要亲自下厨房做几个菜。

⑭ 妈，您又来了 yòu lái le : 또 시작이다

여기에서 '来'는 '오다' 라는 구체적인 동작을 나타내는 것이 아니라, 예전에 자주 사용하던 행동이나 말 등을 또 다시 '반복하다' 라는 뜻이다. 일상 회화에서 자주 사용되는 표현으로, 이때 '来'는 항상 '又'와 '了'의 사이에 쓰인다.

(1) "我每天那么辛苦不就是为了你吗？你要什么我都给你买……"，
"又来了，烦不烦呀。" 儿子不耐烦地说。
(2) 妈妈说："小强，你也太懒了，你看你这房间，还有这些脏衣服……"
"又来了又来了，" 小强有点儿烦，"脏点儿怕什么？又没有人来参观。"

⑮ 您也该换换脑筋 huàn nǎojīn **了** : 고정관념을 깨다, 생각의 틀을 바꾸다, 낡은 사고방식을 바꾸다

'脑筋'은 '두뇌' 혹은 '머리' 라는 뜻으로도 쓰이지만, '사상' 혹은 '의식'을 의미하기도 한다. 본문에서는 '(낡은) 사상이나 의식을 바꾸다' 라는 뜻으로 쓰였다.

(1) 改革开放了，社会变了，咱们的脑筋也该换换了。
(2) 种花种草也能成万元户？这我可是头一回听说，看来，我得换换脑筋了。
(3) 他在书房写了五千多字，为了休息，换换脑筋，他陪着妻子上山来画画儿。

핵심정리

16 我没有你那么多新名词儿, 说不过 shuō bu guò 你 : 말로는 못 당하다

'A(사람/사물)] + 동사 + 不过 + [B(사람/사물)'의 형식으로 쓰여서, 'A'가 'B'를 어떤 행위에 있어서 능가하지 못하거나 '앞서지 못함을 나타낸다. 따라서 본문에서 사용된 '说不过'는 '说'라는 행위 즉 "말"에 있어서 이기지 못한다라고 보아야 한다. 이외에도 '跑不过뜀박질로는 못 당한다', '打不过싸움으로는 못 당한다' 등의 표현들도 함께 기억하자.

(1) 我嘴笨, 说不过他, 每次都是我输。
(2) 我刚开始学打网球, 你都打了两年多了, 我当然打不过你。
(3) 你是跑得快, 可你跑得再快也跑不过火车吧?

17 这件怎么也得 zěnme yě děi 上百吧 : 아무리 못해도

화자가 아무리 적게 잡아도 최소한 이 정도는 필요하다고 여겨지는 것을 표시하기 위해 사용하는 표현이다.

(1) "你估计多长时间能做完?" 小林说: "我白天得上班, 只能晚上干, 怎么也得十天。"
(2) 要是坐飞机去的话, 一千块钱可不够, 怎么也得三千。
(3) 你说工作的时候应该努力工作, 这话没错, 可怎么也得让我们上厕所吧!

18 我自己的钱, 爱 ài 怎么花就 jiù 怎么花 : 하고 싶은 대로 하다

'A'하고 싶으면 누가 무엇이라고 하든 상관하지 않고 'A'를 한다라는 뜻을 나타낸다. 'A'에는 동사가 올 수도 있고, '의문사 + 동사' '怎么+花') 또는 '동사 + 의문사'에서의 '学 + 什么'가 올 수도 있다.

(1) 孩子大了, 自己有主意了, 爱学什么就学什么吧。
(2) 我们都这么大年纪了, 别管孩子们的事了, 他们爱怎么着就怎么着吧。
(3) 他们爱怎么说就怎么说, 爱说什么就说什么, 反正我没做对不起别人的事。

Point & Note

1-09

19 还不得喝西北风 hē xīběifēng 啊 : 굶주리다

'喝风[hēfēng]' 에서 어휘가 확장된 숙어이다.
'喝风' 에는 본래 '굶주리다', '배를 곯다' 라는 뜻이 있지만, 중국대륙의 북서쪽에서 불어오는 모래 섞인 차가운 겨울바람을 뜻하는 '西北风(북서풍)' 과 함께 쓰여 매우 심한 '굶주림' 을 강조하고 있다 '喝风' 대신 '吃风' 이라고도 표현한다.

(1) 你把家里的钱全拿走, 让我们喝西北风啊!
(2) 没有办法也得想个办法, 咱们总不能让全厂工人喝西北风吧?
(3) 靠你一个月几十元工资, 怎么够用? 我要不去工作, 咱们全家就得喝西北风了。

20 说得比唱得还好听 shuō de bǐ chàng de hái hǎotīng : 말소리가 노래 소리보다 더 아름답다, 꿈보다 해몽이 좋다

그럴싸한 언변으로 말은 잘 하지만, 실제 눈앞의 현실은 말과 일치하지 않다는 뜻으로, 상대방의 말을 비꼬는 듯한 뉘앙스가 담겨져 있다. 우리 속담의 '꿈보다 해몽이 좋다' 와 의미가 유사하다.

(1) 小李说的话你也相信? 他一向是说得比唱得还好听。
(2) A: 你儿子不是说月月给你寄钱吗?
    B: 他呀, 说得比唱得还好听, 到现在他的一分钱我也没见过。

21 不定 bùdìng 是谁伺候谁呢 : 확실하지 않다

'不定' 의 뒤에는 '谁、什么、哪(儿)、怎么、多少、多' 등의 의문사나 긍정과 부정이 함께 쓰이는 표현이 뒤따른다.

(1) 他的文章语言很好懂, 好像写起来很容易。其实, 那不定改了多少遍。有时候一千多字要写两三天。
(2) 别以为坐车一定就比骑车快, 看吧, 不定谁先到学校呢。
(3) 你想, 两家用一个厨房、一个厕所, 住着不定多别扭(bièniu)呢。

핵심정리

 1-10

22 **看您说的** kàn nín shuō de : 당신 말씀대로라면, 말하는 것 좀 봐라

상대방이 한 말에 불만이 있거나 찬성하지 못함을 나타낸다.

(1) 小丽说: "你是不是不相信我呀?" 我说: "看你说的, 我怎么能不相信你呢?"

(2) 老张笑着说: "你现在是大经理了, 把我都给忘了吧?" 刘明也笑着说: "师傅, 看您说的, 我忘了谁也不能把您给忘了呀!"

(3) 我说: "不就是少找你十块钱吗? 那算得了什么? 别回去要了。" 妻子不高兴地说: "看你说的, 十块钱不是钱? 你要是不想去要, 我一个人去。"

23 **我说什么,你都当成耳旁风** ěrpángfēng : (남의 의견, 충고, 비판 등을) 한 귀로 흘려듣다, 마이동풍

'흘려듣다, 귀 담아 듣지 않다'라는 뜻으로 흔히 '耳旁风' 대신 '耳边风 ěrbiānfēng'이라고 표현한다.

(1) 他总是把我说的话当成耳旁风, 所以现在我什么也不说了。

(2) 别人的话在他看来就是耳旁风, 你说他能不吃亏吗?

24 **将来可没你的后悔药** hòuhuǐyào **吃** : 후회를 치료하는 약

현실에서는 존재하지 않는 상상의 약으로, 크게 뉘우치게 하는 일이나 언동 등을 가리킨다. 동사는 '吃'를 사용한다. '将来可没你的后悔药吃'는 '나중에 후회하더라도 그것을 치료해줄 약은 없다'라는 뜻으로, 결국 '후회해도 소용없음'을 의미한다.

(1) 他没有什么钱, 干吗跟他结婚? 世上可没有卖后悔药的, 你现在要想清楚了。

(2) 早的时候我们说什么你都不听, 现在怎么样? 想吃后悔药了吧? 晚了。

25 **你爱** ài **听不** bù **听吧(爱+A+不+A)** : 하든지 말든지

'爱 + A + 不 + A'의 'A'에는 단음절 동사가 오지만 예외도 있다. 상대방이 어떤 식으로 행동하든 화자인 나와는 아무런 연관이 없으니 '마음대로 알아서 하라'는 뜻을 나타내

Point & Note

며, 불만의 감정을 표현한다. '爱'는 '좋을 대로 하다, 마음대로 하다'의 의미로 해석해야 한다.

(1) A: 小兰说她有事不来了。
　　B: 昨天说好的, 怎么今天又变了？爱来不来。没有她我们也一样玩。

(2) A: 你这么批评他, 他可能会不高兴的。
　　B: 爱高兴不高兴, 他做得不对, 别人还不能说两句？

(3) 妻子不高兴地说: "饭我放在桌子上了, 你爱吃不吃。"

26 他那一套 nà yí tào, 我都会背了 : (고식적인) 수단, 방법

어떤 일을 달성하기 위해 항상 사용하여 잘 알고 있는 수단이나 방법을 의미하여, 우리말의 '레퍼토리' 정도에 해당된다. '那一套' 대신 '这一套'라고 한다.

(1) 听到这些, 爸爸皱起了眉头: "你从哪儿学来的这一套？"

(2) 她说: "你这样做就是不对!"我火了, 说"你少跟我来这一套！就算我不对, 你又能把我怎么样？"

(3) 说假话骗人那一套我可学不来, 我也不想学。

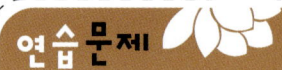 연습문제

1 보기에서 적당한 단어를 찾아 빈칸에 써보세요.

> 〈보기〉 耳旁风　　手痒痒　　不就得了　　喝西北风　　没面子
> 　　　　你看你　　一年到头　　又来了

(1) 在过去,饺子是最好吃的东西,有钱的人也不经常吃饺子,没有钱的更是 _____ 也吃不上一顿饺子,现在生活水平高了,可以天天吃饺子了,人们倒不爱吃了。

(2) 看见小强老去玩游戏机,她就说:"你应该好好学习,不能老玩游戏机。"可小强却把她的话当成_____,还是天天去。

(3) 我没有什么别的爱好,就喜欢打乒乓球,两天不打球我就_____。

(4) 大嫂找到大哥,说:"眼看就到年底了,你一分钱也不给我,难道叫这一大家子人 _____ 呀?"

(5) "你怎么又穿这件衣服,难看死了!"妻子对丈夫说。
"你要是嫌难看,别看_____?我又没强迫你看。"

(6) 儿子一听我说这话,就站起来说"看看,您_____,这些话我都会背了!您别说了,再说我可走了。"

(7) 小时候在幼儿园里,我的外号叫"尿床大王",这外号人人都知道,让我很 _____,所以那时候很不愿意跟别的小朋友一起玩。

(8) 老王说:"_____,老是粗心大意,这钥匙都丢了三次了,小心下次别把你自己丢了。"

2 주어진 표현으로 문장을 완성하세요.

(1) A: 要是坐公共汽车去的话,大概得用多长时间?
B: 现在是上下班时间,_____。(怎么也得)

(2) 顾客：您看我做一身衣服得要几米布？
售货员：您的个子高，_____。(怎么也得)

(3) 妈妈：_____，哪儿像你似的。(你看人家)
儿子：我可不想变成个书呆子。

(4) 妻子：你怎么回到家什么也不干？_____。(你看人家)
丈夫：我都累了一天了，你就少说两句吧。

(5) A：你们一天去了那么多地方，累了吧？
B：可不，_____，连饭也不想吃了。(A得什么似的)

(6) 妹妹：哥哥，你先借我一百块钱，等发工资我还你二百。
哥哥：_____。(说得比唱得还好听)

(7) A：咱们明天去他家找他吧。
B：他明天_____。(不定)

(8) A：我们批评小张，他好像不太高兴。
B：_____。(爱A不A)

(9) A：你说，老王要是不同意，咱们怎么办？
B：_____。(爱A不A)

(10) A：你应该好好劝劝他，别让他老去那种地方。
B：你不知道，_____。(听不进去)

(11) A：哟，你怎么把电话线给拔下来了？
B：唉，_____，吵得我什么也干不了。(左一A，右一A)

(12) 爸爸：小丽去哪儿了？怎么到现在还没回来？
妈妈：她跟同学出去玩了，_____。(不定)

02 这次考试又考砸了

(高峰来到同学周自强的宿舍)

高　　峰：自强，走，吃饭去。

周自强：我一点儿胃口也没有，不想吃，你自己去吧。

高　　峰：连饭都不想吃？我看你这几天干什么都没情绪，因为什么呀？

周自强：这次考试又考砸了。

高　　峰：嗨，我还以为怎么了呢，只不过是一次期中考试罢了，至于吗？我考的还不如你呢，我还不是照吃不误，照玩儿不误？

周自强：唉，真像我爸说的，我不是念书的那块料。你看，这成绩是越来越走下坡路。照这样子下去，高考肯定没戏。

高　　峰：离高考不是还早着呢，甭想那么远。再说，你的学习一直都不错，你要是没戏，我就更不行了。

周自强：不知怎么的，我的脑子一到节骨眼儿就跟木头似的。

高　峰：你就是把考试啊、成绩啊太当回事儿了，所以压力太大，太紧张。我跟你正好相反，考试的时候想紧张都紧张不起来。

周自强：我真羡慕你这种性格，什么事都想得开，脑子也聪明。

高　峰：快得了吧，昨天我妈还骂我没心没肺、没有出息呢，老师也老说我是小聪明，不知道用功。他们爱说什么就让他们说去吧，我才不往心里去呢。

周自强：你这一点我最佩服了，我可不行。

高　峰：你这个人呀，往好里说是认真，往坏里说就是爱钻牛角尖。

周自强：我知道这样不太好，可就是改不了啊。

高　峰：我也改不了，要不怎么说"江山易改，本性难移"呢！哎，你说老师净考那些犄角旮旯的题干吗？这不是成心跟我们过不去吗？

周自强：老师这是为我们好，让我们将来都能考上大学。

高　峰：其实，说白了也是为了他们自己。算了，不说了，没意思。

周自强：我现在干什么都打不起精神来，考得那么差，拖了全班的后腿，在同学和老师面前老觉得抬不起头来。

高　峰：亏你还是个男子汉！为芝麻大点儿的事儿至于这样吗？我得好好开导开导你。

周自强：得了，别开导我了，说说你吧，电脑考试准备得差不多了吧？

高　峰：嗨，小菜一碟儿，不是我吹牛，玩电脑我可是一把好手。那天张老师向我请教，我还给他露了一手呢！我现在每天都上网聊会儿天儿，可有意思了。

周自强：不瞒你说，我现在整个一个"机盲"。放假以后我拜你为师怎么样？

高　峰：没的说，到时候我教你。哎哟，我的肚子都咕咕叫了，人是铁饭是钢，走，吃饭去，去晚了食堂就关门了。

단어 및 숙어

1. 胃口[wèikǒu] 식욕. 'wèikou'로 발음하기도 한다.

2. 情绪[qíngxù] (어떤 일을 할 때의) 사기, 의욕, 기분

3. 至于[zhìyú] (어느 단계에) 이르다. 도달하다. 주로 반어문이나 부정문에 쓰인다.

4. 高考[gāokǎo] 대학입시. 중국에서는 4년제 대학이나 2년제 전문대학을 통틀어 '高等学校'라고 하며, '高考'는 '대학(高等学校)'에 입학하기 위한 시험의 약칭이다. 우리나라의 '수능'에 해당된다고 보면 된다.

5. 甭[béng] ~할 필요가 없다. '不用'이 결합하여 생긴 표현이다.

6. 佩服[pèifu] (누군가에 대하여) 탄복하다, 감탄하다

7. 江山易改, 本性难移[jiāng shān yì gǎi, běnxìng nányí] 본성이란 고치기 어렵다는 것을 강조하기 위해 사용되는 중국 속담. 강산은 바꾸기 쉬워도 타고난 본성은 바꾸기 어렵다. '江上易改, 禀(bǐng)性难移'라고도 한다.

8. 净[jìng] 오직. 주로 '净+동사(구)' 문형으로 쓰인다.
   예 他净爱开玩笑。 그는 농담하는 것만 좋아한다.

9. 犄角旮旯[jījiǎogālá] 원래 '구석, 모퉁이'란 뜻이지만, 본문에서는 교과서의 내용 중에서도 눈에 잘 뜨이지 않는 부분을 지칭하고 있다.

10. 开导[kāidǎo] (여러 가지 이치로 누군가를) 지도하다. 선도하다. 일깨우다.

11. 上网[shàngwǎng] 인터넷을 하다. '上'이 동사로 사용되고 있는 점에 주의해야 한다. 영어의 'internet'을 음역한 단어가 '因特网(yīntèwǎng)'이며, '上网'의 '网'은 '因特网'의 약자이다.

12. 聊天儿[liáotiānr] 원래의 뜻은 '한담하다'. 본문에서는 인터넷에서 '채팅하다'라는 뜻으로 쓰였다. 흔히 채팅을 '网上聊天儿'이라고 한다.

13. 机盲[jīmáng] 컴맹. 컴퓨터에 대한 지식이 없거나 컴퓨터 사용법을 전혀 모르는 사람을 일컫는 단어. '文盲[wénmáng] 문맹'을 이용하여 새롭게 만들어진 단어이다.

14. 人是铁, 饭是钢[rén shì tiě, fàn shì gāng] 사람을 무쇠에 비유한다면, 밥은 강(钢), 즉 강철에 해당한다. 사람과 밥은 무쇠와 강의 관계처럼 서로 철저하게 의지하는 관계임을 나타내는 말로, 사람에게 밥이란 존재가 얼마나 중요한지를 비유한 중국 속담이다.

핵심정리

Point & Note

1. 这次考试又考砸了 kǎo zá le : 시험을 망치다

'砸'는 원래 무거운 물체로 눌러 으스러뜨리거나 찧는 동작을 표시한다. 'V+砸' 형식의 결과보어 형태로 '실패하다', '망치다'의 뜻으로 사용되며, 뒤에 '了'와 함께 쓰이는 경우가 많이 있다.

(1) 他想, 这次的课可跟往常不一样, 万一讲砸了, 会让人家笑话的。
(2) 我十几年没唱了, 万一唱砸了, 可怎么办呢?

2. 只不过 zhǐ bu guò **是一次期中考试罢了** bà le : 단지 ~에 불과하다

'只不过' 대신에 '只是'나 '仅仅'을 써서 '只是……罢了' 혹은 '仅仅……罢了'로 표현하며, 그 뜻은 동일하다.

(1) 小刘说, 他早就知道这件事了, 只是没告诉我们罢了。
(2) "她不是说不找男朋友吗?" "她只不过是说说罢了, 你别信她的。"
(3) 这个房间也挺好的, 只不过没有那个房间大罢了。

3. 我还不是照 zhào **吃不误** bú wù**, 照** zhào **玩儿不误** bú wù : 예전대로 여전히 ~하다

'照+동사+不误' 문형으로 쓰여서 상황이나 조건이 변하여도 전과 마찬가지로 할 일을 해야 한다는 뜻을 나타낸다. 때로는 다른 사람의 충고를 듣지 않고 여전히 자기가 하고 싶은 대로 행동한다는 뜻을 나타내기도 한다.

(1) 他每天都去跑步, 有的时候天气很不好, 他也照跑不误。
(2) 他每天都给姑娘写信, 尽管没有回信, 但他还是照写不误。
(3) 家里人, 包括医生都劝他戒酒, 可他不听, 每天照喝不误。

4. 不是 shì **念书的那块料** nà kuài liào : ~할 재목이다

'那块料'란 '어떤 일을 할 능력을 갖추고 있는 존재'를 의미한다.
'那块料' 앞의 수식어가 '동사+목적어' 형식인 경우 반드시 '的'를 동반하여야 한다. 부정적인 의미를 표시하고자 하는 경우에는 '是' 앞에 부정사 '不'를 쓰면 된다.

핵심정리

🔊 1-15

(1) 这小伙子身体真棒,是一块当兵的料!
(2) 他父亲是一位著名的作家,写了不少作品,他从小跟在父亲身边,上大学后也写过几首诗什么的,但到底不是他父亲那块料。
(3) 我可不是当领导的料,人多了我说话就脸红。

 这成绩是越来越走下坡路 zǒu xià pōlù : 내리막길을 내려가다

상황이 점점 좋지 않은 방향으로 흘러감을 의미한다. '下坡路'는 그 자체로 '내리막길'을 의미하며, 일반적으로 '쇠락'이나 '멸망'에 대한 비유로 자주 쓰인다.

(1) 经过了几十年的繁荣之后,他们的经济从1992年起开始走下坡路。
(2) 前几年他的身体还不错,可现在开始走下坡路了,每天离不开药。

 高考肯定没戏 méi xì : 희망이 없다, 가망이 없다

'没戏'의 반대말은 '有戏'(가망이 있다; 희망이 있다)이다.

(1) 那么多强手,你想得第一? 没戏!
(2) 大家知道去旅行的事没戏了,都很失望。
(3) 我觉得你考北京大学有戏,我嘛,肯定没戏。

7 我的脑子一到节骨眼儿 jiégu yǎnr **就跟木头似的** : 요점, 관건

'节骨'는 '뼈의 마디'를 의미하며 '骨节'라고도 한다. '眼儿'는 '扣眼儿단춧구멍'처럼 원래 '구멍'을 뜻하지만, 어떤 일의 '요점, 핵심, 관건'이라는 의미로도 사용된다. 따라서 '节骨眼儿'은 문자 그대로라면 '뼈의 혈'을 의미하겠지만, 그 의미가 확장되어 '가장 핵심적인 부분'을 나타낸다.

(1) 别看他平时挺能说的,可到了节骨眼儿上一句话也说不出来。
(2) 明天就要演出了,就在这节骨眼儿上他病了,真糟糕。

Point & Note

🎧 1-16

⑧ 把考试啊、成绩啊太**当回事儿** dàng huí shìr 了 : 중시하다, 심각하게 생각하다

'当事儿문제 삼다'라는 단어 사이에 사건이나 일을 세는 양사 '回'가 삽입되어 있지만, 의미는 '当事儿'과 동일하다. 이때 '当'은 제 1성이 아니라 제 4성인 것에 주의해야 한다. 부정은 '当回事儿'의 앞에 '不'나 '没' 중 상황에 맞는 것을 사용하면 된다.

(1) 我只是开了个玩笑, 可他却当回事了, 所以对我很不满意。

(2) 那时候这个岛因为太小而且没有人住, 两个国家都没把它当回事。

(3) 她的话, 丈夫从来都不当回事, 这让她很不高兴。

⑨ 什么事都**想得开** xiǎng de kāi : 개의치 않다, 마음에 두지 않다

'想开'는 '생각을 넓게 가지다, 개의치 않다'라는 뜻을 나타낸다. '想'과 '开'의 사이에 '得'나 '不'를 삽입하여 가능과 불가능을 표현할 수 있는 결과보어 형식이다. '想不开'는 어떤 일을 '마음에 두다' 혹은 '지나치게 집착하다'는 뜻을 나타낸다.

(1) 他是一个想得开的人, 遇到那么多挫折, 他还是那么乐观。

(2) 听说好朋友去世了, 他难过得吃不下饭, 我们都劝他想开一点儿。

(3) 看见我为了旅行的事特别生气, 他对我说: "为这么点儿小事没必要想不开, 这次去不成下次再去嘛, 气坏了身体不值得。"

⑩ 快**得了吧** dé le ba : 됐다, 충분하다

'得了'는 허락이나 금지를 나타내는 말이다. 회화체에서는 뒤에 어기조사 '吧'를 붙여서 명령이나 자포자기의 뉘앙스를 더하기도 한다.

(1) "怎么样？你妈妈不让你去吧？我猜的不会错的。"
"得了吧, 爸爸！你们俩都商量好了的。"

(2) 小王说: "没有没有, 我没哭。我只是有点难过。"
"得了吧, 我们都看见了, 别不好意思了。"我笑着说。

(3) "你有女朋友了？真的？她叫什么？在哪儿工作？长得什么样儿？"小王问。大山说: "目前还不能告你。到时候你一看就知道了。"
"得了吧, 根本没这么一个人, 你一定是在吹牛呢。"小王笑着说。

핵심정리

 1-17

⑪ 昨天我妈还骂我没心没肺 méi xīn méi fèi **没有出息呢** : 생각이 없다, 머리를 쓰지 않다

'没心没肺' 대신에 '没心没想'이라고 하기도 한다. 주로 부정적인 문맥에서 쓰인다.

(1) 他有点儿没心没肺, 什么话都说, 不管该说不该说, 也不管别人爱听不爱听, 可他人倒是不坏。

(2) 那些人对他很不好, 常常捉弄他, 可他还是整天跟他们在一起, 真是没心没肺。

⑫ 老师也老说我是小聪明 xiǎocōngming : 잔머리가 있다

주로 자신의 이익을 위한 일은 영악하게 하지만, 정작 크고 중요한 일에는 재치를 발휘하지 못한다는 뜻이다. 주로 부정적인 문맥에서 쓰인다.

(1) 要想干好一件事, 靠小聪明可不行, 得花力气, 得努力。

(2) 他有点儿小聪明, 虽然学习不太努力, 可每次考试成绩都还不错, 所以他很得意。

⑬ 我才不往心里去 wǎng xīnli qù **呢** : 마음에 두다, 신경을 쓰다, 중요시하다

이때, '往'은 제4성 [wàng]으로 발음하기도 한다.

(1) 我听到一些人在背后说我的坏话, 可我没往心里去。

(2) 有的时候她在外面跟别人生气, 回家后, 丈夫就劝她别往心里去, 不值得。

⑭ 往好里说 wǎng hǎoli shuō **是认真, 往坏里说** wǎng huàili shuō **就是爱钻牛角尖** : 좋게 말하면 ～이고, 나쁘게 말하면 ～이다

이 표현에서 화자가 말하고자 하는 핵심은 주로 뒷부분에 있다.

(1) 那位太太, 往好里说, 是长得很丰满; 往坏里说呢, 简直就像一个啤酒桶。

(2) 一见面不要问人家那么多问题, 这往好里说, 是关心人家; 往坏里说, 就是干涉人家的隐私, 让人讨厌。

Point & Note

1-18

⑮ 往坏里说就是爱钻牛角尖 zuān niújiǎojiān : 하찮은 일에 집착하다

'钻'은 원래 '(구멍을) 뚫다'라는 뜻이지만 '깊이 연구하다, 파고들다'의 의미로 '牛角尖'은 본래 '쇠뿔의 끝'을 가리키지만, 그 의미가 파생되어 '하찮은 문제, 도저히 해결되지 않는 문제'를 의미한다. 따라서 '钻牛角尖'은 '생각할 가치도 없는 하찮은 문제나 해결할 수 없는 일에 지나치게 집착하다'라는 뜻을 나타낸다.

(1) 老王回到家后，越想越生气，连晚饭都没吃，他爱人就劝他别想那么多，老这么钻牛角尖，只会让自己更烦恼。

(2) 你应该好好养病，别老想那些不愉快的事，要是什么事都钻牛角尖，没有病也会想出病的。

⑯ 这不是成心跟 gēn **我们过不去** guò bu qù **吗** : ~를 곤란하게 만들다

'过不去'는 원래 '지나갈 수 없다, 통과할 수 없다'라는 뜻이지만, 그 의미가 확장되어 '(고의로) 곤란하게 만들다, 괴롭히다, 미안하게 생각하다, (감정적으로) 불쾌하다' 등등의 다양한 의미로 쓰인다. '跟(和)……过不去'의 형태로 쓰이는 경우, '(일부러) 괴롭히다, (고의로) 곤란하게 만들다'는 뜻으로 해석해야 한다.

(1) 看见他要去踢那条狗，妈妈说："你是不是跟谁生气呢？有什么不高兴的就说出来，别跟狗过不去，它又没惹你。"

(2) 爸爸对她说："这么好吃的饭怎么不吃？因为生气不吃饭，你这不是自己跟自己过不去吗？"

(3) 因为我批评过老张，他就处处有意和我过不去。

⑰ 说白了 shuō bái le **也是为了他们自己** : 솔직하게 말하자면, 알기 쉽게 말하면

색깔이 '희다'가 '白'의 가장 기본적인 뜻이지만, '명백(明白)하다'라는 말에서 알 수 있듯이 구어체에서는 '분명하다, 확실하다'라는 의미로도 자주 쓰인다.

(1) 我近几年写小说挺不顺利，说白了就是不大受欢迎，这让我很头疼。

(2) 她是个很敏感的女人，说白了，就是有点儿小心眼儿。

(3) 他是个对任何人都很冷漠的人，说白了就是没什么感情。

핵심정리

🔊 1-19

18 我现在干什么都**打不起精神来** dǎ bu qǐ jīngshén lai : 힘이 나지 않는다

'精神 jīngshén'은 본래 '정신'이라는 뜻이지만, '神 jingshen'을 경성으로 발음면 '활력, 힘, 활기'라는 의미로 쓰인다. 이때, '精神'과 함께 쓰이는 동사는 '打'라는 것을 기억하자.

(1) 这一连串的失败让他消沉了好长时间，做什么都**打不起精神来**。

(2) 这几天不知道怎么了，我干什么都**打不起精神来**，连电视也不想看。

(3) 整个一个下午她呆呆地坐在沙发上，什么也不想干，看看到了六点了才**打起精神**去准备晚饭。

19 拖 tuō 了全班的**后腿** hòutuǐ : 방해하다, 앞으로 나아가지 못하도록 끌어당기다

'拖(拉)……后腿'는 '(누군가의) 뒷다리를 잡아당기다'라는 뜻이지만, '(누군가의 일을) 방해하다, 전진하지 못하도록 붙잡다'라는 관용표현으로도 쓰인다. '后腿'의 주체와 '了, 着, 过' 등은 반드시 '拖'와 '后腿' 사이에 삽입하여야 한다.

(1) 小王的爱人说："他干什么我都没**拖**过他的**后腿**，可这次我不能让他去，你们不知道，他正发烧呢！"

(2) 现在一定要解决好交通问题，否则交通就会**拖**了城市经济发展的**后腿**。

20 在同学和老师面前老觉得**抬不起头来** tái bu qǐ tóu lai : 고개를 들 수 없다

'抬不起头来'를 직역하면 '고개를 들 수가 없다의 뜻이지만, '창피'하거나 '미안'하여 상대방의 얼굴을 똑바로 쳐다볼 수 없다는 뜻이 내포되어 있다. 긍정형은 '抬得起头来 떳떳하게 고개를 들 수 있다' 이다.

(1) 她不敢把卖血的事告诉孩子们，怕他们将来找对象都**抬不起头来**。

(2) 丈夫的无能、懦弱，让将军的女儿很觉得**抬不起头来**。

21 **亏** kuī 你还是个男子汉 : 주제에 ……라고

일반적으로 '亏+你(他)+还+……' 문형으로 쓰이며, 대부분 상대방을 비꼬거나 화자의 뒤틀린 마음 상태를 표현한다.

Point & Note

1-20

(1) 她生气地说：" 我们都在努力工作，你却在这儿睡觉，亏你睡得着！"

(2) 小王说 "你要是觉得这样安排不好，你就别去了。" "什么？不去？" 老张气得脸都红了，"亏你想得出来！"

(3) 亏他还是个有文化的人，这种话也能说出口。

22 小菜一碟儿 xiǎocài yì diér : 아주 간단히 처리할 수 있는 일

'小菜'는 '간단한 요리', '一碟儿'는 '한 접시'로, 직역하면 '간단한 요리 한 접시'가 되지만, 일상생활에서는 주로 '식은 죽 먹기' 정도의 뜻으로 쓰인다. '碟'는 접시 중에서도 조그만 접시를 지칭하며, 큰 접시는 '盘'이라고 한다.

(1) 一年级的功课很简单，对上过幼儿园的孩子更是容易，只要细心，考试时拿个一百分小菜一碟儿。

(2) 人家是乒乓球世界冠军，从小就开始练球，教这几个小孩子还不是小菜一碟儿。

23 玩电脑我可是一把好手 yì bǎ hǎoshǒu 呢 : 실력자, 능력 있는 사람

어떤 재주나 기술이 아주 뛰어난 사람을 지칭하는데, '一把手' 혹은 그냥 '好手'라고도 한다.

(1) 说学习他不行，要说踢足球他可是一把好手。

(2) 小王是修车的一把好手，因此认识了不少开出租汽车的司机。

24 我还给他露了一手 lòu le yì shǒu 呢 : 실력을 드러내다, 한 수 보여주다

'一手'는 어떤 특별한 '기술'이나 '능력', '露'는 '드러내다, 보여주다'라는 뜻을 나타낸다. 동사 '露'와 '一手' 사이에는 '了, 着, 过' 혹은 기타 다른 성분이 삽입될 수 있다. '一手'가 아니라 '两手' 혹은 '几手'로 표현하기도 한다.

(1) 听说你做回锅肉做得不错，什么时候给我们露一手啊？

(2) 我最近学会了一套太极拳，你们要是想看，我就给你们露几手。

핵심정리

25 我现在**整个一个**zhěnggè yí ge**机盲**： 완전히, 철저하게

'整个一个'는 쪼개어지지 않은 완전한 상태를 지칭한다.

(1) 他说自己是艺术家，头发比女人的还长，老穿着奇奇怪怪的衣服，说一些谁也听不懂的话，整个一个疯子。

(2) 她生完孩子以后变化很大，原来瘦瘦的姑娘现在整个一个胖大妈。

26 **没的说**méi de shuō： 문제 없다, 말할 필요가 없다. 당연하다

'没的'는 '没有'와 같은 뜻으로 '没的说头'라고 하기도 한다. '문제 없다, 말할 필요도 없다'라는 뜻으로 주로 다른 사람의 부탁을 들어줄 때 사용한다.

(1) 咱们是朋友，不就是去机场接个人吗？没的说！

(2) 别的我帮不了你，要说搬个东西呀，跑跑腿儿呀什么的，没的说，只要你说一句话就行。

비판할만한 내용이 없다, 꾸중할만한 꼬투리가 없다.

(3) 老张对朋友那可是没的说，朋友们有什么事，他总是热心帮忙。

(4) 这家公司的产品虽然质量说不上是最好的，可他们的售后服务真是没的说。

27 我的肚子都**咕咕叫**gūgū jiào了： 꼬르륵 꼬르륵 소리가 나다

'咕咕'는 의성어로, 배고플 때 뱃속에서 울리는 소리를 묘사한 것이다. 경우에 따라서는 '咕噜噜gūlūlū'를 사용하기도 한다. 또한 '咕咕'는 닭의 울음소리에 쓰이기도 한다.

(1) 那只母鸡咕咕咕地叫着。

연습문제

1 뜻이 같은 것끼리 선으로 연결하세요.

(1) 情况越来越不好　　　　　A. 一把好手

(2) 关键时刻　　　　　　　　B. 拖后腿

(3) 不让某人去做什么　　　　C. 走下坡路

(4) 做某事做得很好的人　　　D. 小菜一碟儿

(5) 认为做某事非常容易　　　E. 节骨眼儿

(6) 没问题,可以　　　　　　F. 没的说

(7) 头脑简单,没有心计　　　G. 没心没肺

(8) 没有兴趣,没有精神　　　H. 打不起精神

2 보기에서 적당한 단어를 찾아 빈칸에 써보세요.

〈보기〉 说白了　没戏　一把好手　钻牛角尖　露一手
　　　　小菜一碟儿　往心里去　走下坡路　抬不起头来　过不去

(1) 他对我说：“你生气了？真对不起,我们昨天是跟你开玩笑的,你别_____。”

(2) 自从去年得了那场大病以后,他的身体就开始_____了,人也好像一下子老了十几岁。

(3) 长江他都游过,让他游这条小河那还不是_____？

(4) 在我们这里,离婚是很丢人的。所以她离婚的事让家里人在村子里_____。

(5) 妈妈常常说：“当时家里有七八口人,我天天洗衣做饭,忙个不停,我呀,_____,就是个不要钱的保姆。”

(6) 我们一看见他的脸色就知道去旅行的事_____了,大家都很失望。

(7) 老张是个爱_____的人,什么事都要弄个一清二楚。

(8) 他批评你，你别生气，他不是成心跟你_____，他是个对工作非常认真的人。

(9) 刘老汉是种西瓜的_____，人们有什么技术上的难题都来找他问。

3 주어진 표현으로 대화를 완성하세요.

(1) 弟弟：要是让我去参加比赛，我一定能得第一名，我跑得最快了。
    哥哥：_____。(得了吧)

(2) A：昨天你真不该那么说话，王丽都快气哭了。
    B：_____。(只不过……罢了)

(3) A：我的病不用去医院，_____。(只不过……罢了)
    B：还是去吧，要是重了就麻烦了。

(4) 妈妈：听儿子说他将来要去当老师。
    爸爸：别听他的，_____。(不是……那块料)

(5) A：别看小张干别的不行，做生意还挺行。
    B：是啊，_____。(是……那块料)

(6) A：_____，这么大的新闻都不知道？(亏你……)
    B：我感冒了，在家躺了好几天。

(7) 儿子：爸爸，这个字怎么念？什么意思？
    爸爸：_____，这个字小学生都认识。(亏你……)

(8) 妈妈：小明的腿好了以后不爬树了吧？
    哥哥：哪儿啊，_____。(照……不误)

(9) A：我给小张讲了半天怎么用电脑，他就是不明白。
    B：他呀，_____。(整个一个)

03 这60块钱就打水漂儿了

(老张气呼呼地走进了办公室)

老张：这种女人太不像话了，睁着眼说瞎话，真是只认钱不认人。

老陈：怎么啦，老张？是不是跟谁吵架了？看把你气的。

老张：咳，别提了。我前天在路边的小店买了个收音机，刚听了一天就没声儿了，这不，我就又去了，想换一个。

老陈：没换成？

老张：没换成不说，还受了一肚子气。那个女的真够可以的，明明就是她卖给我的，可她一口咬定压根儿不是他们店卖的，我说一句，她有十句等着我，话里话外的意思就是我想占便宜。

老陈：你把发票拿出来给她看不就行了？

老张：要是有，我不就不跟她多费口舌了！

老陈：闹了半天，你没有发票啊，这就怪不着人家了。

老张：可我就是在那儿买的呀，我都这把年纪了，还能骗她不成？

老陈：得了，你快消消气吧。说到底，你就不该上那儿买东西，小店的东西能好到哪儿去？

老张：那个小店就在我家胡同口儿，我老去那儿买东西，跟他们都半熟脸儿了，按理说应该好说话，唉，没想到啊。

老陈：现在买什么东西都得留一手，发票可不能不要，万一有什么问题，那些票什么的就能派上用场了。吃一堑长一智吧，你要实在气不过，就告他们去，要不，你就按照上面的地址直接找厂家。厂家是哪个？

老张：你看，上面只写着"广东生产"，广东那么大，我上哪儿找去呀？算了，为这么个小玩意儿东找西找的不值得，要是再惹一肚子气，更划不来了。得，算我倒霉吧。

老陈：那你这60块钱就打水漂儿了？不过，你也是，家里又是录音机又是音响，买什么收音机呀？你看看现在谁还买收音机呀！你可真想一出是一出。

老张：我就图个方便，听听新闻，听听京戏，可以走到哪儿带到哪儿，想的挺好，唉，现在这些个体户啊，我是真不敢去他们那儿买东西了，不知道什么时候就吃亏上当。

老陈：可不，那些私人商店都是说的一套，做的一套，你买的时候，他好话能跟你说一大车，可你要想退呀换呀，他就翻脸不认人了。所以说，要买东西还得去国营商店。上次我在王府井买的那双皮鞋穿了半个月，坏了拿去换，人家二话没说就给换了。

老张：行了，老陈，你别在这儿放马后炮了！

단어 및 숙어

1 **气呼呼**[qìhūhū] 화가 나서 씩씩거리는 모습

2 **占便宜**[zhàn piányi] (부정하거나 부적절한 수단을 사용하여) 득을 보다. 이익을 얻다. 실속을 차리다

3 **发票**[fā//piào] ① 영수증. 송장(送狀) ② 티켓을 배부하다. 표를 나누어주다

4 **怪不着**[guài bu zháo] 탓할 수 없다

5 **消消气**[xiāoxiao qì] : '화를 가라앉히다'를 의미하는 '消气'에서 동사 '消'를 중복한 표현이다. 일반적으로 동사를 중복하면 그 동사의 동작을 '시험 삼아 해보다'라는 뜻을 나타내게 되므로, '消消气'는 결국 '화를 좀 가라앉히다'라는 의미가 된다.

6 **口儿**[kǒur] ① 입구. 출입구 ⓓ 出口儿 출구 ② (병, 캔과 같은 용기의) 주둥이

7 **吃一堑长一智**[chī yí qiàn zhǎng yí zhì] 사람이 한 번의 실패나 좌절을 경험하게 되면 그만큼 지혜나 견식이 넓어짐을 의미하는 중국의 속담이다. '堑qiàn'은 원래 '물웅덩이, 해자' 등을 뜻하다가 그 의미가 확장되어 '실패' 또는 '좌절'로도 쓰이게 되었다.

8 **告**[gào] (사법기관이나 행정기관 등에) 고소하다. 고발하다. 공식적인 법률용어로는 '告诉 gàosù'라고 한다. 이때 '알리다, 전하다'를 뜻하는 告诉gàosu와 혼동하지 않도록 주의하여야 한다.

9 **惹**[rě] (문제를) 야기하다. 일으키다

10 **图**[tú] 도모하다. 꾀하다. 바라다

11 **翻脸**[fān//liǎn] (갑작스럽게) 외면하다. 태도를 바꾸다. 사이가 틀어지다

고사성어를 이용한 광고문 ❶

骑乐无穷 (오토바이 광고)
즐거움이 끝이 없다라는 '**其乐无穷**qí lè wú qióng'의 응용 표현

핵심정리

 1-24

 这种女人太不像话 bú xiànghuà : (말이나 행동이) 말도 안 되다, 지나치다

누군가가 이치나 도리에 어긋나는 말 혹은 행동을 하였을 때, 그에 대한 화자의 불만이나 원망을 표현한다.

(1) 妻子一边开门一边说：“你真是越来越不像话了，这么晚才回来。”
(2) 刘太太不好意思地说：“真对不起你，李小姐，您第一次来，怎么能您给我们做饭呢？这个老刘，实在太不像话了！”
(3) 这种不像话的人到哪儿都不受欢迎。

这不 zhè bú, 我就又去了 : 이것 봐, 어때

화자가 상대방에게 먼저 어떤 상황이나 사실을 이야기하고, '这不'라고 하며 한 박자 쉰 다음, 앞의 사실과 연관되는 증거, 상황 등을 제시함으로써 자신의 말이나 의견이 정확하다는 것을 증명하게 된다. '这不' 대신에 '这不是'를 쓰기도 한다.

(1) 他小声说：“那个人刚进去，就是这院，我看着他进去的。这不, 他的自行车还锁在院外呢。”
(2) 听到我批评他天天打麻将，他说：“我哪儿是打麻将啊，我是手上打着麻将心里想着我的小说。这不, 两个长篇的基本构思都出来了。”

 哪个女的真够可以的 gòu kěyǐ de : 상당하다, 상당히 괜찮다, 꽤 쓸 만하다

상당히 높은 수준이나 일정한 정도에 도달하였음을 의미한다. 판단의 기준이 좋은 것일 수도 있고 나쁜 것일 수도 있으므로, 상황에 따라서 좋은 의미와 나쁜 의미에 다 쓰일 수 있다. 본문에서는 상점 주인의 억지가 지나치다는 뜻으로 사용되었다.

(1) 你的手艺还真够可以的, 快告诉我们，你从哪儿学来的？
(2) 你英语说得够可以的, 要是闭着眼听，还真以为是美国人说的呢！
(3) 哥哥真够可以的, 把我的书拿走连句话也不说，让我找了半天。

 可她一口咬定 yì kǒu yǎo dìng **压根儿不是他们店卖的** : 한 마디로 딱 잘라 말하다, 단언하다

'(힘을 들여서) 깨물다'가 동사 '咬'의 기본의미지만, 본문에서는 '장담하다, (다른 말을

Point & Note

1-25

할 여지도 주지 않고) 단언하다' 와 같이 '말하다' 라는 뜻으로 쓰였다.

(1) 小马坚持说，他这样做只是指出老刘错的地方，而老刘则一口咬定小马从一开始就是别有用心，成心让他在大家面前出丑。

(2) 任北海确实有嫌疑，但在没最后弄清事实前，您不要一口咬定人就是他杀的。

(3) 他并没有亲眼看见那个孩子是被哪条狗咬的，可他却一口咬定是我家的大黄狗咬的。

5 话里话外 huà lǐ huà wài 的意思就是我想占便宜 : 말의 속뜻

'话里' 는 겉으로 드러나지 않고 말 속에 숨어 있는 뜻을, '话外' 는 노골적으로 말로 표현하지는 않았지만, 그 말이 상징하고 있는 의미를 뜻한다. 결국 둘 다 같은 뜻이다.

(1) 王经理在昨天的会上发了言，虽然没直接对这事做什么评论，可话里话外都流露出不满。

(2) "为什么不行？老赵没说不同意呀？"小梅不解地问，老高回答："他是没说不同意，可他话里话外的意思你还听不出来吗？"

(3) 这两天李二嫂一看见邻居就说起这事，话里话外都透着幸灾乐祸的意思。

6 我不就不跟她多费口舌 fèi kǒuzhé 了 : (어떠한 목적을 달성하기 위해) 말을 많이 하다, 입씨름을 하다

'费' 는 '소비하다, 허비하다, 낭비하다', 명사 '口舌' 는 '(교섭, 논쟁 혹은 설득하기 위하여 하는) 말'을 뜻한다.

(1) 我们跟看门的老大爷费了不少口舌，总算挤了进去。

(2) 你别跟他多费口舌，他才不会听你的呢。

(3) 我在张老师那儿费了半天口舌，最后张老师总算同意我去了。

핵심정리

🔘 1-26

7 **闹了半天**nào le bàntiān, **你没有发票啊** : (야단법석을 떨다가) 결국은, (여러 가지 일이 있은 끝에) 겨우

'시끄럽다, 떠들다, 소란 피우다' 등을 의미하는 동사 '闹'와 '半天'(반나절)이 결합된 관용 표현이다. 이때 '半天'은 시간적으로 정확하게 '반나절'을 뜻하는 것이 아니라 상당히 길게 느껴지는 시간의 상징으로 쓰인다.

(1) 开始的时候我很纳闷儿, 怎么没人来呢？**闹了半天**问题出在这儿。
(2) **闹了半天**你是在问我呀, 我还以为你问我哥哥呢。
(3) 我以为你们都知道了, **闹了半天**, 你们不知道啊。

8 **我都这把年纪**zhè bǎ niánjì**了, 还能骗她不成** : 상당한 나이

'把'의 양사 용법의 일종이다. 주로 추상적인 단어와 결합하여 '상당한, 꽤 많은' 정도의 의미를 나타낸다. '把'의 앞에 수사 '一' 혹은 지시대명사 '这, 那'를 덧붙이는 경우도 있으며, 강조하기 위해 수사(지시대명사)와 '把'의 사이에 '大'를 삽입하기도 한다.

(1) 你都**这么一大把年纪**了, 怎么还跟小孩子一样？
(2) 我这头发就交给你了, 你就放心地剪吧, 剪什么样是什么样, 我都**这把年纪**了, 有什么好看不好看的。

9 **说到底**shuō dàodǐ**你就不该上那儿买东西** : 결국은, 본질적으로는

'말을 할 때(说到) 끝(底)까지 하는 것', 즉 '끝까지 말하자면'이라는 문자 그대로의 의미에서 '결국은'이라는 뜻의 관용 표현으로 굳어졌다.

(1) 我们也劝过他们夫妻俩, 可**说到底**, 那是人家的家务事, 外人不好插手太多。
(2) 现在各公司之间的竞争, **说到底**, 就是质量和服务的竞争。

10 **小店的东西能好到哪儿去**hǎo dào nǎr qu**？** : 좋으면 얼마나 좋겠니

'형용사+到哪儿去' 문형으로 쓰여서 '형용사'의 정도가 매우 낮음을 나타내는 반어적 표현이다. 서술문에서 동일한 의미를 표현하고자 할 경우에는 부정문('형용사+不+到哪儿去')이 되며, 두 문형의 의미는 거의 동일하다.

Point & Note

1-27

(1) 不就是爬了个香山吗？那能累到哪儿去？

(2) 小学一年级的功课能难到哪儿去？用不着请家庭教师。

(3) 就在这儿买吧，去西单买也便宜不到哪儿去。

⑪ 跟他们都半熟脸儿 bànshóuliǎnr : 서로 아는 사이이기는 하지만, 그렇게 친하거나 익숙한 사이는 아닌 상태

'熟脸儿 shóuliǎnr'(잘 아는 사이, 친한 사람)에서 파생된 단어로, 잘 안다고 하기도 힘들지만, 그렇다고 모른다고 하기도 힘든 사람을 일컫는다.

(1) 我跟王经理不太熟，也就是个半熟脸儿，让他帮这个忙有点儿不合适吧？

(2) 他的交际面儿很广，哪儿都有他的朋友、哥儿们，半熟脸儿的就更多了。

⑫ 应该好说话 hǎo shuōhuà : 사람의 성격이 좋다, 고집이 없어서 말을 붙이기 쉽다, 어떤 일을 논의하기 쉽다

종종 '儿'을 덧붙여 발음한다.

(1) 其实，房东平时也是挺好说话的人，可在这件事上，房东变得不那么好说话了，非让他们搬家不可。没办法，他们只好四处找房子。

(2) 他想，女人一般都比较心软，好说话，就朝靠东边的那个出口走去，那儿站着个中年妇女。

(3) 要是遇到不好说话的工作人员，你写错一个数字也不行，都得重写。

⑬ 现在买什么东西都得留一手 liú yì shǒu : 가장 중요한 비법만은 남겨 놓다, 마지막 한 수를 숨겨두다

'一手'는 '수단, 계략' 등을 뜻하는 동사 '留'의 목적어로 쓰여서 '최후의 비책을 남겨 두다'라는 뜻을 나타내기도 한다.

핵심정리

(1) 其实早在分东西的时候, 他就留了一手, 没把那两个戒指放进去, 而是藏了起来。

(2) 过去师傅教徒弟手艺, 都留起一手, 怕徒弟学会了, 抢自己的生意。

(3) 我老觉得这人不太可靠, 就留了一手, 没把电话号码和住址告诉他。

  万一有什么问题, 那些票什么的就能派上用场 pài shang yòngchǎng 了:
적절한 곳에 쓰이다, 사용처를 결정하다

동사 '派'에는 '할당하다, 분배하다' 등의 의미가 있고, '用场'은 '용도, 사용처'라는 뜻인데, 이 두 단어가 같이 쓰이면 '쓰임새를 결정하다, 적절한 용도로 쓰이다' 라는 의미를 표시하게 된다. '派上用场'의 '上'은 방향 보어이며, 여기에서는 목적의 실현이나 가능을 나타내는 추상화된 용법으로 사용되었다.

(1) 这老屋子一到下雨就漏, 妈妈只好拿盆盆罐罐接, 有时连饭盒都能派上用场。

(2) 他早年在上海学过徒, 上海话学得相当地道, 这在以后他演戏时都派上了用场。

(3) 我们在学校里学的那些理论、知识, 到了这儿好多都派不上什么用场。

15 你要实在气不过 qì bu guò, 就告他们去: 견딜 수 없을 정도로 화가 나다, 화가 나서 그냥 넘어갈 수가 없다, 분을 삭이지 못하다

'气不过'에서와 같이 '不过'가 형용사의 뒤에 쓰이면, 그 형용사의 정도가 상당히 높은 수준에 도달하였음을 나타낸다.

(1) 她不想跟人说这件事, 只是埋头干活, 但她气不过, 还是打电话全告诉了爱容。

(2) 开始他还不吭声, 心想忍忍算了, 可她还在骂个不停, 他终于气不过, 抄起桌子上的碗就扔了过去。

Point & Note

🔊 1-29

16 要是再惹一肚子气, 更 划不来 huá bu lái 了 : ~할 만한 가치가 없다, 채산이나 수지가 맞지 않다, (~해서) 손해를 보다

긍정형은 '划得来' (채산성이 있다).

(1) 妈妈觉得, 费那么多钱, 就为尝个新鲜, 划不来。

(2) 到了那儿, 大家很失望, 都说花了两个多小时, 划不来。

(3) 您要是为这么点儿小事气坏了身子, 那可就太划不来了。

17 那你这60块钱就 打水漂儿 dǎ shuǐpiāor 了 : 아무런 소득 없이 돈을 낭비하다

'打水漂儿' 은 원래 강가나 바닷가에서 '물수제비를 뜨다' 라는 뜻이지만, 비유적인 표현으로 돈이나 물건 등을 함부로 '쓰다, 낭비하다' 를 의미한다.

(1) 李厂长一下台, 我送他的那500块钱算是打水漂儿了。

(2) 当时说是过一年就还, 可现在四年都过去了, 一块钱也没见着。一千块钱就这么打水漂了。

18 你也是 nǐ yě shì : 너도 참

'사람(대명사/인명) + 也 + 是' 문형으로 쓰이며, 주로 구어체에서 누군가를 비판하거나 원망할 때 사용하는 표현이다.

(1) 大伯抢下爸爸手里的棍子, 骂爸爸太狠心, 转过身来对我说: "大军, 你也是, 干什么不好, 干吗跟人打架呀。"

(2) 我也是, 说什么不好, 偏偏提起大牛, 惹得李大妈不住地擦眼泪。

(3) 你们不该这么说老张, 不过, 老张也是, 提前打个招呼不就没这事了吗?

19 你可真 想一出是一出 xiǎng yì chū shì yì chū : 어떤 일이 머리에 떠오르면 앞뒤 생각 없이 즉흥적으로 실행에 옮기고 말다

주로 중국 동북지방에서 많이 쓰이며, 말 속에 비판의 의도가 담겨져 있다.

(1) 那个电视机不是挺好的吗? 干吗又要买新的? 你真是想一出是一出。

핵심정리

🔊 1-30

(2) 我们都说他是 想一出是一出, 在总公司多舒服啊, 干吗非要去下面的工厂呢?

(3) 哥哥想一出是一出, 把院子里的花都拔了, 说要练习打篮球, 气得妈妈骂了他好几天。

20 那些私人商店都是说的一套, 做的一套 shuō de yítào, zuò de yítào : 말과 행동이 다른 사람

'一套'는 여기에서 '수사+양사'(한 세트)라기보다는 '한 가지 방법, 수단'이라는 뜻의 명사로 쓰였다. 사람에 따라서는 '说的一套, 做的一套' 대신에 '说的是一套, 做的是另一套' 혹은 '嘴里一套, 手里又一套'라고 표현하기도 한다.

(1) "我答应你还不行吗? 哪天有空儿我一定陪你去。"
"不行, 你老是说的一套做的一套, 你今天就得陪我去。"

(2) 你怎么能相信他的话呢? 他一向是说的一套做的一套。

21 人家二话没说 èrhuà méi shuō 就给换了 : 다른 말을 덧붙이지 않고, 아무런 불만 없이

'二话'라는 단어 자체에 '이의, 다른 생각, 불만'의 뜻이 있으며, 주로 부정문에 쓰이는 경향이 있다.

(1) 看见小张走了进来, 老王二话没说, 一把抓住他就往外跑。

(2) 他听完我们的话, 二话没说, 就同意了我们的建议。

(3) 上次一个朋友跟他借车, 他二话没说就把车借给了人家。

22 你别在这儿放马后炮 fàng mǎhòupào 了 : 뒷북치다, 굿 뒤에 날장구 치다

'放马后炮'는 중국 장기에서 유래한 숙어로, '마(马) 뒤에 포(炮)를 두다'가 원뜻이다. 장기 시합에서 '마(马)'는 '포(炮)'가 타넘는 장기알로 자주 사용되었기 때문에 '马后炮'와 같은 표현이 생긴 것이다.
결국 상대방에 대한 공격에 있어서 다른 장기알들과는 달리 포는 '두 번의 움직임', 즉 '두 수'가 필요하다는 점 때문에 '放马后炮'가 '한 수 늦다, 뒷북치다'라는 뜻으로 널리 쓰이게 되었다.

Point & Note

(1) 事情都发生了, 说什么也没用了, 你也别在这儿放马后炮了, 该干什么就干什么去吧。

(2) 你要早说不就没这事儿了吗? 现在放什么马后炮!

(3) 你问他也没有用, 他就会放马后炮。

23 还能骗她**不成** bùchéng : 설마 ~라도 하겠는가?

일반적으로 문미의 '不成'은 문두의 '难道' 혹은 '莫非'와 호응하여 '설마 ~인 것은 아니겠지'와 같이 '추측, 반문' 등을 표시한다. 본문에서는 '难道'가 생략되어 있다고 보아야 한다.

(1) 难道他还不知道**不成**?

24 他好话能跟你说**一大车** yí dàchē : 한 수레

'大车'에는 '(말이나 소, 당나귀 등이 끄는) 짐수레'라는 뜻과 말 그대로 '큰 차'라는 뜻이 있지만, 문맥상 '좋은 말(好话)을 짐수레 가득 담긴 짐만큼 많이 했다'로 보는 것이 타당하다.

(1) 两匹马拉着**一大车**游客参观完街景回到市中心广场。

연습문제

1 보기에서 적당한 단어를 찾아 빈칸에 써보세요.

> 〈보기〉 留一手   划不来   打水漂   不像话   放马后炮   派不上用场
>   二话没说   这把年纪   想一出是一出   说的一套,做的一套

(1) 您都_____了,怎么能跟年轻人比呢?

(2) 住在大山里,都是山路,自行车在这儿根本_____,买了也没用。

(3) 我去的时候张大夫正在吃饭,听我说完他_____就跟我往外走。

(4) 你要是为了多挣两个钱把自己的身体累坏了,那就太_____了。

(5) 有的人太_____了,用过的饭盒随便乱扔,把这儿弄得很脏。

(6) 如果没有十分的把握,她不会拿出钱的。她可不干那种拿钱_____的事。

(7) 小张说:"我早就看出这里面有问题。"老王笑着说"你少_____吧,当时你可没这么说。"

(8) 你既然答应了,就一定尽力去做,如果_____,会失去朋友的信任的。

(9) 原来他要去公司,我们开始不太同意,想来想去也就同意了,可没干两天,现在他又_____,说什么要自己开公司,我们真不知道他是怎么想的。

(10) 我们几个人怕事后没有证据,别人不相信我们,就_____,把他们跟我们说的悄悄地用录音机录了下来。

2 주어진 표현으로 대화를 완성하세요.

(1) A:其实这都是我听我姐姐说的。
    B:_____。(闹了半天)

(2) 孩子:王奶奶家的花盆儿是我踢球的时候不小心踢坏的。
    妈妈:_____。(闹了半天)

(3) 妈妈:这儿的鞋不好,别在这儿买,等星期天咱们一块儿去王府井再买吧。
    爸爸:_____。(A到哪儿去)

(4) 爸爸：那些女孩儿_____。(够可以的)
    妈妈：女孩子爱美，为了漂亮，冷点儿也没关系。

(5) A：你真_____。(够可以的)
    B：我怕耽误你们的时间，你们都挺忙的。

(6) A：我不就是晚到五分钟吗？王经理干吗对我说话那么不客气？
    B：王经理的态度是不太好，不过，_____。(你也是)

(7) A：您刚搬来的时候，您家老二才上中学。
    B：是啊，现在都成大人了，_____。(这不)

(8) A：刘明不是借过那本书吗？
    B：_____。(一口咬定)

(9) A：你还是再跟老张好好说说吧，也许他能考虑考虑。
    B：_____。(费口舌)

(10) A：唉，为什么咱们找个工作那么难呢？
     B：_____。(说到底)

你可真是个马大哈

1-32

(小王气喘吁吁地跑进来)

小王：李明，李明！

李明：看你跑得<u>上气不接下气</u>的，什么事这么急？

小王：你看看少了什么东西没有？

李明：哎呀，我的钱包！钱包不见了。

小王：这是你的吧？我在你的自行车车<u>筐</u>里发现的。你可真是个<u>马大哈</u>，钱包都不拿好。

李明：刚才我光顾着锁车了，你看，一个月的工资都在这钱包<u>里</u>，身份证也在里面，要是丢了，我就该<u>抓瞎</u>了。哎，怎么那么巧让你看见了？

小王：真是<u>歪打正着</u>，我放车的时候不小心碰倒了一辆车，扶起来一看，正好是你的车，再一看，你的钱包放在车筐里，你说巧不巧？要是我晚来一步，让别人拿走了，那就麻烦了。哎，李明，给我点儿水喝，我都快渴死了。

李明：你看我这人！都忘了给你倒水了，来，给你一瓶冰镇的，解渴。哎，对了，小王，上星期咱们不是说好一块儿去参加舞会吗？你怎么说话不算数啊？害得我们昨天等了你们半天。

小王：我是真想去，可这不是我一个人说了算的事呀。

李明：怎么？丽丽不想去？是你们俩闹别扭了还是丽丽不愿意跟我们一起去啊？

小王：看你想到哪儿去了。她还在为丢车的事生气呢，昨天我好说歹说，劝她跟我去，可她就是不去，说丢了车，没有心情跳舞。她不去，我也没法儿去呀。

李明：可也是，一口气丢了三辆自行车，谁不生气呀？不过你劝劝她，生气也没用啊。

小王：我没少劝她，我跟她说，别那么想不开，丢了就丢了吧，只当是学雷锋、献爱心了。可她一个劲儿地埋怨我，一会儿怪我给她买的锁不结实，一会儿又怪我放错了地方，你看，我倒落了个一身不是。唉，到头来还得我向她赔不是，你说这事闹的！那些小偷啊，真不是东西！

李明：也别说，他们也够有本事的，你用再结实的锁，他都根本不在话下，几下儿就能把锁弄开，比你拿钥匙开还快。

小王：听说老赵家的四辆车让小偷来了个连锅端，气得老赵好几天吃不下饭。

李明：咱们这儿早该下大力气好好管管，太乱了，大白天的，有人看着，竟然还时不常地丢东西，真不知道那些门卫是干什么吃的，简直就像是聋子的耳朵。

小王：对，那天我在气头上，也这么骂他来着。骂了半天，虽说出了气，可该丢还是丢。所以我现在每天用两道锁把车锁在树上，看还丢不丢。你看我这把锁，据说是高科技产品，<u>双保险</u>的，结实得不能再结实了。

李明：在哪儿买的？真结实！哎，锁怎么在这儿？你的车？

小王：哎呀，刚才我光顾追你，忘了锁了。我走了。

李明：哎，你的帽子，小王……

단어 및 숙어

1   车筐[chēkuāng] 자전거 바구니. '筐子'는 '바구니'라는 뜻.

2   抓瞎[zhuā//xiā] (사전에 대비를 하지 못해서) 당황하다. 허둥대다.

3   歪打正着[wāi dǎ zhèng zháo] : 모로 쳐도 바로 맞다. 예상외로 좋은 결과를 얻다. 우연히 들어맞다. 총이나 화살 등을 엉뚱한 방향으로 발사했는데도 불구하고 표적에 정확하게 명중하였다는 것이 본래의 뜻이다. 이때 '着zháo'는 '명중하다'는 의미로 쓰였다.

4   冰镇[bīngzhèn] (얼음 혹은 얼음물로) 차게 만들다, 얼음에 채우다

5   解渴[jiě//kě] 해갈하다. 갈증을 해소하다

6   别扭[bièniu] (다른 사람과) 의견이 달라서 다투다. 사이가 맞지 않다

7   雷锋[Léi Fēng] 레이펑(1939-1962), 후난성(湖南省) 츠앙사(长沙)의 빈농출신. 중국 해방군 선양부대 공병 운수대의 분대장으로 인민에게 봉사하고 중국공산당에게 항상 감사하는 마음으로 근무하다. 1962년 8월 공무수행 중 순직하였다. 1963년 마오쩌둥(毛泽东)이 그의 생전의 행동과 태도가 중국 인민의 모범이 될 만하다고 평가하면서 전국적으로 '向雷锋学习(레이펑 본받기)' 캠페인이 전개되었고, 중국 인민의 영웅으로 추대되기에 이르렀다.

8   埋怨[mányuàn] 원망하다. 불평불만을 말하다. '埋'의 발음에 주의하여야 한다.

9   结实[jiēshi] ① (물건이) 단단하다. 질기다 ② (몸이) 튼튼하다
    ※ '结'의 성조가 2성이 아님에 주의한다.

10 锁[suǒ] 자물쇠(로 잠그다). 명사일 경우, 양사는 '把'를 사용한다.
    예) 把门锁上. 문을 잠그다.

11 钥匙[yàoshi] 열쇠. 양사는 '把'를 사용한다.

12 门卫[ménwèi] 수비. 경비원

13 聋子[lóngzi] 청각장애자, 귀머거리

14 双保险[shuāngbǎoxiǎn] : 이중 보안

핵심정리

 看你跑得上气不接下气shàng qì bù jiē xià qì**的** : 숨과 숨이 서로 연결되지 못하다

너무 빨리 뛰어서 숨 쉬기도 힘들 정도로 헐떡거리고 있는 모습을 표현한다. 숨이 차서 헐떡거리다.

(1) 小王跑上四楼，上气不接下气地对我说：“不好了！你儿子让狗给咬了！”
(2) 我们几个人绕着操场跑了五六圈，一个个累得上气不接下气的，可是王老师没说停，所以我们谁也不敢停下来。
(3) 都八点多了，她才上气不接下气地跑进教室来。

 你可真是个马大哈mǎdàhā : 덜렁이, 부주의한 사람

'马大哈'는 친한 친구 사이에서만 사용할 수 있는 표현이며, 여러 단어에서 한 글자씩 뽑아서 만든 조어이다. 즉, '马马虎虎mǎmahūhū (대충대충)'의 '马', '大大咧咧dàdaliēliē (되는대로)'의 '大', '嘻嘻哈哈xīxīhāhā (실없는 웃음소리, 헤헤헤)'의 '哈'는 결국 세 가지 행위를 동시에 저지르는 사람, 즉 '멍청이, 덜렁이'라는 의미로 쓰인다.

(1) 他是个马大哈，钥匙、钱包什么的经常丢，这次带儿子出去玩，竟然把儿子给丢了。
(2) 王强这个马大哈前几天闹了个笑话，他分别给女朋友和爸爸写了一封信，可寄的时候装错了信封，结果大家就可想而知了。
(3) 我在百货大楼工作的时候，常遇到一些马大哈把买的东西忘在柜台上。

 你看我这人nǐ kàn wǒ zhè rén : 이런 나 좀 봐! 내 정신 좀 봐!

상대방을 앞에 두고 당연히 해야 할 일을 하지 않고 있는 자기 자신을 책망하거나 비판하는 느낌을 표현하고자 할 때 자주 사용하는 표현이다. 비슷한 표현으로 '看我这人, 你看我' 등이 있다.

(1) 你看我这人，跟你站这儿聊了半天，也没请你进去坐坐。
(2) 看我这脑子，刚才我说到哪儿了，噢，对，说到出发的时间。
(3) 看我，一忙，把这么大的事都忘了，这是你的信，给你。

Point & Note

 1-35

 你怎么说话不算数 shuōhuà bú suànshù : 말만 하고 지키지 않다

'算数 suàn//shù'는 '효과가 있다고 인정하다, 확인하다, 셈에 넣다'라는 뜻으로, '说话'와 함께 쓰여서 '말만 하고 그 말에 대한 실행은 염두에 두지 않는다'는 의미의 숙어를 구성한다. 반대말은 '说话算数'(한 말은 꼭 지킨다)로 쓰면 된다.

(1) 你说过好几次要带我去动物园玩儿, 可一次也没带我去过, 你老是说话不算数。

(2) 你放心吧, 我说话算数, 说明天还你就明天还你。

(3) 你别怕, 男子汉大丈夫, 说话算数, 到时候我要是说话不算数, 你怎么骂我都行。

 这不是我一个人说了算 shuō le suàn **的事呀** : 말해서 그대로 이루어지다

'算 suàn'은 '계산하다, 계획하다, 예상하다' 등의 의미하지만, 본문에서는 '효력을 가지다, ~을 셈에 넣다'라는 뜻으로 쓰였다. 이때, '算'은 '话' 혹은 '数'와 같은 한덩된 목적어만을 가질 수 있다. '说了算'은 결국 '결정권이 있어서 말을 하면 그대로 이루어진다'는 뜻을 나타내어, 반대말은 '说了不算'이다.

(1) 这事儿你别问他, 在他们家什么事儿都是他爱人说了算。

(2) 现在我是这儿的老板, 我说了算, 你们都听我的。

(3) 妈妈说: "到底搬不搬家, 哪一个人说了也不算, 得大家说了算, 现在同意搬的举手。"

 看你想到哪儿去了 xiǎng dào nǎr qù le : 무슨 생각하는 거야

문자 그대로 생각(想)이 어디(哪儿)로 가고 있는 것(去)인지를 따지는 말인데, 사실 화자의 의도는 '생각을 자꾸 엉뚱한 방향으로 몰고 가서 틀리는 일이 없도록 하라'는 데 있다.

(1) 小张问: "我做了对不起你们的事吗? 为什么你们老躲着我?" "没有," 老王说, "你想到哪儿去了, 没人躲着你, 大家都工作了, 各有各的事。"

(2) "有人看见你们俩在一起, 你跟她又好上了?" 妈妈不满地说。
"没有," 我笑了笑, "您想到哪里去了, 我们只是聊了会儿天。"

(3) "怎么你一个人回来了, 你们俩吵架了?" 妈妈不安地问。
大海笑着说: "您想到哪儿去了, 她今天晚上值班, 所以不回来了。"

핵심정리

 我好说歹说 hǎo shuō dǎi shuō**, 劝她跟我去** : 이런 저런 말로 설득하다

'好'(좋다)와 '歹'(나쁘다)는 서로 반대말로, 이 두 단어가 각각 수식어로 사용된 '好说'와 '歹说'는 '좋은 말'과 '나쁜 말'이란 뜻이 된다. 결국 '好说歹说'는 '좋은 말과 나쁜 말을 포함한 온갖 감언이설' 정도로 해석할 수 있다.

(1) 饭做好了，可他不肯吃，他还在生气。大家好说歹说的，连老奶奶也过来劝慰，他才勉强地吃了一碗饭。

(2) 我们几个人好说歹说，最后老张总算答应了，可是他也提了个条件。

(3) 船长说，坐船可以，可每个人得交二百块，我们几个好说歹说，最后他答应每人收八十块。

 可也是 kě yě shì : 그건 그래

다른 사람과 의견이 달랐지만 여러 과정을 거쳐 최종적으로는 상대방의 견해에 동의를 표하게 되었을 때 사용하는 표현이다.

(1) 开始我还觉得老王的做法不太公平，生了一肚子气，听妻子这么一说，我想可也是，这事要是换了我，我可能做得还不如人家呢。

(2) 妈妈不解地说："我去劝劝他们两口子，这又有什么错？"我耐心地说："这不像在老家，家家情况您都知道，您了解人家的情况吗？"妈妈听了后，点了点头，"可也是，我连人家叫什么都不知道。"

 一口气 yì kǒu qì**丢了三辆自行车** : 쉬지 않고 단숨에

몇 개의 동작 혹은 상황이 아무런 휴지나 조정도 없이 순식간에 발생하는 상황을 나타낸다.

(1) 我转身就跑，一口气上到六层，进了家门才算放了点儿心。

(2) 这个孩子一口气讲完了故事，中间没让别人提醒。

(3) 他端起酒杯，一口气喝光了杯子里的酒，然后大声地说："再满上！"

 只当 zhǐ dàng**是学雷锋、献爱心了** : ~로 간주하다

'当'이 제1성이 아니라 제4성임에 주의하자.

Point & Note

(1) 他稳稳地坐在那儿, 别人说什么他只当没听见。

(2) 从此她是她, 我是我, 她要走就让她走, 只当我没有生过这么个女儿。

(3) 好好好, 我不再出声了, 只当我没长着嘴, 行不行？

⓫ 可她一个劲儿 yí ge jìnr 地埋怨我 : 줄곧, 한결같이

'다른 곳에 곁눈을 팔지 않고 한결같이'라는 뜻의 부사이다.

(1) 回到家, 他谁也不理, 只是坐在椅子上一个劲儿地抽烟, 孩子们都不敢大声说话。

(2) 小王一进来就一个劲儿地问比赛的结果怎么样。

⓬ 我倒落 lào 了个一身不是 bú shi : 비판을 받다, 원망을 듣다

'落'에는 세 종류의 서로 다른 발음(là, lào, luò)이 있으나 '落……不是' 문형의 '落'는 일반적으로 [lào]로 발음한다. 본문의 '落'는 '……한 경우에 처하다', '不是'는 '잘못, 과실'이라는 뜻이다. 때때로 비슷한 뜻의 '落包涵 lào bāohan'을 쓰기도 한다.

(1) 我们好心好意帮他, 没想到倒落了个不是, 他说我们给他添了很多麻烦。

(2) 四奶奶笑着说: "我替你们接待了这些贵客, 还落个不是。下次我可不管了。"

⓭ 到头来 dào tóu lái 还得我向她赔不是 : 결국, 마침내

부사이며, 주로 부정적인 내용에 쓰인다.

(1) 奶奶说: "为儿女辛苦了一辈子, 操心了一辈子, 到头来一个个地全离开了我。"

(2) 老张提醒我们说: "你们可得小心点儿, 做生意不是小事, 闹不好到头来别人发财, 自己却两手空空。"

핵심정리

 1-38

⑭ 还得我向她赔不是 péi bú shi : 사죄하다, 사과하다

'赔不是'의 객체, 다시 말해서 사과를 받는 사람은 '向, 给, 对' 등의 뒤에 놓인다. 비슷한 단어로 '赔罪 péi//zuì'가 있다.

(1) 婆婆逼着儿子向惠芬赔不是, 弄得惠芬不知道怎么才好。
(2) 老刘想了一路的词, 准备回家去给妻子赔不是。

⑮ 那些小偷啊, 真不是东西 bú shì dōngxi : 나쁜 놈, 쓸모없는 놈

누군가를 욕할 때 쓰는 비속어로, '돼 먹지도 않은 나쁜 자식'이라는 의미이다.

(1) 他一边喝酒一边说: "小李真不是东西, 表面对我笑嘻嘻的, 可在背后老说我的坏话。"
(2) 尽管听到有人在背后骂他不是东西, 可他照样每天往那个女人家跑。
(3) 老人低声说: "老二不是东西, 可他毕竟是我的儿子啊。"

⑯ 也别说 yě bié shuō, 他们也够有本事的 : 말도 하지 마

화자가 어떤 특정한 사실이나 상황을 이미 인정한 상태에서 다시 다른 예를 들 때 사용하는 표현이며, '还别说'라고도 한다.

(1) 他笑着对我说: "我当初下厨房那是没有办法的事, 可也别说, 现在我的手艺还真不错。"
(2) 四嫂小声对我们说: "你瞧他现在神气的, 好像当了多大官似的, 还别说, 有了这个工作后他倒是不那么喝酒了。"

⑰ 你用再结实的锁, 他都根本不在话下 bú zài huà xià : 식은 죽 먹기다

원뜻은 '이야기를 여기에서 끝내다'인데, 의미가 확장되어 '너무 쉬워서 더 이상 말할 가치도 없다, 문제가 될 것이 전혀 없다, 말할 것도 없다' 등의 뜻으로 쓰인다.

Point & Note

(1) 对她来说，只要每天都能看见他，就什么困苦贫穷都不在话下了。

(2) 你要是把这本书读懂了，别的书就不在话下了。

(3) 别说买张火车票了，就是去偷、去抢，只要是你让我做的，我都不在话下。

18 听说老赵家的四辆车让小偷来了个连锅端 liánguōduān：송두리째 뽑아버리다, 전부 들고 가버리다

'连锅端'는 '집안의 다른 물건은 물론이고 그 하찮은 냄비(锅)조차(连)도 다 들고 가버려서(端) 아무것도 없다'가 원뜻인데, 지금은 숙어로 쓰여서 '뿌리째 뽑아가다' 정도의 의미로 쓰인다.

(1) 那个箱子放在路口，第一天有人拿走根绳子，第二天有人拿走两块木板，第三天有人干脆连锅端，把箱子都搬走了。

(2) 家里没什么东西，搬起来省事，一辆卡车就可以连锅端了。

19 有人看着，竟然还时不常 shí bu cháng 地丢东西：종종, 자주

구어체에서는 종종 '儿'화 현상이 발생하여 '时不常儿'로 발음하기도 한다.

(1) 有了点儿钱后，妈妈也会时不常地买些肉带回家来，给我们包饺子吃。

(2) 由于靠近郊区，所以时不常地有农民来这儿卖些自己家种的菜。

20 那天我在气头上 zài qìtóu shang：화가 머리끝까지 나다

'气头'는 '울분, 분노'라는 뜻. '气头' 대신 '气头上'를 써서 '在气头上'이라고 표현한다.

(1) 他现在正在气头上，谁的话也听不进去，等他冷静下来我们再劝劝他吧。

(2) 昨天我们两个人吵了一架，在气头上，互相说了不少难听的话。

04 你可真是个马大哈　55

핵심정리

21. 该 gāi 丢还是 háishi 丢 : 일단 ~한 것은 (여전히) ~이다

'该 + 형용사/동사 + 还是 + 형용사/동사' 문형으로 쓰여서 주어진 상황에 어떠한 변화도 발생하지 않거나 바뀔 가능성이 없음을 나타낸다.

(1) 我们劝他好多次了, 他也答应说要戒烟, 可第二天他就忘了他说的话, 该抽还是抽。
(2) 她试过很多方法, 锻炼、节食, 还练过气功, 可该胖还是胖, 气得她干脆不减肥了。
(3) 打这种预防针没有什么用, 到时候该感冒还是感冒。

22. 结实得不能再 de bùnéng zài 结实了 : 더 이상 ~할 수 없을 정도로

'형용사+ 得+ 不能 + 再+형용사+ 了' 문형으로 쓰여서 형용사의 정도가 '더 이상 ~할 수 없을 정도로' 라는 뜻을 나타낸다. 이때 형용사는 서로 동일하다.

(1) 没想到一下子来了这么多人, 礼堂里挤得不能再挤了。
(2) 我们都不愿意跟他一块儿吃饭, 因为他吃起饭来慢得不能再慢了。
(3) 这几年我们这儿旱得不能再旱了, 连人每天喝的水都不能保证。

23. 害 hài de 我们昨天等了你们半天 : ~한 결과 그다지 좋지 않은 상황에 처하다

주로 화자가 원하지 않는 상황에 처하게 된 경우를 표현한다.

(1) 小猫在树上下不来, 害得主人在树下守一宿。

24. 也这么骂他来着 láizhe : ~하였다, ~하고 있었다

'来着' 는 문미에 쓰여서 과거에 이미 발생했던 일을 회상하고 있다는 느낌을 나타낸다. '来着' 를 포함하는 문장에서는 기본적으로 '了' 와 '过' 를 함께 사용할 수 없다.

(1) 他刚才还在这儿来着, 怎么一转眼就不见了。

연습문제

1 보기에서 적당한 단어를 찾아 빈칸에 써보세요.

> 〈보기〉 一口气　　一个劲儿　　说了算　　说话不算数　　好说歹说　　赔不是
> 　　　　时不常　　到头来　　在气头上　　不在话下　　马大哈　　闹别扭

(1) 开始的时候李老师不让我们晚上去看球赛,后来我们几个＿＿＿＿＿＿,他才同意。

(2) 这事挺重要的,得让个又细心又认真的人去做,你可别交给小张那个＿＿＿＿＿＿。

(3) 妈妈问：“最近怎么没看见你跟小丽一块儿玩儿,你们俩是不是＿＿＿＿＿＿了？”

(4) 昨天我们去游泳了,游泳池里人不多,我们＿＿＿＿＿＿游了一个多小时才上来。

(5) 自己过生日儿子张福都没回来,妈妈很生气,连晚饭也没吃。张福回家后,连声向妈妈＿＿＿＿＿＿：“妈,我真的是有事没赶回来,您别生气了。”

(6) 别忘了他以前是游泳运动员,这条河也就二十几米宽,这对他来说根本＿＿＿＿＿＿。

(7) 老厂长大声说：“你们都出去,这儿的事我＿＿＿＿＿＿,让他们有事就来找我！”

(8) 他们俩搬出来后,妈妈不太放心,所以＿＿＿＿＿＿过来看看,有好吃的也带过来。

(9) 他知道父亲是为他好,那些难听的话都是他＿＿＿＿＿＿说的,他不会为此恨父亲的。

(10) “他说要带我去广州玩。”“你别信他的,他经常＿＿＿＿＿＿,我最了解他了。”

(11) 他卖过衣服,也卖过水果,干了好几年,可＿＿＿＿＿＿没挣下什么钱,到现在还住在父母家。

(12) 两个人为送礼的事吵了一架,气得小丽在屋里＿＿＿＿＿＿地哭,眼睛都哭红了。

2   주어진 표현으로 대화를 완성하세요.

(1) A：给你打电话你怎么不给我回电话，是不是生我的气了？
    B：你_____。(想到哪儿去了)

(2) A：大老远地跑到这儿，原以为能有点儿收获，可这儿什么也没有，太气人了。
    B：气什么呀，你看天气这么好，咱们_____。(只当)

(3) 妹妹：你说我不学习，天天去看电影，你有什么证据？拿出来让我看看。
    哥哥：好了，你别急，_____。(只当)

(4) 爸爸：上回我批评完小刚以后，他现在是不是不玩游戏机了？
    妈妈：哪儿啊，_____。(该A还是A)

(5) 邻居1：你们给那两口子提意见以后，他们还常常唱到半夜吗？
    邻居2：_____。(该A还是A)

(6) A：你的病怎么样了？去医院看了吗？
    B：没有，你看我现在_____，一点时间也没有。(A得不能再A了)
    A：再忙，也得去看病啊，可不能耽误了。

(7) A：李明打电话让咱们今天去他家玩，你想去吗？
    B：我很想去，可是恐怕不行，我今天_____。(A得不能再A了)

(8) A：我明天要是看见他，再劝劝他。
    B：我看你劝也没有用。
    A：_____。(可也是)

(9) A：他做得不对，我就批评了他两句，他干吗发那么大的火？
    B：批评得对也得注意方式方法。把他换成你，你愿意吗？
    A：_____。(可也是)

(10) A：听说你帮老王家介绍了个小保姆，是吗？
     B：唉，别提了，我是好心帮忙，没想到，_____。(落不是)

58

(11) A：你每天跟外国人打交道，英语练得不错了吧？
　　 B：我的英语水平你还不知道吗？不过，_____。(还别说)

(12) A：我穿的衣服好多都是我妈妈给我做的，你看，这件也是。
　　 B：_____。(还别说)

这事让我伤透了脑筋

(周强和老朋友刘威一边吃饭一边聊天)

周强：你和你的同屋处得怎么样？

刘威：我那个同屋啊，懒到家了，他的床上老是乱得让人看不下去，脏衣服也不洗，而且从来没打扫过宿舍，又不是小孩子了，我说也不是，不说也不是。

周强：遇见这种不自觉的同屋可真倒霉，不过，乱点儿就乱点儿吧，不能跟自己的家比，睁一只眼闭一只眼算了。

刘威：是啊，反正也没别人去。我总是想，每个人生活习惯都不一样，为一些鸡毛蒜皮的小事伤了和气不值得。

周强：说实话，我们几个好朋友里数你有肚量。

刘威：有肚量倒谈不上。仔细想想，生活中的好多矛盾，其实说起来没有什么大不了的，没必要过于认真，这也是我一贯的原则。

周强：要是大家都像你这样就好了。

刘威：我很讨厌那种爱在背后说别人不是的人，不过，有一件事，跟我的同屋有关系，不说吧，心里不舒服，说吧，又有点儿说不出口。

周强：咱们俩是谁跟谁呀？有什么就说吧。

刘威：我的同屋做事有点儿太那个了。

周强：别吞吞吐吐的，到底是怎么回事？

刘威：你知道，食堂的饭菜不好，所以隔三差五我们俩就下馆子，每次都是我掏腰包，不过，这也没什么，谁让我比他大呢！可他三天两头跟我借钱，这一来二去的，数目也不算小了，可他跟没事人似的，还钱的事只字不提，我又不好意思跟他要。我估计他这几天又该跟我借钱了，你说，借他吧，我不是什么大款，不借他吧，又不好意思。这事真让我伤透了脑筋，左右为难。

周强：这有什么为难的？你现在要是不给他个硬钉子碰碰，以后他更得寸进尺了，你还得吃苦头。你太好心了，我看，也就是你才这么一而再，再而三地让着他，这种人在别处绝对没有市场。

刘威：话是这么说，可我真拉不下脸来。算了算了，不说我的事了。哎，你的同屋好像有点儿不合群儿吧？

周强：对，他人倒不坏，可我们俩说不到一块儿去，所以每天他干他的，我干我的，这样挺好，不会闹意见。

刘威：这样倒也好，不过，你这个炮筒子可得改改脾气了，别动不动就跟人脸红脖子粗的。

周强：对，我得向你学习。

刘威：对了，昨天我看见王老师把你叫到办公室去了，是不是又捅了什么娄子了？

周强：就是跟班长吵了一架，他可真是个软硬不吃的家伙！

刘威：噢，是这样啊，吓了我一跳，我还以为怎么了呢！

단어 및 숙어

1. 处[chǔ] 함께 살다. 같이 생활하다. 사귀다
2. 鸡毛蒜皮[jī máo suàn pí] 원뜻은 닭털과 마늘 껍질. 아주 가볍고 너무나 사소해서 보잘 것 없는 일에 대한 비유로 쓰인다.
3. 肚量[dùliàng] 도량. '度量'이라고도 쓰기도 한다.
4. 一贯[yíguàn] (사상, 정책, 행동 등이) 일관적이다, 한결같다
5. 吞吞吐吐[tūntūn tǔtǔ] (심리적 혹은 감정적 요인으로) 말을 흐리는 모습. 명확하게 말을 하지 못하고 우물쭈물하는 모습. 생리적 혹은 선천적으로 말을 더듬는 것은 '结结巴巴 jiējie bāba'라고 한다.
6. 隔三差五[gé sān chà wǔ] 일정한 간격을 두고 항상.언제나. 늘
7. 左右为难[zuǒyòu wéinán] 진퇴양난. 이러지도 저러지도 못하다
8. 得寸进尺[dé cùn jìn chǐ] 일촌(一寸)을 얻게 되면 일척(一尺)을 전진하려고 한다. 전하여 '사람의 욕심이란 한이 없다'는 뜻으로 쓰인다. 현행 도량형으로 계산하면 일촌은 약 3.3cm, 일척은 약 33cm 정도의 길이에 해당한다.
9. 合群儿[héqúnr] 사람들과 잘 어울리다. 남들과 잘 섞이다

고사성어를 이용한 광고문 ❷

一明惊人 (안과 질병 의료기 광고)
평소에는 특별한 것이 없다가도, 한번 시작하면 사람을 놀랠 정도의 큰일을 이룬다는 '一鸣惊人 yì míng jīng rén'의 응용 표현

Point & Note

1. 我那个同屋啊, 懒**到家** dào//jiā 了 : 상당히 높은 수준에 도달하다

주로 형용사나 동사의 보어로 쓰여서 그 정도가 상당함을 나타낸다.

(1) 小张那个人坏**到家**了, 总是找我的麻烦, 让我不舒服。
(2) 几个孩子不满地叫着: "这么好的球你们都踢输了, 真臭！臭**到家**了！"
(3) 他把话说得清楚**到家**了, 不怕那几个人听不出来。

2. 床上老是乱得让人**看不下去** kàn bu xiàqù : 너무 지나치다, 차마 보고 있지 못하다

복합방향보어 '下去'를 사용하여 '보는 행위(看)'를 더 이상 지속할 수 없을 정도까지 도달하였음을 나타내는 말이다. 응용표현으로 '听不下去'(더 이상 듣고 있을 수가 없다), '说不下去'(더 이상 말을 이어갈 수가 없다) 등이 있다.

(1) 那个男人喝酒喝多了, 回到家就打孩子。邻居们**看不下去**了, 打电话把警察找来了。
(2) 老人们都说, 现在的年轻人太开放了, 有的男女在大街上就能做出一些特别亲密的动作, 真让人**看不下去**。
(3) 两个人又为孩子的事吵了起来, 说的话都很难听, 奶奶**听不下去**了, 从屋里走了出来。

3. 我说**也不是** yě búshi, **不** bù 说**也不是** yě búshi : ~하기도 그렇고, ~하지 않기도 그렇고

'A+也不是, 不+A+也不是' 문형으로 쓰여서 'A'를 하기도 그렇고, 그렇다고 하지 않기도 그런 어정쩡한 상황을 표현하는 기법이다. 한 가지 상황뿐만 아니라 'A+也不是, B+也不是, C+也不是……'와 같이 여러 상황에 대해서도 쓸 수 있다.

(1) 看着他们夫妻俩你一句我一句地吵, 我站在旁边, 走**也不是**, 不走**也不是**, 难受死了。
(2) 听到这句话, 二姐伸出的手僵在半空中, 看着桌上的钱, 拿**也不是**, 不拿**也不是**。
(3) 小云突然见到屋子里这样的情形, 站在门口, 进**也不是**, 退**也不是**。

핵심정리

 2-04

4 睁一只眼闭一只眼 zhēng yì zhī yǎn bì yì zhī yǎn 算了 : 보고도 못 본 척하다, 너그러이 봐주다

'한 눈은 뜨고, 한 눈은 감다'에서 온 숙어로, '(일을) 대충 대충하다'는 뜻도 있다. 다른 표현으로는 '睁只眼闭只眼' 혹은 '睁一眼闭一眼'이라고 한다.

(1) 她多少也知道一些丈夫跟别的女人的事, 可她又能怎么样呢? 只好睁一只眼闭一只眼。

(2) 那么多不公平的事你都管得了吗? 算了, 睁只眼闭只眼吧。

(3) 他对办公室的事一向是睁一只眼闭一只眼, 只管做好自己的事。

5 其实说起来没有什么大不了 méiyǒu shénme dàbuliǎo 的 : 뭐 대단할 것도 없어

'형용사/동사+不了' 문형으로 쓰여서 '~할 수가 없다, ~하는 것과 같은 일은 없다'는 뜻을 나타낸다.

(1) 大民说:"不就是丢了辆车吗? 没什么大不了的, 再买一辆就行了。"

(2) "你们为什么打架?" 小王说:"其实没什么大不了的事, 就是为了一句话。"

(3) 他满不在乎地说:"这有什么大不了的, 不就是弄错了个数字吗?"

6 有点儿说不出口 shuō bu chū kǒu : 입 밖으로 낼 수 없다

사정을 이야기하려(说)고 하지만 여러 가지 사정으로 입 밖에 낼 수 없다(不出口)는 뜻을 나타낸다.

(1) "分手"这两个字就在我嘴边, 可看她高兴的样子, 我说不出口来。

(2) 在外人面前, "我爱你"这三个字他怎么也说不出口。

7 咱们俩是谁跟谁呀 zánmen liǎ shì shéi gēn shéi ya : 우리가 어떤 사이인데

서로의 관계가 아주 밀접하다는 것을 강조하는 관용 표현이다.

(1) 她笑着说:"这里的每样东西都是我辛辛苦苦做出来的, 当然不容易, 不过咱们俩谁跟谁呀? 你喜欢什么, 随便拿。"

(2) 不就是那一百块钱吗？早还晚还都没有关系，咱们是谁跟谁！

(3) 你们俩是谁跟谁呀，你上他那儿，他上你那儿，不是一样吗？

8 我的同屋做事有点儿太那个 tài nàge 了 : 너무 좀 그래

'那个'가 술어의 위치에 쓰이면, 명확하게 지칭하여 말하기 힘든 형용사를 대체하는 역할을 한다.

(1) 第一次见面就跟人家说钱的事，是不是太那个了？

(2) "我并没有说他们这样就是不礼貌，"他解释说，"不过孩子用这种口气跟大人说话总有点那个……"

(3) 我拥护男女平等，可我这么个大男人去给一个女领导当秘书我老觉得有点那个。

9 每次都是我掏腰包 tāo yāobāo : 돈을 지불하다, 지갑을 열다

'掏'는 '(손 혹은 도구를 사용하여) 끄집어내다'가 원뜻이고, '腰包'는 '주머니', 혹은 '지갑'을 비유적으로 표현한 말이다.

(1) 车票他们说可以给你买，可吃饭的钱你就得自己掏腰包了。

(2) "请我们来还让我们自己掏腰包买午饭，没听说过！"小林气哼哼地说。

10 谁让 shéi ràng 我比他大呢 ne : 누가 ~하라고 했대

주로 구어체에서 쓰이는 문형으로, 현재 주어진 상황을 고려할 때 어떻게 할 도리가 없음을 인정한다는 뜻을 나타낸다.

(1) 在家里，父母管我，哥哥姐姐也管着我，没有我说话的地方，谁让我小呢！

(2) 这事怪不着别人，谁让我没本事呢，只会写小说。

(3) "其实，老人骂两句也没什么，谁让我是他儿子呢！"小李笑着说。

핵심정리

⑪ 这一来二去yì lái èr qù的，数目也不算小了 : 차츰차츰, 조금 조금씩

'왔다 갔다 하는 사이에'라는 뜻에서 발전하여 지금은 '시간의 흐름과 더불어 조금씩, 사귀고 있는 사이에 어느 틈엔가' 정도의 의미를 나타낸다.

(1) 我喜欢看戏，有时候去后台看她，请她吃饭，一来二去就成了无话不谈的好朋友。

(2) 以前，别人给他介绍女朋友，他也去见过，可不是人家看不上他，就是他看不上人家，总是不合适，一来二去的，他就失去了信心。

⑫ 可他跟没事人méishìrén似的 : 제삼자, 관계없는 사람

'没事(아무 것도 아니다)'에서 파생된 단어로, 어떤 사건이나 일과 아무런 관계가 없는 사람 혹은 어떤 일에 의해서 어떠한 영향도 받지 않는 사람을 지칭한다. 일반적으로 뒤에 '似的'를 동반한다.

(1) 因为他的粗心，公司损失了一大笔钱，他心里很难受，可表面还是跟没事人似的。

(2) 妈妈说：" 明天就要考试了，你怎么跟没事人似的还天天玩啊？"

(3) 我跑了三千米就再也跑不动了，可他跑完五千米，跟没事人似的。

⑬ 这事真让我伤shāng透了脑筋nǎojīn : 골치를 앓다, (힘든 문제 등으로) 머리가 아프다

'伤shāng'은 육체적으로 '상처를 입다'라는 뜻도 있지만, 정신적인 면이나 감정, 체면 등에 '상처를 받는 것'에 대해서도 사용할 수 있다.

(1) 刚忙完了房子的事，他们俩又为孩子上幼儿园的事伤开脑筋了。

(2) 看见妈妈又在为他下学期的学费伤脑筋，他心里很不好受。

⑭ 你现在要是不给他个硬钉子碰碰yìng dīngzi pèngpeng : 딱 잘라서 거절하다, 지장이 생기다

원래 '碰钉子'로 쓰지만 본문에서는 동사와 목적어를 도치시켜 놓았다. 참고로 '강력하게 거절당하다'는 '碰了硬钉子', '완곡하게 거절당하다'는 '碰了软钉子'라고 한다.

Point & Note

 2-07

(1) 老高确实很有钱，可你要是向他借钱，那肯定要碰钉子。

(2) 他想，他跟老王是多年的朋友了，老王不会不答应的，可没想到碰了个软钉子，这让他好几天心里都不痛快。

15 你还得吃苦头 chī kǔtou : 고통스럽다, 괴로움을 맛보다

'苦头'는 원래 '쓴 맛'이란 뜻으로 쓰이지만, '괴로움, 고통, 시련'을 의미로 확장되어 쓰인다. 참고로 단 맛은 '甜头 tiántou'라고 한다.

(1) 那时候，父亲为了一家人的生活，什么活都干过，吃了不少苦头。

(2) 他从十多岁就开始练拳击，吃了数不清的苦头，终于有了今天的成功。

16 也就是你才这么一而再，再而三 yī ér zài, zài ér sān 地让着他 :
몇 번 씩이나 되풀이해서, 재삼재사

(1) 她这么一而再，再而三地骗你，你怎么还相信她的话？

(2) 他一而再，再而三地让我去找那个当官的舅舅，让他帮我安排个工作，我都没答应。

17 这种人在别处绝对没有市场 méiyǒu shìchǎng : 환영을 받지 못하다, 받아들여지지 않다

'市场'이 '시장'이라는 뜻임은 누구나 알고 있지만, 그 의미가 확장되어 '사람의 행위나 행동이 미치는 영향' 혹은 '다른 사람에게 받아들여질 수 있는 여지' 등의 뜻으로도 사용된다는 것을 기억하자.

(1) "我看咱们还是讨论讨论现代派的特色吧。"
"得了吧，现代派先锋派在中国没市场。"小宣说完转身走了。

(2) 那些男人都喜欢漂亮而没有头脑的女孩子，所以你不要太聪明了，要不你在男人那里可没有什么市场。

핵심정리

18 我真拉不下脸来 lā bu xià liǎn lai : 안면몰수하지 못하다, 사사로운 정에 흐르다

'拉下脸来'의 부정형이다. '拉下脸'은 '인정사정없다, 봐주지 않다, 불쾌한 표정을 짓다' 등의 뜻으로 쓰인다.

(1) 我知道这样做不太好，可他是我的老师的儿子，所以我拉不下脸来拒绝他。

(2) 这件事让我们心里很不痛快，可他是我们的老邻居了，怎么也拉不下脸来跟他说。

19 我们俩说不到一块儿 shuō bu dào yíkuàir 去 : 말이 안 통해

'말(说)이 같은 곳(一块儿)에 이르지 못한다(不到)'는 뜻에서 '서로 의견이 일치하지 않다, 말이 서로 통하지 않다' 등의 의미로 쓰이게 되었다.

(1) 在外面我没什么朋友，在家里也不十分快乐：父母和我根本说不到一块儿。

(2) 他对我说："我们虽说是亲兄弟，从小一起长大，可我们说不到一块儿！"

20 不会闹意见 nào yìjian : 의견 차이로 말다툼을 벌이다, 모순이 생기다, 사이가 갈라지다

동사 '闹'에는 '(감정 따위를) 드러내다, (불만 등을) 터뜨리다'는 의미가 있다. '意见'을 목적어로 취하게 되면, '서로 의견이 맞지 않아 불만을 가지다, 말다툼하다'는 뜻을 나타내게 된다.

(1) 他们俩经常为一点儿小事闹意见，可过不了两天就好了。

(2) 夫妻之间没有不闹意见的，关键是要处理好，要不然会影响夫妻感情的。

21 你这个炮筒子 pàotǒngzi 可得改改脾气了 : 무엇이든지 함부로 말해버리는 사람

'炮筒子'는 원래 '(대포 등의) 포신'을 뜻하는 단어지만, 장소나 상대를 개의치 않고 하고 싶은 말을 함부로 내뱉는 사람에 대한 별명으로 자주 쓰인다.

Point & Note

(1) 他是我们这儿有名的炮筒子，为此得罪了不少人。

(2) 明天开会的时候，你别又跟炮筒子似的，想好了再说。

22 别动不动就 dòng bu dòng jiù 跟人脸红脖子粗的 : 걸핏하면, 툭하면

'动不动'은 '就'와 함께 쓰이며, 주로 화자의 입장에서 일어나면 곤란하거나 일어나지 않았으면 좋을 사건에 대하여 언급할 때 사용한다.

(1) 王经理动不动就发脾气，我们都很不喜欢他。

(2) 他的身体现在很糟糕，动不动就感冒，不能上班。

23 别动不动就跟人脸红脖子粗 liǎn hóng bózi cū 的 : 얼굴을 붉히고 목에 핏대를 세우다

사람의 화난 형상을 묘사한 표현이다. '红了脸, 粗了脖子'와 같이 동사+목적어 구조로 바꾸어 쓰기도 한다.

(1) 吃完饭，几个人为由谁来付饭钱争得脸红脖子粗的，别人还以为他们在吵架呢。

(2) 为了这棵树，老张站在院子里脸红脖子粗地跟他吵了半天。

24 是不是又捅 tǒng 了什么娄子 lóuzi 了 : 사고를 치다, 소동을 불러일으키다

'捅'은 '찌르다, 손으로 만지다', '娄子'는 '소동, 말썽'이라는 뜻을 의미한다. 확실하지 않지만, 일설에 따르면 '娄子'는 '篓子 lǒuzi'(대나무 광주리)의 잘못으로, 물건이 가득 든 대나무 광주리의 밑창을 찔러 터뜨리면 '큰 소동이 벌어진다'는 데서 유래한 숙어라고 한다.

(1) 人们赶快把老人送进了医院，看见自己捅了这么个大娄子，两个孩子吓哭了。

(2) 他小时候非常淘气，没少给爸爸妈妈捅娄子，也没少挨爸爸的揍。

핵심정리

Point & Note

2-10

 他可真是个 **软硬不吃** ruǎn yìng bù chī **的家伙** : 어떤 방법도 통하지 않다, 달래도 안 되고 때려도 안 된다

'회유책'(软)도 안 듣고 '강경책'(硬)도 통하지 않는다(不吃)는 뜻으로, 대부분 어떠한 수단이나 방법도 통하지 않는 사람을 형용하는 경우에 쓰인다.

(1) 那几个人也想进去, 他们说了一大堆好话, 也骂了一大堆难听的话, 可老张**软硬不吃**, 就是不让他们进去。

(2) 我各种办法都试过了, 可他是**软硬不吃**, 就是不同意。

 还钱的事只字不提 zhī zì bù tí : 일언반구도 꺼내지 않다

'提'는 '언급하다, (문제 혹은 의견 등을) 제기하다', '只字 zhī zì'는 '단 한 글자'라는 뜻이며, 이때 '只'는 제1성으로 발음하여야 한다. '只字不提'란 결국 '(의도적으로) 단 한 글자도 입에 담지 않는다'는 강조표현이며, '只字不谈'이라고 표현한다.

(1) 在祝贺伊拉克选举取得成功的讲话中, 美国总统布什对于从伊拉克撤军却是**只字不提**。

연습문제

1 밑줄 친 표현의 뜻을 생각하면서 읽어보세요.

(1) 他极慢地往家走去,不敢把被学校开除的事情告诉妈妈,妈妈这几天不大舒服。可是又不能不告诉,这不是丢了一支铅笔那样的事。怎么告诉呢？他思前想后,越想越糊涂。不必想了,先看看妈妈去,假若正赶上妈妈高兴呢,就告诉她。于是,他假装<u>没事人</u>似的进了妈妈的屋中。

(2) 在父母过世后的那些日子,我十分寂寞,就招朋友们来玩。后来,我也闹不清究竟谁那儿有我家的钥匙,反正我每次回家,房子里总是一大堆不认识的人又玩又闹,有几次我都不得不睡在地板上,可我又<u>拉不下脸</u>来赶人家走,不管怎么说,都是朋友嘛。

(3) 三婶知道他没事不来,来了肯定是有事,就问他"什么事？说吧！"立秋把事情一说,"就这么点事儿呀？嘻！<u>没什么大不了的</u>！行了,等老头子回来,我跟他说说！"事情就算办成了。

2 보기에서 적당한 단어를 찾아 빈칸에 써보세요.

〈보기〉 伤脑筋　掏腰包　脸红脖子粗　一来二去　看不下去
一而再,再而三　闹意见　说不出口　睁一只眼闭一只眼
吃苦头　那个　捅娄子

(1) 他们俩差不多总是在这个时间坐这趟车,＿＿＿＿＿＿就认识了,一聊起来才知道,两家住得还真不太远。

(2) 上级要求大家都得为扶贫做一件实在事,老张正为这事＿＿＿＿＿＿呢。

(3) 性方面的知识,中国的妈妈们是绝对不会告诉他们的孩子的,她们觉得在孩子面前,"性"这个字＿＿＿＿＿＿。"

(4) 两个人常常为看哪个电视节目争得＿＿＿＿＿＿,最后谁也看不好。

(5) 老人说："年轻人的生活习惯跟咱们老人不一样,他们怎么样你别管,遇到看不惯的,你就＿＿＿＿＿＿,没必要生气。"

(6) 现在不好好保护环境,将来想保护也没法保护了,到那时人就该_____了。

(7) 开始我并不想去骑什么马,可钱经理_____地请我去,我也就不好意思推辞了。

(8) 周末的时候,女朋友想去游泳,可小王想去爬山,为这事,女朋友跟他_____了,一个星期都没给他打电话。

(9) 人家难过得要死,你们却在这儿又唱又跳的,是不是太_____了?

(10) 为了能进国家队,李扬天天在球场上练球,腿受了好几次伤,没少_____。

(11) 上次妈妈被你气得差点进了医院,你就老实点儿吧,别再_____了。

(12) 他是大老板,有的是钱,跟他出去玩儿还用咱自己_____。

3 주어진 표현으로 대화를 완성하세요.

(1) A:老张人长得高高大大的,工作上也挺有能力的。
    B:是啊,不过,他_____,真让人受不了。(动不动)

(2) A:那个孩子_____,我最烦这种孩子。(动不动)
    B:我也不喜欢这样的孩子。

(3) A:他们几个就会说,说得比谁都好听,可一干起事来就都不行了。
    B:_____。(没有市场)

(4) A:怎么样,他们答应帮我们了吗?
    B:唉,_____。(碰钉子)

(5) A:这事经理一定不会同意的,_____。(碰钉子)
    B:不,我得试试,不试怎么知道就不行呢?

(6) A:爸爸要是发现你把他的电脑弄坏了,那可怎么办哪?
    B:_____。(没什么大不了的)

(7) 妈妈：你退休也不能老在家里呆着呀，你去找老张他们聊聊天嘛。
爸爸：_____。(说不到一块儿)

(8) A：你看，我老是给你添麻烦，我这心里真是……
B：_____。(……是谁跟谁)

(9) A：入学考试是不是挺难的？
B：可不，_____。(A到家)

(10) 奶奶：挺大的姑娘怎么说话这么没礼貌啊，我得好好说说她。
爸爸：算了，_____。(睁一只眼闭一只眼)

(11) A：那些人太过分了，怎么能把错儿都推到你身上呢？你干吗不解释清楚呢？
B：唉，_____。(谁让我……)

(12) A：他们也不是小孩子了，_____。(说也不是，不说也不是)
B：跟这样的人打交道你得多点儿耐心。

06 有的路口都乱成一锅粥了

(在出租汽车上)

司机：我刚从那边过来，前边路口出事了，人围得<u>里三层外三层</u>的，车根本过不去，我看咱们最好走三环，虽说绕一点儿远，可不堵车。您说呢？

乘客：行，您<u>看着办</u>吧，反正是越快越好，哎，您认识我说的地方吧？

司机：不瞒您说，我的<u>外号</u>叫"活地图"，全北京没有我不认识的地方，您放心好了，保证耽误不了您的事儿。

乘客：那太好了。哟，这三个包子就是您的午饭哪！

司机：可不，一天到晚在路上跑，中午饭从来都是瞎凑合，谁<u>舍得</u>把辛辛苦苦挣来的<u>血汗钱</u>花在吃喝上？这钱得花<u>在刀刃上</u>，您说是不是？

乘客：是啊，现在挣钱都不容易啊。

司机：干我们这行的，天天<u>起早贪黑</u>不说，还老担着心，您看现在的街上，车多人多路窄，还有不少<u>二把刀</u>司机，真让人头疼。

乘客：北京的交通一直是个<u>老大难</u>问题。

司机：这路上动不动就堵车，有的时候明明知道前面堵车，可乘客非要那么走，咱也得<u>硬着头皮</u>往前开，堵就堵吧，乘客是上帝嘛。

乘客：有的路口都乱成<u>一锅粥</u>了，看来没有警察是真不行。

司机：是啊。警察就是厉害，上回我停车停得<u>不是地方</u>，那个警察<u>鼻子不是鼻子脸不是脸</u>地<u>训</u>了我一顿。可人家乘客非要在那儿停，唉，我们这些出租车真没办法，一边是乘客，一边是警察，哪边儿都不敢<u>得罪</u>，唉，常常<u>里外不是人</u>，闹不好<u>本子</u>就扣了。

乘客：警察也不容易啊。

司机：是啊，我们每天都和警察打交道。现在交通一不好，就有人说应该<u>拿出租车开刀</u>，说我们这个那个的，其实我们最守规矩，最怕交通不好，老堵车的话我们连饭钱都挣不出来。

乘客：我看你们都特别能说，<u>山南海北</u>知道的挺多，有的还特别幽默。

司机：其实我们知道什么呀，还不是<u>现买现卖</u>？一聊起天就忘了烦了，要不，整天一个人坐车里，这心里<u>要多烦有多烦</u>。不过这聊天也得看人，要是人家乘客不愿意聊，咱就赶紧闭上嘴，别<u>找不自在</u>。

乘客：您开出租什么人都能碰上吧？

司机：可不。我见识过的人<u>多了去了</u>，有好的，也有差劲儿的。

乘客：看样子您开车<u>有年头</u>了。

司机：小六年了。要不是供孩子上学，<u>手头儿紧</u>，我早不干了。不过，<u>话说回来</u>，就咱这<u>大老粗</u>，要学问没学问，要技术没技术，比<u>睁眼瞎</u>强不了多少，不开车又能干什么呢？

乘客：哎哟，小心！呵，吓我一身冷汗！

司机：放心，咱的技术<u>顶呱呱</u>。

乘客：还是小心点儿好！<u>不怕一万，就怕万一</u>嘛。

단어 및 숙어

1. 三环 [Sānhuán] 베이징의 '三环高速路 Sānhuán gāosùlù(제3환상선)'의 약칭. '环'은 도시를 원형으로 둘러싸고 있는 '순환고속도로'를 뜻하는데, 현재 뻬이징에서는 '一环, 二环, 三环, 四环……' 등과 같이 여러 개의 도시순환고속도로가 교통의 동맥 역할을 하고 있다.

2. 外号 [wàihào] 별명. '绰号 chuòhào'라고도 한다.

3. 起早贪黑 [qǐ zǎo tān hēi] 아침 일찍 일어나서 저녁 늦게까지 열심히 일하는 모습을 형용한 성어. '起早摸黑 qǐ zǎo mō hēi'라고도 한다.

4. 训 [xùn] 훈계하다. 엄하게 가르치다

5. 得罪 [dézuì] (상대를) 화나게 하다. (남의) 감정을 상하게 하다. 원망을 듣다

6. 本子 [běizi] 원뜻은 '공책, 노트'이지만, 속어로 '증명서'를 뜻하기도 한다. 본문에서는 '운전면허증'의 의미로 쓰였다.

7. 扣 [kòu] 압류하다. 구류하다. 차압하다

8. 山南海北 [shān nán hǎi běi] 산의 남쪽과 바다의 북쪽. 전하여 아주 먼 곳 혹은 세상의 여러 지역. 방방곡곡

9. 不怕一万, 就怕万一 [bú pà yíwàn, jiù pà wànyī] 대비하고 있을 때에는 어떤 일이 일어나더라도 두렵지 않지만 대비하지 못하고 있을 때에는 조그만 일이라도 혹시 발생할까봐 두렵다. 설마가 사람 잡는다.

고사성어를 이용한 광고문 ❸

无胃不至 (위장병 치료 광고)

미세한 것까지 이르지 않음이 없다는 '无微不至 wú wēi bú zhì'의 응용 표현.

Point & Note
2-13

1 人围得**里三层外三层**lǐ sān céng wài sān céng**的** : 겹겹이, 여러 겹으로

'안으로 세 겹, 밖으로 세 겹' 이 원뜻이다.

(1) 卖火车票的窗口被人们里三层外三层地围着, 后面的人根本看不见牌子上的字。

(2) 入学那一天, 学生们把办公室围得里三层外三层的。

(3) 老奶奶对我说: "现在还没那么冷, 别给孩子穿得里三层外三层的。"

2 您**看着办**kànzhe bàn**吧** : 알아서 하다

'상황을 보아가면서 스스로 결정하다' 가 원뜻인데, 추후 '알아서 해 주세요' 라는 뜻으로 쓰이게 되었다.

(1) 这件事就交给你们了, 你们看着办吧, 能帮多大忙就帮多大忙, 别太为难。

(2) 买礼物的事你看着办吧, 花多少钱都无所谓, 只要他喜欢就行。

(3) 反正邀请信我放在这儿了, 去还是不去, 你看着办。

3 谁舍得把辛辛苦苦挣来的**血汗钱**xuèhànqián**花在吃喝上** : 피와 땀으로 범벅된 돈

여기에서의 '血'와 '汗'은 '육체노동' 혹은 '힘든 일'의 상징이다. 피와 땀을 흘리는 것처럼 온갖 고생을 하면서 벌어온 돈이 바로 '血汗钱'인 것이다.

(1) 我去英国留学的时候, 父母把他们全部的钱都给了我, 这可是他们的血汗钱哪!

(2) 为了救儿子的命, 他们不仅花光了几十年积攒下的血汗钱, 还借了很多钱。

4 这钱得花**在刀刃上**zài dāorèn shang : 요긴한 곳, 필요한 곳

'칼날' 이라는 원뜻에서 자원이나 인재, 자금 등을 '가장 필요로 하는 곳', 자금 등이 '제일 요긴하게 쓰이는 곳' 으로 의미가 확장되어 쓰인다.

핵심정리

🔘 2-14

(1) 咱们的钱不多，所以不该买的东西一定不能买，要把这些钱花在刀刃上。

(2) 那些不重要的事可以不管它，我们要把力量用在刀刃上。

5 **还有不少二把刀**èrbǎdāo**司机：엉터리, 얼치기**

'지식이나 기술 등이 미숙하다'는 뜻의 서술어로 쓰이기도 하고, '미숙련공, 엉터리' 등과 같이 사람을 직접 지칭하는 명사로도 쓰인다.

(1) 画画儿虽然学了几年，但毕竟没进过专门的学校，所以只能算是个二把刀。

(2) 看你找来的二把刀厨师，顾客越来越少了。

(3) 本来电视只是没有声音，可这个二把刀师傅一修，连图像也没有了。

6 **北京的交通一直是个老大难**lǎodànán**问题：골칫거리**

주로 '问题'를 수식하여 '오랫동안 해결되지 않고 있는 커다란 문제, 어려운 현안, 고질적인 문제' 등을 지칭하는 관용적인 표현으로 쓰인다.

(1) 流动人口多，环境卫生差，一直是我们这儿的老大难问题。

(2) 这是我们公司的一个老大难问题，要想解决可不是容易的事。

7 **咱也得硬着头皮**yìngzhe tóupí**往前开：하는 수 없이, 억지로**

'硬'에는 '억지로, 무리해서, 완고하게'라는 뜻이 있는데, '头皮'와 결합하여 '싫기는 하지만 억지로, 원하지는 않지만 고집스럽게'라는 의미로 쓰인다.

(1) 为了找工作，他硬着头皮去找亲戚、朋友和过去的同学，求他们帮忙。

(2) 听到这个消息，她急得不得了，可在这儿她一个亲戚也没有，只得硬着头皮去找前夫。

(3) 他知道父亲叫他准没好事，可又不能不去，只好硬着头皮走进父亲的屋子。

Point & Note

2-15

8 **有的路口都乱成一锅粥**yì guō zhōu**了**：뒤죽박죽, 엉망진창

문자 그대로 '솥에 한 가득 담긴 죽'에서 유래한 관용 표현이다.

(1) 主持人的话还没说完，会场已经乱成一锅粥了。
(2) 远远地看见汽车来了，顿时车站上等车的人们挤成了一锅粥。

9 **上回我停车停得不是地方**bú shì dìfang：부적절한 장소

'不是地方'에는 '적절하지 않은 장소'와 '핵심을 찌르지 못하다'라는 두 가지 뜻이 있는데, 본문에서는 전자의 뜻으로 쓰였다.

(1) 这个沙发放得不是地方，出来进去特别碍事。
(2) 写小说不怕用通俗的词语，可就怕这些词语用得不是地方。
(3) 这句话本身并没有错，可你说的不是地方，所以让人家不高兴。

10 **那个警察鼻子不是鼻子脸不是脸**bízi bú shì bízi liǎn bú shì liǎn**地训了我一顿**：굉장히 화가 나다

화가 나서 흥분하면 원래의 얼굴이 일그러질 정도로 변하는 것처럼 보이는 데서 나온 관용 표현이다.

(1) 我一说要去跳舞，他就鼻子不是鼻子脸不是脸的，以后我就不跳了。
(2) 他最怕农村的亲戚来，他们一来，妻子就鼻子不是鼻子脸不是脸的，让他很难受。

11 **常常里外不是人**lǐ wài bú shì rén：양쪽 모두로부터 원망을 듣다, 둘 사이에서 이러지도 저러지도 못하다

두 사람 사이에 끼어서 어떻게 해야 할지 모르는 난감한 상황임을 나타낸다.

(1) 他希望家里不要有争吵，他拼命跟妈妈说好话，跟妻子说好话，可常常不知道哪句话没说好，妈妈生气，妻子也生气，让他里外不是人。
(2) 老王既不想得罪经理，又不愿意在工人那儿当恶人，他觉得这个工作让他里外不是人。

핵심정리

🔘 2-16

12 现在交通一不好, 就有人说应该**拿**ná**出租车开刀**kāidāo : ~를 시범 케이스로 삼다, ~부터 손을 대다

'拿+사람(사물/사건)+开刀' 문형으로 쓰여서 '어떤 사람 혹은 사물을 본보기로 삼아 징계하다, 본때를 보이다'는 뜻을 나타낸다.

(1) 批评我的人, 全都**拿**我的这篇小说**开刀**, 说这篇小说的内容是完全不可能存在的。

(2) 小王今天迟到让厂长看见了, 厂长在全厂大会上点名批评了她, 还要扣她的奖金。大家都明白, 厂长这是**拿**小王**开刀**, 以后谁要是迟到, 就跟小王一样。

13 其实我们知道什么呀, 还不是**现买现卖**xiàn mǎi xiàn mài : 그 자리에서 들은 것을 바로 옮기다, 전해들은 것을 그 자리에서 바로 전하다

'지금 막 사들인 것을 바로 그 자리에서 되팔다'라는 원뜻에서 '누군가 다른 사람(신문, 방송 등)으로부터 전해들은 이야기를 마치 자신이 생각해낸 양 다른 사람에게 전달하는 행위'를 의미하게 되었다. '现趸现卖xiàn dǔn xiàn mài'라고도 한다.

(1) 明天见面你就跟她侃普希金, 给你一本书参考参考, **现买现卖**也来得及。

(2) 你别在这儿**现买现卖**了, 你说的我在你哥哥那儿刚听过。

14 这心里**要多**yào duō**烦有多**yǒu duō**烦** : (정도가) 아주 심하다, 너무 ~하다

'要+多+형용사+有+多+형용사' 문형으로 쓰여서, 형용사의 정도가 아주 심하여 어찌할 수 없음을 나타낸다. 이때 앞뒤의 형용사는 동일하여야 한다.

(1) 他很喜欢唱歌, 可他唱得**要多**难听**有多**难听, 所以他一开始唱歌我们就捂耳朵。

(2) 你想想, 在农村, 一个女人带着三个孩子, 还得供我上学, 那日子**要多**难**有多**难。

(3) 妈妈非让我去向她道歉, 我这心里是**要多**别扭**有多**别扭。

Point & Note

2-17

⑮ 别找不自在 zhǎo bú zìzai : (기분이) 불편하다, 자유롭지 못하다

'不自在'는 '자유롭다, 편안하다'는 뜻의 '自在'의 부정으로, '부자연스럽다'는 의미 외에도 '괴롭다, 힘들다, 거북하다' 등의 의미로도 쓰인다.

(1) 老王这会儿正生气呢, 你这时候去跟他说这件事, 他肯定会把你大骂一顿的, 我看你别去找不自在, 有什么事过两天再说。
(2) 李老师最不喜欢听见学生们打架、骂人, 你在他面前跟小胖打架, 那不是找不自在吗?

⑯ 我见识过的人多了去了 duō le qù le : 정말 많다, 굉장히 많다

'형용사+了+去+了' 문형으로 '형용사'의 정도가 아주 심함을 나타낸다. 이때 주 쓰이는 형용사로는 '贵, 深, 远' 및 '多' 등의 단음절 형용사가 온다.

(1) 村子南边的那个山沟深了去了, 还从没有人下去过呢。
(2) 以前, 树林里野兔、山鸡什么的, 多了去了, 后来树林越来越小, 里边什么动物也看不见了。
(3) 这几十年我遇到的倒霉事多了去了, 所以这件事对我来说根本算不了什么。

⑰ 看样子您开车有年头了 yǒu niántóu : 연륜이 있다

어떤 직업에 종사한 기간, 특정한 기능을 배운 세월, 물건 등이 만들어진 후 경과된 세월 등을 총칭하는 말이다. '年头儿'로 발음하는 경우가 많다.

(1) 这把椅子有年头了, 修过好多次, 可妈妈还是舍不得扔。
(2) 他在这儿住可是有年头了, 大人小孩没有不认识他的。

⑱ 要不是供孩子上学, 手头儿紧 shǒutóur jǐn : 주머니 사정, 손 안에 있는 돈

'手头儿'은 주로 일시적인 주머니 사정이나 당장 동원할 수 있는 현금 등을 지칭한다. '紧'은 '팽팽하다, 긴장된 상태에 있다'가 원뜻이지만, 의미가 확장되어 '생활이 힘들다, 경제적으로 어렵다'는 뜻도 나타낸다.

핵심정리

🔊 2-18

(1) 你要是手头儿紧的话，房租下个月再交也行。

(2) 那时候父母工资低，还要养两个孩子，月月手头儿紧，哪儿有钱给我买什么玩具呀！

(3) 上个月我刚买了一台电脑，所以现在手头儿有点儿紧，旅行的事以后再说吧。

19 话说回来 huà shuō huílai : 달리 말하자면, 쓸데 없는 말 같지만, 그런데 말이지요

이야기 도중에 화제를 바꾸거나 다른 각도로 의견을 진술하기 위해 중간에 삽입하는 표현으로, 말을 원점으로 되돌려 다시 시작한다는 뜻에서 나온 표현이다.

(1) 他人过于老实，不爱说话，不过话说回来，谁都会有缺点的。

(2) 有的人很不自觉，你看，那片草地让人踩出了一条小道，不过，话说回来，他们要是不把办公室的窗口开在那儿，谁又去踩草呢？

20 就咱这大老粗 dàlǎocū : 배우지 못한 사람, 무식한 놈

(1) 我是一个普通的工人，大老粗，哪儿知道什么国家大事啊？

(2) 别看他没上过学，是个大老粗，可肚子里的故事真不少。

21 比睁眼瞎 zhēngyǎnxiā 强不了多少 : 일자무식, 문맹자

'睁眼瞎'는 문자 그대로 '눈뜬장님', 즉 '청맹과니'를 뜻하는 말이지만, '글자를 모르는 사람'에 대한 비유로도 쓰인다.

(1) 老奶奶找到我，对我说："孩子，帮我念念这封信，奶奶不识字，是个睁眼瞎。"

(2) 过去在农村，女人们大都是睁眼瞎。

22 咱的技术顶呱呱 dǐngguāguā : 아주 좋다, 훌륭하다

'顶刮刮, 顶瓜瓜' 등으로 표기하기도 한다.

Point & Note

2-19

(1) 就算你的外语顶呱呱，可要是没有一个好专业，也不一定能找到好工作。

(2) 他在厂子里是个顶呱呱的技术能手。

(3) 杨军踢了好几年足球了，他的球技顶呱呱，我们就选他当队长吧。

 谁舍得shěde**把辛辛苦苦挣来的血汗钱花在吃喝上** : ~하는 것을 아까워 하지 않다, ~하는 것을 아쉬워하지 않다

'舍得'는 '舍不得shěbude'(~하는 것을 아까워 하다)의 긍정형이지만, 구어체에서 '舍不得'만큼 자주 쓰이지는 않는다.

(1) 在孩子身上，她舍得花钱。

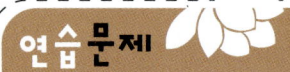

1 보기에서 적당한 단어를 찾아 빈칸에 써보세요.

> 〈보기〉 二把刀　　有年头　　顶呱呱　　看着办　　大老粗　　一锅粥
> 　　　　硬着头皮　　多了去了　　里三层外三层　　鼻子不是鼻子脸不是脸
> 　　　　手头儿紧　　不是地方

(1) 这儿的房子都＿＿＿＿＿＿了，破得不成样子，所以一到下雨我们就紧张，要是哪儿倒了，砸着人，我们的责任就大了。

(2) 我毕业分配的时候，问他的意见，他说："你＿＿＿＿＿＿吧，只要你觉得好我就觉得好。"

(3) 布料是从南方买回来的，本想做件旗袍，可碰上个＿＿＿＿＿＿裁缝，给我做坏了，真可惜。

(4) 通知上说让我两天之内报到，看到通知家里一下子乱成了＿＿＿＿＿＿，都忙着给我准备要带的东西。

(5) 姨妈看见我穿了这么一身破衣服，赶快打电话问我妈是不是＿＿＿＿＿＿，让我妈缺钱花就告诉她。

(6) 迷迷糊糊地走到东四牌楼，他很想偷偷地离开队伍。可是他又不敢这样办，怕蓝先生责骂他。他只好＿＿＿＿＿＿向前走，两个腿肚子好像要转筋似的那么不好受。

(7) 他妈偶尔到我们家来"视察"，总是说"你的暖壶放的＿＿＿＿＿＿，毛巾该洗洗了"这些。所以他妈一来之前，我们就提前搞"爱国卫生运动"。

(8) 我妈妈比我爸爸小10岁，就在工厂里当工人，爸爸当官当惯了，总是训斥她，她要说点儿什么，爸爸就说："你＿＿＿＿＿＿懂什么！"所以家里的气氛一直不好。

(9) 喜欢文学、对文学感兴趣的人＿＿＿＿＿＿，可是有几个真的成了作家？

(10) 这时候看热闹的人早将那里围得＿＿＿＿＿＿的，他怎么挤也挤不进去，就大声喊："让我进去，我是死者的亲戚。"

(11) 老张脾气不好，他的脾气要是上来了，就连经理他也敢＿＿＿＿＿＿地训一顿。

(12) 我们厂生产的电视机不光外型好看，质量也是＿＿＿＿＿＿的，在市场上卖得很火。

2 주어진 표현으로 대화를 완성하세요.

(1) A：北京_____。(要多A有多A)
    B：真的？那我今年放假一定去北京看看。

(2) A：昨天的篮球比赛怎么样？我昨天回来晚了，没看着。
    B：_____。(要多A有多A)

(3) A：我让小杨来帮我搬点儿东西，可他没来，太不像话了。
    B：不过，_____。(话说回来)

(4) A：你也认为父母不可以打孩子？
    B：从法律的角度来说，不可以，可_____。(话说回来)

(5) A：你从来都没当过导游，人家导游到哪儿都得给游客介绍一大堆有趣的事，你行吗？
    B：_____。(现买现卖)

(6) A：你既然不同意王经理的安排，为什么不直接跟他说呢？
    B：他从来没听过我们的意见，我_____。(找不自在)

(7) A：咱们家的电视都看了七八年了，换个大点儿的吧，也不太贵。
    B：过两年孩子就要上大学了，咱们的钱不多，得_____。(在刀刃上)

(8) A：你不跟我去，我怎么知道买什么合适呢？
    B：你_____，买二百块钱左右的就行。(看着办)

07 这都是看爱情小说看的

(李美英正在和张丽红在房间里聊天儿)

李美英：小红，你和刘宁还谈得来吧？你有什么想法就跟我说，别脸皮薄不好意思，我又不是外人。

张丽红：刚见了两次面儿，怎么说呢？还算谈得来吧，就是他的个儿……

李美英：哦，你是嫌他个头矮呀。小红，大姐是过来人，跟你说句贴心话，看外表是最靠不住的，个儿高管什么用？绣花枕头似的，好看倒是好看，可跟那种人过日子，将来有你哭鼻子的时候。外表说得过去就行了，关键要看他是不是对你好。

张丽红：一时半会儿谁能看得出来呀。

李美英：那倒是。说真的，你们俩真是天生的一对儿，以后办喜事可别忘了我这个红娘啊，我为你们的事腿都跑细了。

张丽红：你别开玩笑了，八字还没一撇呢。不过，不管成不成我都得谢谢你这个热心肠。

李美英：有你这句话就行，到时候咱们就去王府饭店吃一顿。

张丽红：我没问题，那你还减不减肥了？

李美英：吃完再减。哎，说正经的，刘宁真是个打着灯笼也难找的小伙子，工作上是没的挑，性格也好，没看他跟谁红过脸，心里再不高兴，也没给谁脸色看过，年纪不大，模样不起眼儿，可说话办事特别有分寸。总之一句话，是个好小伙子。

张丽红：美英姐，俗话说"吃人家的嘴软，拿人家的手短"，老实说，刘宁给你什么好处了，你这么卖力地替他说好话？

李美英：你别冤枉我，我是觉得小伙子不错才把他介绍给你，我说的没有一句假话，我们那儿谁都夸他是个好样的，你可别糊涂，要是过了这村可就没这店儿了。

张丽红：开个玩笑。不过这是一辈子的大事，急不得，我得好好想想啊。

李美英：哎，我跟你说，我听说，他的存款少说也得六个数。

张丽红：我可不是冲他的钱去的，我要是图钱，早找别人去了。我也不是很在乎他的外表，只要有爱情，哪怕他是个穷光蛋我也嫁给他，没有爱情，他就是有金山银山我也不动心。

李美英：要真找个穷光蛋，连饭都吃不上，我看你还谈什么爱情。你成天爱情、爱情的，一点儿也不现实，这都是看爱情小说看的，以后你少看那玩意儿，全是骗人的。

张丽红：你说话怎么跟我妈一个腔调？没有爱情的婚姻是不道德的婚姻，说实话，你现在幸福吗？当初你要是不听你妈的，跟你的那个大学生结婚，你今天……

李美英：说你的事，怎么扯到我身上了？不管怎么说，我告诉你，你得抓紧，别让这煮熟的鸭子飞了。

张丽红：什么鸭子不鸭子的，真难听。

李美英：难听就难听吧，你明白那个意思就行了。

단어 및 숙어

1 **外人** [wàirén] 남. 자신과 아무런 관계가 없는 사람. 타지에서 온 사람

2 **嫌** [xián] 싫어하다. 마음에 들지 않다

3 **个头** [gètou] (사람의) 키. (물건의) 길이

4 **靠不住** [kào bú zhù] 믿을 수 없다. 의지할 수 없다

5 **天生** [tiānshēng] 선천적인. 자연적인. 태어나면서부터

6 **办喜事** [bàn xǐshì] 결혼식을 올리다

7 **红娘** [hóngniáng] 남녀 사이의 인연을 맺어주는 여자. 매파. 중매쟁이

8 **冲** [chòng] ~를 향하여. ~에 대하여

9 **金山银山** [jīn shān yín shān] 금으로 된 산과 은으로 된 산. 재물의 상징

10 **扯** [chě] (1) 끌다 (2) 말하다. 본문에서는 '말하다'는 뜻이다.

고사성어를 이용한 광고문 ❹

天尝地酒 (주류 광고)
영원히 변치 않는다는 뜻의 '**天长地久** tiān cháng dì jiǔ'의 응용 표현

핵심정리

Point & Note

2-22

 你和刘宁还谈得来tán de lái**吧** : 말이 통하다, 죽이 잘 맞다

'동사+得来' 문형에서 동사가 '谈, 说' 등일 경우, '서로 통하다, 서로 융합할 수 있다' 라는 뜻을 나타낸다.

(1) 他们是在晚会上认识的, 彼此很谈得来。
(2) 我从很久以前就希望和钱老人谈一谈。在我的世界里, 只有三个可以谈得来的人: 弟弟、赵先生, 还有就是钱老人。

 别脸皮薄liǎnpí báo**不好意思** : 낯가죽이 얇다, 쉽게 수치심을 느끼는 성격이다

반대말은 '脸皮厚'로, 우리말의 '낯가죽이 두껍다'로 해석할 수 있다.

(1) 他跟老人说了半天, 老人脸皮薄, 不好意思拒绝他, 只好说: "那就试试看吧。"
(2) 二姐心里喜欢李老师, 就买了两张电影票想请李老师看电影, 可脸皮薄, 不好意思自己给他, 非让我去。

 大姐是过来人guòláirén : 경험이 많은 사람

'어떤 지점에서 화자 혹은 서술의 대상을 향하여 다가오는 것'이 '过来'인데, 그 의미가 추상화되어 '사람이 여러 경험을 하면서 지금의 나이까지 겪어오는 과정'을 총체적으로 표현한 것이 '过来人'이다.

(1) 对这些年轻人她有办法, 她是过来人, 知道怎么说才能让他们都听进去。
(2) 你是过来人, 你一定能理解我当时的心情。

 绣花枕头xiùhuā zhěntou**似的** : 겉만 번지르르한 사람, 외모는 그럴듯하나 내실이 없는 사람

본래 '수놓은 베갯잇으로 겉을 싼 베개'라는 뜻인데, '겉모습은 그럴듯하지만 알고 보면 학식이나 능력이 전혀 없는 사람'을 의미한다. 뒤에 '一包草'(풀만 가득하다: 옛날 중국인의 베개 속이 풀로 채워져 있었기 때문)를 이어서 말하기도 한다.

(1) 他看上去像个电影演员, 吸引了不少女孩子, 可了解他的人都在背后叫他绣花枕头。

07 这都是看爱情小说看的 89

핵심정리

🔊 2-23

(2) 我不喜欢绣花枕头似的男人,我要找个有本事、有能力的男人。

 将来有你哭鼻子 kū bízi 的时候 : 훌쩍거리다, 소리죽여 울다

'哭鼻子'는 주로 '소리 내지 않고 훌쩍거리거나 아주 조그만 소리로 우는 모습'을 형용하는 표현이다.

(1) 爸爸回到家,看见小海正哭鼻子,忙问他发生了什么事。

(2) 阿姨也过来劝:"你看你看,别人都看你了,穿得这么漂亮的小孩儿还哭鼻子,多难看啊。"

6 外表说得过去 shuō de guòqù 就行了 : 그럭저럭 쓸 만하다, 조리가 있다, 논리적으로 모순이 없다

'说得过去'에는 '말에 조리가 있다'와 '좋지도 않지만 그렇다고 나쁘지도 않다'는 두 가지 의미가 있는데, 본문에서는 후자의 뜻으로 쓰였다.

(1) 平时工作忙,离不开,不回家还说得过去,可春节大家都放假了,再不回去看看就有点儿说不过去了。

(2) "可是我确实是因为有事,我……"马林还没来得及编出一个说得过去的借口,那位警察便微笑着打断了他。

 一时半会儿 yì shí bàn huìr 谁能看得出来呀 : 아주 짧은 시간, 잠깐 동안, 금방

'一时'에는 '금방, 즉시, 그 자리에서' 등의 뜻이 있고, '一会儿' 역시 '잠깐, 곧'이라는 뜻이 있다. '一会儿'보다 더 짧은 시간이 '半会儿'이므로 그 뜻은 가히 짐작할 수 있다. 보통 부정문에서 많이 쓰인다.

(1) 我对姐姐说:"孩子刚睡着,一时半会儿还醒不了,你赶快睡一会儿吧。"

(2) 看见大家都围在床边,奶奶说:"我这病我知道,一时半会儿还死不了,你们别都守着我,该干什么干什么去吧。"

Point & Note

 八字还没一撇bā zì hái méi yì piě **呢** : 아직 구체적으로 실행에 들어가지 않았다, 일이 아직 스타트하지도 않았다

'八(팔)'이라는 한자를 쓰려고 하는데, 아직 그 왼쪽 획(丿)조차도 쓰지 않았다'는 뜻에서, 어떤 일을 아직 착수하지도 않았다는 뜻으로 쓰이게 되었다.

(1) 小王说："第一次去女方家，要不要买点什么，要不要扎根领带？"我说："不用，八字还没一撇呢，不要搞得过于隆重，容易让人家也紧张，只当随随便便去串门就行了。"

(2) "老赵真能给我找个工作吗？"天明问。
"那可没准儿。"
"要是找着事儿，咱们可就不用做买卖了，我就可以买套好衣服了。"天明越想越高兴。
"八字还没有一撇呢，先别美！"老杨头儿白了儿子一眼。

 不管成不成我都得谢谢你这个热心肠rèxīncháng : 마음이 따뜻하다, 친절하다

'心肠'은 '마음(씨), 기분'이라는 뜻으로, '热心肠'은 '따뜻한 마음씨를 가진 사람'을 의미하는데, 무슨 일이 있으면 만사 제쳐놓고 달려가서 도와주고 챙겨주는 사람을 뜻하기도 한다.

(1) 老北京人，尤其是那些大妈，大婶，都是热心肠，谁家有事都少不了她们。

(2) 那个姑娘虽然模样不怎么样，可绝对是个热心肠，你有什么事可以去找她。

 说正经的shuō zhèngjing de : 진지하다, 올바르다, 정식의

'농담이나 쓸데없는 소리를 하지 않고 진지한 내용을 말하다'가 '说正经的'인데, 이때 '正经'의 '经'을 1성으로 발음하지 않도록 주의하여야 한다.

(1) 你们老爱开我的玩笑，说正经的，你们谁看见李眉了，我找她有事。

(2) 不懂我可不敢瞎说，说错了让人家笑话，说正经的，咱们得好好看看这方面的书。

핵심정리

🔊 2-25

⑪ 刘宁真是个打着灯笼也难找 dǎzhe dēnglong yě nán zhǎo 的小伙子 : 아주 찾기 힘들다

'등롱을 켜들고 찾으러 다녀도 찾기 어렵다', 즉 '눈에 불을 켜고 찾더라도 찾지 못하다'가 원뜻이다. '打着灯笼' 다음에는 '也没地方找去'가 이어지기도 한다.

(1) 他以前花钱请人给他写剧本, 有时还请不到, 眼前这个人, 愿意白给他写, 还愿意教他的孩子。这样的好事, 打着灯笼也找不着啊。

(2) 我妹妹这样的人, 你打着灯笼也找不到第二个。

⑫ 工作上是没的挑 méi de tiāo : 결점을 찾지 못 하다

'没的+동사' 문형으로 쓰여서 동사의 동작 혹은 행위의 영향이 미치는 어떠한 대상도 존재하지 않는다는 것을 나타낸다.

(1) 屋子里的家具都是进口的, 质量没的挑, 样式也很新潮。

(2) 他新找来的秘书办事没的挑, 让他轻松了不少。

⑬ 没看他跟 gēn 谁红过脸 hóng guo liǎn : ~와 싸우다, 얼굴을 붉히다

'红脸'은 이합사이므로 목적어 '谁'가 '红脸'의 다음에 올 수 없고, '跟'을 사용하여 앞으로 도치시켜야 한다.

(1) 我们夫妻一起生活了三十多年, 我从没跟他红过脸, 他也从没跟我吵过架。

(2) 李老汉老实了一辈子, 长这么大没跟人红过脸, 好人坏人都没得罪过。

⑭ 也没给 gěi 谁脸色看 liǎnsè kàn 过 : ~에게 싫은 내색을 보이다

'给+사람+脸色+看' 문형으로 쓰여서 '사람에게 싫은 내색을 보이다' 라는 뜻을 나타낸다. '脸色'는 '脸子 liǎnzi'라고도 한다.

(1) 这次我的穷亲戚来了以后, 她没像以前那样给人家脸色看, 这让我松了一口气。

(2) 以前去商店买东西, 我们不敢挑, 现在好了, 你怎么挑都行, 挑了半天不买也不用担心售货员给你脸色看。

Point & Note

🎧 2-26

⑮ 模样**不起眼儿** bù qǐyǎnr : 볼품없다, 남의 눈을 끌지 못하다

'起眼儿'(남의 눈을 끌다)의 부정형이다. 일반적으로 긍정형 '起眼儿'보다는 부정형 '不起眼儿'이 더 많이 쓰인다.

(1) 我们代表团住的宾馆地处僻静的小街,是一座在东京绝对不起眼的楼。
(2) 侯家大院的门面极不起眼,可走进去就不一样了,丝毫不比王府差。
(3) 在学校的时候最普通、最不起眼的小赵,现在却成了远近闻名的发明家。

⑯ 说话办事特别**有分寸** yǒu fēncùn : 분수, 분별, 한도

'分寸'은 말이나 행동이 아주 적절하여 지나치거나 부족함이 없다는 뜻을 나타낸다.

(1) 在外面你说话可要有分寸,不能像在家里似的有什么说什么,不管别人怎么想。
(2) 如果确实有这个必要,骂也是可以的,但骂得要有分寸,别把他骂急了。

⑰ **总之一句话** zǒngzhī yí jù huà : 결론적으로, 한 마디로 요약하자면

'总之' 자체에 '총괄하자면, 개괄하여 말하자면'이라는 뜻이 있는데 거기에 '一句话'가 덧붙여져서 '한 마디로 총괄하자면'이라는 뜻을 나타낸다.

(1) 我已经跟你解释了半天了,总之一句话,出现这种事跟我们没有关系,我们没责任。
(2) 那里的山美、水美,人更美,总之一句话,非常值得一去。

⑱ 我们那儿谁都夸他是个**好样的** hǎoyàngde : 담대한 사람, 모범적인 사람

구어체에서는 '好样儿'처럼 '儿'화 현상이 발생한다.

(1) 老王说:"说别的人我不了解,要说小赵啊,那可真是个好样的!"
(2) 那个警察真是个好样的,一个人打倒了三个坏蛋。

핵심정리

 2-27

19 要是过了这村guòle zhè cūn**可就没这店儿**méi zhè diànr**了** : 이 기회를 놓치면 두 번 다시 다음 기회는 오지 않는다

'过了这村没这店儿'을 직역하면 '이 마을을 지나면 잠잘 곳이 없다'라는 뜻인데, '지금 다가온 기회를 놓치지 말라'는 뜻으로 확장되었다.

(1) 他一边喝酒一边对我说:"年轻的时候应该快活,该快活的时候不去快活,那是傻子。跟你说,过了这村便没有这店儿!到老了还不知道怎么样呢。"

(2) "你说的这个价钱我得回家去商量一下!"刘麻子不耐烦地说:"告诉你,过了这村可没有这店儿,要是耽误了事你可别怨我!快去快回吧。"

20 他的存款少说shǎo shuō**也得六个数** : 적게 잡아도, 적어도.

'少说'는 일반적으로 '말을 적게 하다, 말을 삼가다'라는 뜻으로 쓰이지만, '少说'의 뒤에 '也'가 오는 경우, '적게 잡아 말해도, 적어도'라는 뜻을 나타낸다.

(1) 王厂长问:"厂里像这一家生活这么困难的工人,还有多少?"我说:"少说也有几百户。"

(2) 老太太少说也有七十岁了,可走起路来一点儿也不慢。

21 哪怕他是个穷光蛋qióngguāngdàn**我也嫁给他** : 빈털터리, 무일푼

경멸하는 듯한 뉘앙스를 가지므로 사용에 주의하여야 한다.

(1) 我们觉得他是那么可怜,觉得他的老父亲更可怜。可我们是拿助学金的穷光蛋学生,没办法帮助他们,只能表示我们的同情而已。

(2) 他不愿意女儿嫁个又没地位又没钱的穷光蛋,可女儿一点儿也不听他的。这件事真让他头疼。

22 都是shì**看爱情小说看的**de : 너무 ~한 탓이다

'是+동사+목적어+동사+ 的' 문형으로 쓰여서, 좋지 않은 결과를 초래한 이유는 '어떤 일을 했기 때문(동사+목적어)'임을 나타낸다. 이때, 동사는 대부분 동일하다.

Point & Note

2-28

(1) 你眼睛不好, 就是躺着看书看的。

(2) 他那么胖, 就是吃肉吃的, 他要是一个月不吃肉, 肯定能瘦下来。

(3) 妈妈说: "你这次感冒发烧, 就是穿裙子穿的。我没见过大冬天还有穿裙子的。"

23 你说话怎么跟gēn我妈一个腔调 yí ge qiāngdiào : 말투, 어조, 악센트

'腔调'는 '어떤 사람의 독특한 말투'나 '특정한 사투리의 어조' 등을 의미하는데, '跟……一个腔调' 문형으로 쓰여서 '말투'나 '어조'가 아니라 누군가와 보는 시각이 동일하다는 의미로 쓰인다.

(1) 在我们家什么事问爸爸一个人就够了, 因为妈妈从来都是跟爸爸一个腔调。

(2) 你这么年轻, 怎么说起话来跟那些老太太一个腔调, 思想那么不开放。

24 别让这煮熟的鸭子飞了 zhǔ shú de yāzi fēi le : 다된 밥에 코 빠뜨리다, 다 잡은 것을 놓치다

문자 그대로 직역하면 '다 익힌 오리가 달아나버렸다'는 뜻이지만, '예상했던 결과와는 달리 엉뚱한 방향으로 결론이 내려지다'라는 뜻으로 사용된다.

(1) 为了儿子的婚事, 他们已经花了不少钱, 说好今年冬天就结婚, 可现在这煮熟的鸭子飞了, 你说他们能不着急吗?

(2) 给你的那笔钱我给你存在银行里了, 你就放心好了, 煮熟的鸭子飞不了。

25 什么 shénme 鸭子不 bù 鸭子的 de : ~든 뭐든 어떤 것이든지 간에

'什么+명사+不+명사' 문형으로 쓰여서, 상대방의 말에 대한 경멸, 무시, 반대 등의 뜻을 나타낸다.

(1) "这件颜色有点儿暗, 样式也不太时髦, 我看还是换件别的吧。"
"什么时髦不时髦的, 能穿就行了, 太时髦了我也穿不出去。"

(2) "谢谢您, 真是太麻烦您了。"
"什么麻烦不麻烦的, 都是朋友, 别那么客气。"

핵심정리

Point & Note

26 我为你们的事**腿都跑细了** tuǐ dōu pǎoxì le : 뛰어다니느라 다리가 다 가늘어졌다, 발품을 많이 팔다

'跑细了腿'를 도치시킨 표현이다. '跑腿儿 pǎo//tuǐr'에는 '심부름하다, 분주하게 일하다'라는 뜻이 있다.

(1) 许多人为了找个满意的装修公司跑细了腿。

1 밑줄 친 표현의 뜻을 생각하면서 읽어보세요.

(1) 现在, 他的大儿子已经工作了, 在一家大公司上班。二儿子也快大学毕业了, 不久当然也能有个体面的工作。三儿子还在中学, 将来也有入大学的希望。女儿呢, 师范毕业, 现在是个小学老师。看着他的子女, 他心中虽然不是十二分满意, 可是觉得比上不足比下有余, 总算还<u>说得过去</u>, 至少比他自己强得多。

(2) 有一种想法, 据我看, 是不大对的: 有的人以为既是写快板, 就可以手到擒来, 用不着多思索, 所以<u>八字还没有一撇</u>, 就先写上"牡丹花, 红又红"。这不大对。这是看不起快板。既看不起它, 就用不着好好地去写, 结果是写不好。

2 보기에서 적당한 단어를 찾아 빈칸에 써보세요.

〈보기〉 过来人　　谈得来　　有分寸　　哭鼻子　　热心肠　　脸皮薄　　不起眼
　　　　穷光蛋　　一时半会儿　　说正经的　　绣花枕头　　打着灯笼也难找

(1) 妈妈: 小红怎么还不过来吃饭? 她怎么了?
　　爸爸: 刚才我批评了她两句, 这会儿可能在屋子里_____呢。

(2) A: 我只是跟她开个玩笑, 她怎么气成那个样子? 至于吗?
　　B: 你开玩笑也得_____, 人家刚结婚, 你开那种玩笑太不合适了。

(3) A: 听说卡拉OK比赛小王得了第一名, 没看出来他还真有两下子。
　　B: 是啊, 小王平时确实_____, 我们还以为他根本不会唱歌呢。

(4) A: 咱们是不是早点儿下楼去? 让老张等咱们恐怕不太好意思。
　　B: 别着急, 他_____来不了, 他爱人打电话说他现在还在路上呢。

(5) A: 小冯这个人真不错, 每次我请他帮忙他都特别痛快。
　　B: 他是个_____, 一向是把朋友的事当成自己的事。

(6) 妹妹: 你和雨生哥不是挺_____吗? 为什么你不和他结婚呢?
　　姐姐: 妹妹, 你还小, 感情的事你不懂。

(7) A：你们第一天上街卖报纸，感想一定不少吧？
   B：可不，我们男生还好，很快就适应了，那几个女生_____，不敢大声喊，抱着报纸站在那儿，红着脸一声不出，半天一张也没卖出去。

(8) A：老板再怎么不公平，我也不敢说什么，你知道找个工作有多难啊。
   B：我是_____，我知道当秘书的滋味，特别是有那么个不讲理的上司。

(9) A：去美国进修？这样的机会可是_____啊，别人做梦都想去呢。
   B：我当然也想去，可我妈妈怎么办？她都那么大岁数了。

(10) A：警察问我们，这么多钱是从哪儿来的？
    B：是啊，看你们穿得跟_____似的，哪儿去得起那么高级的地方啊？

(11) A：你们就爱开我的玩笑，_____，明天谁愿意跟我一起去？
    B：还是你自己去吧，我们跟你去不合适。

(12) A：光靠咱们俩肯定搬不动，我看找小刚帮咱们一把吧。
    B：他那个_____能有多大劲儿，不如把隔壁李大哥叫来。

3 주어진 표현으로 대화를 완성하세요.

(1) 姐姐：你现在要是不努力，不好好学习，将来后悔都来不及。
   弟弟：_____。(跟……一个腔调)

(2) A：表妹结婚，咱们送礼可不能凑合。
   B：是啊，_____。(少说)

(3) A：您真是帮了我的大忙了，这个箱子多少钱？您告诉我，我得给您。
   B：_____。(什么A不A的)

(4) A：这孩子怎么刚上中学就戴上眼镜了？
   B：_____。(是V+O+V+的)

(5) 儿子：妈妈，您看我的球鞋又破了。
    妈妈：你穿鞋太费了，_____。(是V+O+V+的)

(6) A：你看到那天我穿什么衣服合适？要不我再去买件新的？
    B：_____。(八字还没一撇)

08 在工作上他向来一是一,二是二

(小赵和同事庆春在办公室里)

小赵:庆春,快来帮我一把吧,我把办公室翻了个底儿朝天也没找到那份文件。要是丢了,合作的事就得泡汤了,合作的事要是泡汤,我的饭碗也就砸了。

庆春:你呀,怎么这几天老是丢三落四的,上班的时候还老打瞌睡,要是让经理看见了,有你好看的。

小赵:你不知道,家里来了几个八竿子打不着的亲戚,一天到晚乱哄哄的,闹得我觉也睡不好。你说,他们早不来晚不来,怎么偏偏这时候来?要是我被炒了鱿鱼,我就找他们算账去。

庆春:哎,经理为了那份合同急得热锅上的蚂蚁似的,昨天不知道为什么冲王秘书又发了一通脾气,让王秘书特别下不来台。你可别往枪口上撞,快好好找找吧，找不着麻烦就大了。

小赵：唉，我都找了半天了，哪儿都找了，就是没有！要找不到，我可怎么向经理交代呀，经理还说事成之后请客呢。

庆春：请客？你就别想了，这种事他说完就忘到脑后头了，我们早就摸透了他的脾气。再说，你看他每天忙得脚底朝天的，哪儿有时间啊。

小赵：噢，闹了半天他是在放空炮啊，我还真当真了。

庆春：不过，在工作上他向来一是一，二是二，一点儿不含糊。这点让人挺佩服的。

小赵：就是有时候鸡蛋里挑骨头，认真过头了。要我说，他有点儿一根筋。那天，为了一个日期，好像要跟我没完，至于吗？当着那么多人的面儿，让我的脸都没地儿搁。

庆春：不过，好在他这人说完就完了，不往心里去，工作起来也挺玩儿命的，常常是刀子嘴豆腐心，没有坏心眼儿，所以在咱们这儿还相当有人缘儿。

小赵：昨天听小刘说他有个第三者，是吗？他大小也是个经理，怎么能这样呢？

庆春：这事我不清楚，不敢乱说。听他们说得倒是有鼻子有眼的，不过我看不像。再说，自己的事还管不过来呢，甭管人家的闲事。

小赵：哎，你说那份文件我能放在哪儿呢？事情要真砸在我手里，我在这儿就没法儿呆了。

庆春：你想想带回家没有？要是放在办公室，肯定丢不了。好好想想。

小赵：我们家现在都乱了套了，我哪儿敢带回家呀。办公室就这么巴掌大的地方，我能放在哪儿呢？

庆春：那，昨天你看完报纸以后是不是顺手儿都卷在一起了？

小赵：哎哟，亏你提醒我，对，十有八九就在那堆报纸里，我现在就去找。

단어 및 숙어

1. 一把 [yìbǎ] 한 주먹으로 쥘 수 있는 만큼의 양. 한 움큼. 한 주먹
2. 丢三落四 [diū sān là sì] 건망증이 심하다. 대충 대충해서 실수가 많다
3. 偏偏 [piānpiān] 공교롭게도. 때 마침
4. 过头 [guò tóu] 한도를 초과하다. 도가 지나치다
5. 心眼儿 [xīnyǎnr] 마음씨. 생각. 속마음
6. 人缘儿 [rényuánr] 주위 사람들과의 관계. 인기
7. 第三者 [dì sān zhě] ① 제 3자 ② 삼각관계를 형성하는 제3의 인물
8. 顺手儿 [shùnshǒur] 손길 가는대로. 함부로. ~하는 김에
9. 十有八九 [shí yǒu bā jiǔ] 십중팔구
10. 堆 [duī] 높이 쌓여 있는 물건 또는 사람을 헤아리는 양사

고사성어를 이용한 광고문 ⑤

食全食美 (술집 광고)
완벽하다라는 뜻의 '十全十美 shí quán shí měi'의 응용 표현

핵심정리

Point & Note

2-32

1 我把办公室**翻了个底儿朝天** fānle ge dǐr cháo tiān **也没找到那份文件**:
이 곳 저 곳을 샅샅이 뒤지다

직역하면 '바닥을 뒤집어 엎어서 천장을 향하게 만들다'라는 뜻인데, 결국 물건을 찾기 위해 '철저하게 뒤지는 모양'을 묘사하고 있다고 볼 수 있다.

(1) 奶奶说给我做饭吃, 结果我把家里翻了一个底儿朝天也没找到可以吃的东西。

(2) 几个人把刘家翻了个底儿朝天, 只找到几件破衣服和两本破书。

2 要是丢了, 合作的事就得**泡汤** pào tāng 了: 물거품이 되다, (목표, 계획 등을) 달성하지 못하다

'泡'는 '물에 담그다', '汤'은 '뜨거운 물'이 원뜻인데, 후에 '뜨거운 물에 적셔서 못 쓰게 되다'에서 '물거품이 되다, 일이 무산되다' 등의 의미로 확장되었다.

(1) 他们几家凑了一笔钱想要一起开个商店, 可谁都没经验, 不到三个月商店就关门了, 做生意的计划就这样泡汤了。

(2) 他们千万不要再喝酒闹事, 要是那样的话, 我们所做的工作和努力就算泡汤了。

3 我的**饭碗** fànwǎn 也就**砸** zá 了: 밥그릇이 깨어지다

'직장을 잃다'를 비유적으로 표현한 말이며, 비슷한 표현으로는 '踢饭碗 tī fànwǎn'(밥그릇을 차다)도 있다.

(1) 工人们肚子里有气, 可谁也不敢说什么, 担心自己的饭碗砸了。

(2) 老张最近真倒霉, 因为迟到三次, 把饭碗砸了, 看见他丢了工作, 老婆要跟他离婚。

(3) 老板大声对我们说: "谁要是不好好干活儿, 我就砸谁的饭碗!"

4 还老**打磕睡** dǎ kēshuì: 졸다, 선잠이 들다

비슷한 표현으로 '打盹儿 dǎ//dǔnr'이 있다.

08 在工作上他向来一是一, 二是二 | 103

핵심정리

 2-33

(1) 那几天我们看足球比赛总是看到后半夜, 所以一到教室就开始<u>打瞌睡</u>。

(2) 每天老人们有的聊天儿, 有的坐在太阳底下<u>打瞌睡</u>。

 要是让经理看见了, <u>有你好看的</u> yǒu nǐ hǎokàn de : (~에게) 큰일 나다, 창피를 주다

'好看'에는 '아름답다'는 뜻 이외에도, '창피를 주다, 곤란하게 만들다' 등의 의미도 있다.

(1) 那高个子的男人恶狠狠地对两个孩子说: "你们俩都得听我的, 要不<u>有你们好看的</u>!"

(2) 哥哥说: "这是妈妈最喜欢的花瓶, 你竟然给摔了, 等她回来, <u>有你好瞧的</u>。"

6 家里来了几个<u>八竿子打不着</u> bā gānzi dǎ bu zháo **的亲戚** : 상당히 많이 떨어져 있어서 상관이 없다

직역하면 '여덟 개의 대나무 장대를 연결해도 닿지 않다'라는 뜻이다. 즉, '인척 관계나 촌수 등이 아주 멀리 떨어져 있다, (물리적 혹은 심리적) 거리가 상당히 많이 떨어져 있어서 아무런 관계가 없다'는 뜻을 나타낸다.

(1) 老王说: "没钱的时候也没那么多亲戚, 现在有了点钱, <u>八竿子打不着</u>的亲戚都找上门来了。"

(2) 听见她提到小丽, 我有点儿不满, 说: "你别提小丽的事, 我的事跟她的事<u>八竿子也打不着</u>, 干吗把我跟她扯到一块儿去。"

 要是我被<u>炒</u> chǎo **了<u>鱿鱼</u>** yóuyú : (현재의 자리에서) 자르다, 파면하다

'炒'는 '볶다', '鱿鱼'는 '오징어'이지만, '炒鱿鱼'는 '파면하다, 자르다'를 의미하는 속어로 쓰인다.

(1) 那个不愿陪老板喝酒的女孩在第二天就被<u>炒</u>了<u>鱿鱼</u>。

(2) 我们每天小心地工作, 总担心出点儿差错被<u>炒</u>了<u>鱿鱼</u>。

(3) 因为我迟到半个小时, 老板就<u>炒</u>了我的<u>鱿鱼</u>。

Point & Note

🔊 2-34

❽ 我就找zhǎo他们算账suàn zhàng去 : 보복하다, 결판을 내다, 결착을 보다

'장부의 기록을 보고 결산하다'가 원뜻이며, 후에 진상을 밝히기 위해 '결판을 내다', '복수하다'라는 뜻으로 쓰이게 되었다. '找+사람+算账'은 '누구와 결판을 내다'라는 관용표현이며, '跟+사람+算账'이라고도 한다.

(1) 小王说:"我把这件事就全交给你了,要是办不好,我可找你算账。"
(2) 老张低声对儿子说:"这儿人多,我先不理你,等回家我再跟你算账。"然后就走了。

❾ 经理为了那份合同急得热锅上的蚂蚁rè guō shang de mǎyǐ似的 :
안절부절 못하는 모습

말 그대로 '뜨거운 솥 위의 개미'라는 뜻인데, '초조하여 좌불안석인 모습'을 형용하는 표현으로 쓰인다.

(1) 一直到晚饭后,儿子小林还没回来,国香急得像热锅上的蚂蚁,不停地往楼下看。
(2) 只剩下十分钟了,可还是看不见她的身影,小王急得就跟热锅上的蚂蚁似的。

❿ 昨天不知道为什么冲王秘书又发fā了一通脾气píqi : 화를 내다, 성질을 부리다

'脾气'는 '화를 잘 내는 성질'을 뜻하는데, 우리말로 '부리다'에 해당하는 동사는 '发'를 사용하여야 한다.

(1) 老王看见儿子又跟那几个人一起喝酒,非常生气,可儿子他又管不了,所以只好回家去跟老伴儿发脾气。
(2) 近几年他很少关心母亲的情况,有时心情不好,他还对母亲大发脾气。

⓫ 让王秘书特别下不来台xià bu lái tái : 난처하다, 곤혹스럽다

'下台'(곤경에서 벗어나다)에서 나온 표현이다. 긍정형 '下台'보다는 부정형 '下不来台'가 더욱 많이 쓰인다.

08 在工作上他向来一是一, 二是二 105

핵심정리

🔊 2-35

(1) 他在朋友们面前又提起我被骗的事，这让我觉得很丢脸，下不来台。

(2) 你有时候太不注意方法了，你那样批评小刘，不是让他下不来台吗？

(3) 我想说，可又怕她会拒绝，使我下不了台。但最终我还是鼓起勇气，向她提出了请求。

⑫ 你可别往枪口上撞 wǎng qiāngkǒu shang zhuàng : 섶을 지고 불구덩이에 뛰어들다

이미 상당히 기분이 나쁜 상태에 있는 사람에게 다가가서 그 사람의 화를 더 돋우는 상황을 표현한 말로 당연히 좋지 않은 결과가 이어진다.

(1) 这事等过几天再说吧，你没看见爸爸这几天动不动就发脾气，我可不想往枪口上撞。

(2) 经理这几天正为儿子的事生气，听小张说要请假去旅行，一下子就火儿了，把小张狠狠的批评了一顿。看见小张不高兴的样子，老王笑着说："我让你别去，你非要去，这可是你自己撞到枪口上的呀。"

⑬ 要找不到, 我可怎么向 xiàng 经理交代 jiāodài 呀 : 설명하다, 변명하다, 해설하다

'向+사람+交代' 문형으로 쓰여서 사람에게 어떤 일에 대한 이유나 원인 등을 '설명하다, 변명하다' 라는 뜻을 나타낸다.

(1) 你最好给你妈妈写个条儿，证明是你自己非要退学，跟我没关系，要不我不好向你妈妈交代。

(2) 我得按规定办，这关系着全公司的利益，不能马虎，不然出了问题我也没法向公司领导、职工交代。

⑭ 这种事他说完就忘到脑后头 wàng dào nǎohòutou 了 : 깨끗이 잊어버리다

'脑后头'는 후두부를 지칭한다. 주로 시간적으로 지난 일에 대하여 '깨끗하게 잊어버리다' 는 뜻을 나타낸다.

(1) 别看他答应得好好的，可一出门就把自己说的话全忘到脑后头了。

Point & Note

2-36

(2) 小强跟小朋友们玩得特别高兴, 早把妈妈让他做的事 忘到了脑后头。

15 我们早就摸透了 mōtòu le 他的 脾气 píqi : 속속들이 알다, (~의 속마음, 계획 등을) 간파하다

'摸'는 '손으로 쓰다듬다, 더듬다, 어루만지다'는 뜻이다. '透'는 결과보어로 '摸'와 같이 쓰이면 '(어떤 사물의) 밑바닥까지 더듬다'는 뜻을 나타낸다. 전하여 '(무엇에 대하여) 속속들이 알고 있다'는 의미로 쓰이게 되었다.

(1) 他已经摸透了爱人的脾气, 所以不管她怎么吵、怎么闹, 他都一句话也不说, 等她冷静下来再跟她解释。

(2) 一起生活了这么多年, 她早摸透了老头儿的脾气, 在这时候, 她最好什么都顺着他。

16 你看他每天忙得 脚底朝天 jiǎodǐ cháo tiān 的 : 너무나 바쁘다, 바빠서 자리에 앉을 틈이 없다

'脚底'는 '발바닥'을, '朝天'은 '하늘을 향하다, 뒤집어지다'를 뜻한다. 즉, '아주 바쁜 상태'를 '발바닥이 땅에 붙어 있을 틈이 없다'라고 나타내며, '手脚朝天 shǒu jiǎo cháo tiān, 四脚朝天 sì jiǎo cháo tiān'이라고도 한다.

(1) 大嫂的丈夫在城里工作, 自己带着两个孩子过日子, 里里外外, 就她一个人, 有时忙得手脚朝天, 小马就经常去帮大嫂干活儿。

(2) 我们大家都忙得四脚朝天, 你怎么能躺在这儿睡大觉呢?

17 闹了半天他是在 放空炮 fàngkōngpào 啊 : 허풍떨다, 공수표를 날리다

'공포를 쏘다'에서 의미가 확장되어 큰소리만 치고 실천이 동반되지 않는 것을 나타내며, '放大炮'라고도 표현한다.

(1) 你说请我吃饭都说过好几次了, 可你一次也没真请过, 总是 放空炮, 现在你说什么我也不信了。

(2) 他的主意听起来不错, 可我们怎么能弄到那么多钱呢? 他只不过是在 放空炮。

핵심정리

🔵 2-37

⑱ 在工作上他向来一是一,二是二 yī shì yī, èr shì èr : 똑 부러지다, 세심하고 정확하다

직역하면 '하나는 하나, 둘은 둘이다' 라는 뜻이며, '무슨 일이든지 꼼꼼하게 따지다' 는 뜻으로 쓰인다. '丁是丁, 卯是卯 dīng shì dīng, mǎo shì mǎo' 라고도 표현한다.

(1) 我说:"老王,你介绍情况的时候,别什么都说,你要是说太多的问题,领导会不高兴的。"可老工说:"我这个人干什么都一是一,二是二,不会专挑好听的说。"

(2) 小王生气地说:"想不到你跑到厂长那儿去说我的坏话。"小张淡淡地说:"我只是一是一,二是二地汇报。"

⑲ 就是有时候鸡蛋里挑骨头 jīdàn li tiāo gǔtou : 억지로 남의 잘못을 들추어내다

직역하면 '계란 속에서 뼈를 찾다' 는 뜻이며, 즉 '아무런 잘못도 없는 사람에게서 억지로 흠을 찾아내려고 노력하는 것' 을 나타낸다.

(1) 学校领导都肯定了我们的做法,老师们也没有反对,你为什么非要鸡蛋里挑骨头呢?

(2) 你要是不让他们满意,那就麻烦了,就是再好的鸡蛋里他们也能挑出骨头来!

(3) 老厂长对我们说:"我们要把产品质量放在第一位,对质量我们要有'鸡蛋里面挑骨头'的精神,这样才能在市场上站住脚。"

⑳ 他有点儿一根筋 yì gēn jīn : 외곬수, 고집통

'一根筋' 지나치게 자신의 생각만을 고집하고 타인의 견해를 듣지 않는 행위 또는 그러한 사람을 뜻한다.

(1) 我笑着说:"人家说您执著,那是好听的,换句不好听的,那就是说您一根筋。"

(2) 老张是个典型的一根筋,他要是想干什么,谁也别想说服他,说多少话都是白费力。

Point & Note

2-38

㉑ 为了一个日期, 好像要跟 gēn 我没完 méi wán : ~와 끝장을 보다

'跟+사람+没完' 문형으로 쓰여서 '~의 책임을 철저하게 추궁하여 끝장을 보다' 라는 뜻을 나타낸다.

(1) 他瞪起眼说道："要是你不告诉我, 耽误了我的大事, 我跟你没完！"
(2) 老张一下子从椅子上跳了起来, 说："他们竟然敢骗我, 我现在就找他们去, 今天的事我跟他们没完。"

㉒ 让我的脸 liǎn 都没地儿搁 méi dìr gē : 얼굴을 둘 곳이 없다

직역하면 '어디 얼굴을 둘 장소가 없다' 가 되는데, '창피해서 얼굴을 숨기고 싶어도 숨길 곳이 없다' 라는 뜻으로 쓰인다.

(1) 你干出这种让别人看不起的事, 我们全家人的脸都没地儿搁。
(2) 我才不去参加那个晚会呢, 人家都是有地位的人, 我就是个开车的, 跟他们站一块儿, 我这脸往哪儿搁呀。

㉓ 工作起来也挺玩儿命 wánr mìng 的 : 몸을 돌보지 않을 정도로 열심히 하다

'玩儿命' 은 주로 구어체에서 사용되는데, 목숨까지도 가볍게 여길 정도로 '대담하다', '열심히 하다' 라는 뜻을 나타낸다.

(1) 他把自己关在房间里, 除了吃饭睡觉就是写, 差不多是玩儿命了, 终于赶在年底以前写完了这本书。
(2) 看见借出去的钱要不回来了, 老头儿急得要跟我玩儿命, 我只好跟朋友借钱先还上他。
(3) 一看见那条黑狗, 他们俩转身就玩儿命往家跑。

㉔ 常常是刀子嘴豆腐心 dāozizuǐ dòufuxīn : 말은 걸지만 마음은 부드럽다

직역하면 입은 칼(刀子嘴), 마음은 두부(豆腐心)라는 뜻이다. 즉, '말은 날카로운 칼처럼 냉정하게 해도 그 마음은 반대로 두부처럼 부드럽다' 는 뜻을 나타낸다.

핵심정리

🎧 2-39

(1) 李老师说自己是刀子嘴豆腐心, 批评学生还不是为了他们好。

(2) 别看她嘴上说不管那个孩子了, 其实她是刀子嘴豆腐心, 比谁管得都多。

25 他大小dàxiǎo也是个经理, 怎么能这样呢 : 어쨌든, 아무튼

'大小'에는 (1) 크기 (2) 나이의 많고 적음 (3) 어른과 아이 등의 의미가 있지만, 본문에서는 부사로 쓰여서 '어쨌든'이라는 뜻을 나타낸다.

(1) 这儿虽然比不上人家大饭店, 但大小也是个饭馆啊, 你在这儿至少不用为做饭发愁。

(2) 生了一会儿气, 他自己先高兴起来, 心想, 自己大小也是个有文化的人, 虽然没什么大出息, 但总不至于跟那种人生气吧。

(3) 老太太说:"儿媳妇人好, 会过日子, 对我们也很孝顺, 不过, 这么多年没给我们生个孙子, 大小也是个缺点。"

26 听他们说得倒是有鼻子有眼yǒu bízi yǒu yǎn的 : 그럴듯하다

직역하면 '얼굴에 눈과 코가 있다', 즉 '있을 것은 다 있다'라는 뜻이다. '비록 직접 목격하지는 않았지만 이야기(혹은 거짓말)가 상당히 상세하고 그럴듯하여 믿을만하다'는 뜻으로 쓰인다.

(1) 我想他说的不会是假的, 有时间, 有地点, 有鼻子有眼的。

(2) 就是她没亲眼看见的, 让她一说, 也有鼻子有眼的, 跟真的一样。

27 甭管guǎn人家的闲事xiánshì : (~의 일에) 참견하다, 간섭하다

주로 자신과는 아무런 관계도 없는 일에 쓸데없이 참견하는 것을 지칭한다.

(1) 老张特别爱管闲事, 就连邻居两口子吵架他都要管, 说来也怪, 大家还都挺尊敬他。

(2) 听见隔壁老王又在骂孩子, 爸爸想过去看看, 可妈妈不让他去, 让他少管点儿闲事。

28 我们家现在都**乱了套** luàn le tào 了 : 엉망이다, 어지럽다

잘 짜맞추어져 있던 것(套)이 뒤섞이다(乱)가 본래의 의미다. 질서나 순서 등이 '엉망이 되다'는 뜻으로 쓰이며, '乱了营 luàn le yíng'이라고도 한다.

(1) 大嫂走后，家里**乱了套**了，孩子没有人接送，老人也没有人照顾，这时我们才知道大嫂在我们家有多重要。

(2) 你这么对待那些工人，万一他们真的不来了，我们的生产计划就会整个**乱了套**，到时候看你怎么办。

(3) 一个家总得有个家的样子，爸爸就是爸爸，孩子就是孩子，要是爸爸不像爸爸，孩子不像孩子，那还不**乱了套**？

연습문제

1 뜻이 같은 것끼리 선으로 연결하세요.

(1) 被开除　　　　　　　　　　A　一根筋

(2) 忘得很干净　　　　　　　　B　摸透某人的脾气

(3) 非常了解某人的性格　　　　C　炒鱿鱼

(4) 很丢脸,不好意思　　　　　 D　忘到脑后头

(5) 很固执,不轻易改变主意　　 E　脸没地儿搁

2 보기에서 적당한 단어를 찾아 빈칸에 써보세요.

〈보기〉 乱套　　发脾气　　放空炮　　找你算账　　脚底朝天　　下不来台
　　　 一是一,二是二　　热锅上的蚂蚁　　忘到脑后头　　有鼻子有眼

(1) 眼看火车就要开了,可还看不见姐姐他们的影子,连爸爸都急得_____似的,一个劲儿地看手表。

(2) 我问她我的工作定下来没有。她说不了解这件事。我火了,大声问:"你们厂长在哪儿?我要见他!"她淡淡地说:"你见不着他,在国外访问呢!"我又问:"那你们书记在哪儿?"她说:"不能告诉你。"我瞪起眼道:"你不告诉我,耽误了我的大事我_____!"

(3) 谁走都行,就是白玲不能走,她是班长,这儿的事全靠她安排呢,她要一走,我们这儿非_____不可。

(4) 他心里有气,你就让他说两句吧,何必跟他顶嘴呢?还当着外人的面儿,这不是让他_____吗?

(5) 自从李荣出主意,预备圣诞大减价,小马和李荣就开始点缀门面,定价码,印说明书……天天忙得_____,可是他们不许老马动手。

(6) 我怕这里面有假,还仔细问了她半天,她说的时间、地点都对,连细节都说得_____,我们就相信了她说的。

(7) 看见奶奶来了，宝庆一下子高兴起来了，把一天的忧愁都_____了。

(8) 瑞文一句话也没说，他想，李师傅是有难处才来找他，他得给李师傅想个能解决问题的办法，光_____有什么用？

(9) 你到了警察那儿，得管好自己的嘴巴，人家问什么，你就_____地回答，要是瞎说，那可是犯法。

(10) 纪明正睡得香甜，被说笑声吵醒，气得不得了，来到客厅正想_____，一眼看见了在书店遇到的那个姑娘，他惊奇得半天没说出话来。

3 주어진 표현으로 대화를 완성하세요.

(1) A：隔壁的大海怎么不上班，天天在家打麻将？
   B：你还不知道吧，_____。(砸饭碗)

(2) A：新来的技术员竟然说我的不合格，让我重新做，你看看我的怎么样？
   B：_____。(鸡蛋里面挑骨头)

(3) A：搬货这样的事还是让他们去干吧，_____。(大小……)
   B：经理干这个也不是什么丢面子的事啊。

(4) A：老板对我挺客气的，不像你们说的那么可怕。
   B：你干得好那当然没的说，_____。(有你好看的)

(5) A：昨天在路口我被罚了五块钱，说红灯的时候我的自行车过线了，真倒霉！
   B：现在正抓交通安全呢，_____。(往枪口上撞/撞在枪口上)

09 为了孩子我们豁出去了

(孟师傅给孩子开家长会回来,在院门口遇到了邻居老张。)

老　张：回来了?小强这次考得怎么样?不用说,一定错不了。

孟师傅：别的科还行,就是英语差点儿劲儿。他们老师说现在是冲刺的时候了。说实话,竞争这么厉害,小强能不能考上,我这心里还真是没底儿。

老　张：小强是个有头脑的孩子,别看这孩子平时话不多,可干什么都心里有数,我敢说,小强考清华那是板上钉钉的事。

孟师傅：您快别这么说,能上个普通大学我们就谢天谢地了。哎,老张,您认识不认识教英语的老师?小强英语底子薄,有点儿跟不上了,所以我想给他请个家教。

老　张：你够下本钱的,请家教可不是说着玩的,好老师一节课就得上百呢。

孟师傅：只要孩子能学好，砸锅卖铁我也愿意。为了孩子我们豁出去了，没本事挣大钱，咱们就省着点，您看，我连烟都戒了。

老　张：好你个老孟！快三十年的烟龄了吧？一下子就戒了？真有你的！

孟师傅：我们两口子就吃了没文化的亏，这一辈子要什么没什么，吃苦受累不说，还净受气，说什么也不能让孩子走我们的老路。别看我们平时舍不得吃舍不得穿，可在孩子学习上花多少钱都不心疼。还好，小强学习没太让我们着急。

老　张：我儿子要有小强一半就行了。那小子可不是个省油的灯，上学那会儿考试常常吃大鸭蛋，还老给我到处惹事儿。哼，现在刚有了几个钱就跟我没大没小的，那天竟然管我叫"老张"，气得我给了他一巴掌，让他妈惯得不像样儿。

孟师傅：大军挺有本事的，虽然没上大学，可做生意有两下子呀，连汽车都有了。

老　张：嗨，破二手车，值不了几个钱。他那叫什么本事啊？说得好听点儿是做生意，说得不好听就是个"倒儿爷"，个体户，我都懒得提他。现在我们爷儿俩是谁看谁都不顺眼。还是你们有眼光，等以后儿子上了大学你们就好了。

孟师傅：能不能考上还难说呢，谁敢打保票呀？走到哪儿算哪儿吧，咱们做父母的不图别的，将来别落埋怨就行了。

老　张：哎，我想起来了，我的一个朋友的邻居给孩子请过英语家教，听说教得挺不错，后来那孩子考上了北大。

孟师傅：那您赶紧帮我问问，钱的事好说，时间地点什么的也都好说。您可千万别忘了。

老　张：你就一百个放心吧。

단어 및 숙어

1. 家长会[jiāzhǎnghuì] (학교의) 학부모 모임. 학부모 회의
2. 冲刺[chōngcì] 육상이나 각종 운동 시합의 종료 시간을 앞두고 전력투구하는 것. 라스트스퍼트
3. 家教[jiājiào] ① 가정교사 ② 가정교육
4. 戒烟[jiè//yān] 담배를 끊다, 금연하다
5. 惹事儿[rě shìr] 말썽을 저지르다. 문제를 일으키다
6. 两下子[liǎngxiàzi] 실력. 솜씨
7. 破[pò] 낡은. 오래된. 부서진
8. 二手车[èrshǒu chē] 중고차
9. 倒儿爷[dǎoryé] 물건을 싼값에 구입하여 비싸게 되파는 사람. 악질 브로커. 투기꾼

고사성어를 이용한 광고문 ❻

百衣百顺 (의류 광고)

모든 일에 매우 순종하다라는 뜻의 '**百依百顺** bǎi yī bǎi shùn'의 응용 표현

핵심정리

Point & Note
 3-03

1 别的科还行, 就是英语**差点儿劲儿** chà diǎnr jìnr : 좀 떨어진다, 약간 못한다

사람의 인품이나 물건의 품질 등이 '상당히 좋지 않다, 나쁘다, 제대로 되어 있지 않다'는 뜻의 '差劲儿'에서 유래한 표현이다. 본문에서는 '(一)点儿'을 삽입하여 나쁜 정도가 조금 약하다는 것을 나타내고 있다.

(1) 要说干事细致, 还得说小张, 别的人都差点儿劲儿。
(2) 这几本书挺有意思, 那两本差点儿劲儿。

2 我这**心里** xīn li 还真是**没底儿** méi dǐr : 솔직히 확신이 없다

'底儿'은 '(일이나 사건 등의) 진상, 내용'이란 뜻이고, '没底儿'은 '내용을 모두 알고 있어서 자신이 있다'라는 뜻의 '有底儿'의 반대말이다.

(1) 我也写了一个申请, 但是领导能不能同意, 我可是心里没底儿!
(2) 他也想试一试, 可老刘他们会支持他吗? 他心里没底儿。
(3) 我虽然没直接问过她, 可我心里有底儿, 她一定会站在我这一边的。

3 小强是个**有头脑** yǒu tóunǎo 的孩子 : 똑똑하다, 생각이 있다

자기 자신의 생각이나 주관이 뚜렷하고 판단능력이 뛰어나서 무슨 일에나 잘 대처하는 사람을 형용하는 표현이다.

(1) 郑老师是一个有头脑的人, 他不会让自己的女儿去干那种傻事。
(2) 这些人认为, 漂亮的姑娘都没有什么头脑, 做不了大事。
(3) 别人让你干什么你就干什么, 连想都不想, 你有没有头脑啊?

4 干什么都**心里有数** xīn li yǒu shù : 마음속에 나름대로의 생각이 있다, 잘 이해하고 있다

'心中有数 xīn zhōng yǒu shù' 혹은 '肚子里有数 dùzi li yǒu shù'라고 표현하기도 한다.

(1) 我想你们应该先去了解一下情况, 看看到底是怎么回事, 做到心中有数。
(2) 我对你怎么样, 你应该自己肚子里有数, 干吗听人家的?
(3) 到底去哪儿找, 怎么找, 我心里一直没数。

핵심정리

小强考清华那是板上钉钉 bǎn shàng dìng dīng 的事 : 기정사실이다, 이미 정해져 있다

직역하면 '판자 위에 못을 박아두다' 라는 뜻인데, '일이 이미 결정되어서 더 이상 어떻게 해볼 수 없다, 절대로 변경할 수 없다' 는 의미로 확장되어 쓰인다. 앞의 '钉 dìng' 은 동사로 '못을 박다', 두 번째 '钉 dīng' 은 명사로 '못'을 의미한다.

(1) 对我来说, 毕业后回家乡已经是板上钉钉了, 所以我不用着急在北京找工作。

(2) 家里的事只要父亲点头同意, 那就是板上钉钉的事了, 谁再说什么也没用了。

能上个普通大学我们就谢天谢地 xiè tiān xiè dì 了 : 감지덕지하다, 너무나 고맙고 감사하다

'谢谢'와 '天地'로 이루어진 표현으로, 주로 진심으로 바라고 고대하던 일이 눈앞에서 실현되었을 때 사용하는 표현이다.

(1) 老张说: "他学习不好倒不是什么大问题, 只要他不给我们惹麻烦我们就谢天谢地了。"

(2) 小王看见我来了, 说: "谢天谢地, 可把你等来了, 我还以为你不来了呢。"

小强英语底子薄 dǐzi báo : 기초가 약하다, 기반이 튼튼하지 않다

'밑, 바닥' 이라는 뜻에서 학문적 혹은 경제적인 '기초, 기반'으로 의미 영역이 넓어졌다. '기초가 튼튼하다' 는 '底子厚 dǐzi hòu' 라고 한다.

(1) 这些学生虽然学习很刻苦, 但年龄大, 底子薄, 做研究工作不合适。

(2) 我们厂刚建好, 技术人员少, 底子薄, 还没有能力考虑这些问题。

有点儿跟不上 gēn bu shàng 了 : (다른 사람보다 늦거나 모자라서) 따라가지 못하다, 쫓아가지 못하다

(1) 他走得很快, 我走得慢, 又穿着高跟鞋, 所以我跟不上他。

(2) 他讲完几句, 就停一会儿, 怕我的记录速度跟不上, 等等我。

Point & Note

(3) 当时的铁路发展远远跟不上国民经济发展的需要，所以他一毕业就去了铁路部门。

9 你够**下本钱** xià běnqián 的 : 밑천을 들이다, 원금을 투자하다

'本钱'은 '원금, 본전', '下'는 '투자하다, (돈, 시간 등을) 들이다'는 뜻을 나타낸다.

(1) 大家都说，小王为了学习英语，连那么好的工作都不要了，真舍得下本钱。

(2) 你不是要去面试吗？这身衣服可不行，要想通过面试，你就得下点本钱，先去买套名牌时装，再买套高级化妆品。

10 请家教可不是**说着玩** shuō zhe wán 的 : 농담하다, 말장난하다

긍정문에 쓰이는 경우는 그다지 많지 않고, 주로 본문에서와 같이 부정문(不是……的)에 쓰인다.

(1) 她笑笑说：" 不结婚的话是我说着玩儿的，你还真生气了？我是非你不嫁呀。"

(2) 现在冰还不结实，可不能去滑冰，要是掉进去，那可不是说着玩的！

(3) 开饭馆的事我可没说着玩，要干就真干，而且要干好。

11 只要孩子能学好，**砸锅卖铁** zá guō mài tiě 我也愿意 : 모든 것을 쏟아붓다, 전 재산을 팔다

직역하면 '솥을 부수어서 고철로 팔다'라는 뜻이다. 집에 있는 모든 것을 팔고 마지막 남은 솥마저도 고철로 팔아넘기는 지경에까지 이르렀다는 것은 결국 '전 재산을 쏟아부었다'는 의미를 나타낸다.

(1) 小雨知道家里没有钱，不想去看病，可爸爸说，就是砸锅卖铁也要治好小雨的病。

(2) 老李说："那辆车是进口的，我可不敢修，万一弄坏了，砸锅卖铁我也赔不起呀！"

핵심정리

3-06

 为了孩子我们豁出去 huō chūqu 了 : 전부 다 내던지다, 모든 것을 희생하다

'豁'는 '결심이 확고하여 자신의 목숨을 희생해서라도 하다'는 뜻을 나타낸다.

(1) 我一直认为跟别人借钱是最丢脸的事, 可现在实在是没有办法了, 我只能豁出去了, 什么脸面不脸面的, 先给父亲看病是最要紧的。
(2) 小王是个球迷, 一听说有足球比赛, 就说："我豁出去明天不上班, 也得看这场球。"
(3) 他们等了半天也不见有船过来, 小张有点着急地说："老这么等也不行啊, 我看咱们豁出去吧, 自己游过去, 你们看怎么样？"

 好你个 hǎo nǐ ge 老孟 : 이런 참, 제기랄, 이 놈의 자식

별로 바람직하지 않은 일, 불온한 움직임을 눈치 채고 화자가 주모자 혹은 당사자에게 분노를 표출할 때 쓰는 표현이다. 친척이나 친한 친구 사이에 농담 삼아 과장되게 표현하는 경우에도 쓸 수 있다.

(1) 姐姐有点不高兴地说："好你个志平！结婚这么大的事到今天你才告诉我。"
(2) 我看见老赵来了, 就跟他开玩笑说："好你个老赵, 搬新家了也不告诉我一声, 是不是怕我去你家呀？"
(3) 奶奶说："好你个小强, 骗钱竟然骗到我头上了！"

 真有你的 zhēn yǒu nǐ de : 참 대단하다, 내가 졌다

감탄문의 일종이다. 도저히 내가 할 수 없는 일이나 생각 따위를 상대방이 과감하게 실행했을 때, 칭찬하거나 또는 반대로 비난하는 경우에 사용한다.

(1) 你一个人抓住了两个小偷？真有你的！
(2) 放着工作不做, 躲到家里睡大觉, 真有你的！
(3) 真有你的！钱包丢了三天了自己还不知道。

Point & Note

3-07

15 我们两口子就**吃了** chī le **没文化的亏** de kuī : (~때문에) 손해를 보다, 손실을 당하다

이합사 '吃亏'를 응용한 표현이다. '吃+了+A+的+亏' 문형으로 쓰이며, 'A'에는 손해를 보게 만든 '이유' 혹은 '원인'이 오게 된다.

(1) 王老师说:"她的文章内容很好,但是在语言上却吃了不够精练的亏。"

(2) 以前租房子的时候,他吃过中间人的亏,所以现在他不相信他们的话,他宁愿多跑点儿路自己去找。

(3) 大姐说:"我让你小心一点儿,是怕你吃了那个男人的亏,没有别的意思。"

16 说什么也不能让孩子**走** zǒu **我们的老路** lǎolù : 예전의 방법을 답습하다

'走路'를 응용한 표현이며, '老路'란 '구태의연한 방법, 옛날에 통용하던 수단'을 의미한다.

(1) 你哥哥现在的样子你都看到了,你要是不想走他的老路,就得从现在开始努力学习。

(2) 以前搞平均主义,干好干坏一个样,现在我们可不能走过去的老路,那样是没有任何出路的。

17 那小子可**不是** bú shì **个省油** shěng yóu **的灯** dēng : 얌전한 놈이 아니다, 문제를 많이 일으킨다

원래는 '기름이 덜 드는 등'이란 뜻이며, '얌전한 사람, 말썽을 일으키지 않는 조용한 사람'을 의미하게 되었다. 그러나 긍정문보다는 주로 부정문에서 쓰이는 것이 특징이다.

(1) 三班那几个男孩子,个个不是省油的灯,三天两头闹事,老师们一提起三班就头疼。

(2) 那个老张是市长的亲戚,他可不是个省油的灯,虽说只是个科长,可谁都不敢惹他。

핵심정리

🔊 3-08

⑱ 上学那会儿考试常常吃chī**大鸭蛋**yādàn：(시험에서) 빵점을 받다

숫자 '0'이 오리알과 비슷하게 생긴 데서 유래한 표현이다.

(1) 他小时候特别不爱学习，每天就知道玩儿，考试的时候没少吃鸭蛋，因此也没少挨爸爸的打。

(2) 自从上次考数学吃过一回鸭蛋后，他就下决心一定要把数学学好。

⑲ 现在刚有了几个钱就跟我没大没小méi dà méi xiǎo**的**：위아래가 없다, 예의를 모른다

이때 '大'와 '小'는 나이의 많고 적음을 의미하며, '没老没小'라고도 표현한다.

(1) 张老师虽然只比你们大几岁，可他是你们的老师，你们得管他叫老师，别没大没小地叫他的名字。

(2) 大力跟他爸爸老是没大没小的，跟他爸爸说话就像跟他的同学说话似的，别人都看不惯，可他爸爸还挺高兴。

⑳ 让他妈惯得不像样儿bú xiàngyàngr：꼴이 말이 아니다, 꼴불견이다

'볼 만하다, 멋있다'라는 뜻의 '像样儿'의 부정형이다.

(1) 快到老人的八十岁生日了，他们打算给老人办个像样儿的生日宴会。

(2) 老太太病到现在，已经瘦得不像样儿了。

(3) 你的字写得太不像样儿了，还不如小学生写得好。

㉑ 说得好听shuō de hǎotīng**点儿是**shì**做生意，说得不好听就是**shuō de bù hǎotīng jiù shì**个"倒儿爷"**：듣기 좋게 말하면 ～이고, 나쁘게 말하면 ～이다

주로 사람에 대하여 평가할 때 자주 쓰는 표현인데, 화자의 진정한 의도는 후자에 있다는 점에 주의하자.

(1) 谈到现在的一些女孩子，老张说："这些女孩子，说得好听是思想开放，说得不好听就是不知道什么是羞耻，你看看她们穿的衣服，越来越少。"

Point & Note

(2) 我哥哥他们两口子现在都在家待着呢, 说得好听那叫下岗, 说得不好听就是失业。

(3) 他从来都是有什么说什么, 不管别人爱不爱听, 说得好听他这是坦率、直爽, 说得不好听就是有点儿傻。

㉒ 还是你们有眼光 yǒu yǎnguāng : 안목이 있다, 보는 눈이 있다

'눈빛, 시선' 이라는 원뜻에서 '사물을 보고 판단하는 능력' 으로 그 의미가 확장되었다.

(1) 当初你们选择教师这个工作真是有眼光, 现在教师的地位越来越高, 工资也越来越高。

(2) 我妈妈特别有眼光, 她给我买的衣服总是又便宜又好看, 我就不行。

(3) 以前不少女孩子找男朋友只找本地的, 现在有点儿眼光的女孩子都找外地的, 她们认为这些外地的年轻人更努力, 更肯干, 对感情更专一。

㉓ 谁敢打保票 dǎ bǎopiào **呀** : 보증하다, 장담하다

원래는 '보증서를 발행하다' 는 뜻인데, 어떤 일에 대하여 절대적으로 '보장하다, 보증하다, 장담하다' 등의 의미를 나타낸다. '打包票 dǎ bāopiào' 라고도 한다.

(1) 明天他肯定会去找你的, 我可以打保票。

(2) 我们的产品, 质量是一流的, 价格也是最低的, 这我可以很负责地向您打保票。

(3) 明天的事谁知道会怎么样, 我可不敢打保票。

㉔ 走到哪儿算哪儿 zǒu dào nǎr suàn nǎr **吧** : 가는 데까지 가 보다, 되는 데까지 해 보다

'어디까지 갈 지는 그곳에 도착해 봐야 알 수 있다' 는 뜻을 나타낸다. 일단 지금은 깊이 생각하지 않고 그냥 내버려두다가 일이 진행되는 상태를 살펴본 후, 나중에 다시 결정하겠다는 뜻으로 쓰인다.

(1) 情况变化太快了, 原来的计划全都不管用了, 我看现在也不必做什么计划了, 谁知道还会发生什么事, 咱们走到哪儿算哪儿吧。

핵심정리 Point & Note

 3-10

(2) 在去她家的路上，我心里很不安，不知道会有什么结果，小王看我那样子，笑着说："别胡思乱想了，走到哪儿算哪儿，她要同意一切都好办，要不同意咱们再想办法。"

25. 将来别落埋怨 lào mányuàn 就行了 : 불평을 듣다, 원망을 듣다

'落埋怨'의 발음에 주의하자. '落'는 주로 구어체에서 '[lào]'로 발음된다.

(1) 你要是愿意去，那你就去吧，不过，你记住，这是你自己的决定，是好是坏都跟我没关系，我不想落埋怨。

(2) 他说我们影响了他的工作，你看，我们好心好意地帮他，反倒落埋怨，这不是让人生气吗？

26. 一定错不了 cuò buliǎo : 틀릴 리가 없다. 틀림없다, 확실하다

'A(동사/형용사)+不了' 문형으로 쓰여서 'A'라는 동작(혹은 상태)이 발생할 수 없음을 나타낸다. 이때 'A'에는 주로 좋지 않은 결과를 초래하는 동사 혹은 형용사가 놓인다.

(1) 照这样训练下去，他的罚球命中率一定错不了。

27. 您可千万 qiānwàn 别忘了 : 절대로, 무슨 일이 있어도, 부디

주로 명령이나 바람을 나타내는 문장에 쓰여서 주의를 환기하는 역할을 한다.

(1) 返乡的时候我们就提醒过学生，千万不要图便宜乘坐超载车。

28. 你就一百个 yībǎi ge 放心吧 : 전부, 백퍼센트

문자 그대로 '백 개'가 원뜻이지만, 동사를 수식하여 '백퍼센트, 완전히'라는 뜻으로 쓰인다.

(1) 儿媳妇的父亲黄彬是老朋友的高中同学，新郎的妈妈对于这个儿媳妇一百个称心。

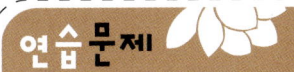

1. 보기에서 적당한 단어를 찾아 빈칸에 써보세요.

   <보기> 打保票   好你个   说着玩   落埋怨   真有你的
          心里没底   砸锅卖铁   没大没小

   (1) 王老师拿起大木尺,笑着说"谁不听话,我就拿这木尺子打！"小刚以为王老师这就要开始打,嘴唇都吓白了,直往爸爸身后躲。王老师一看,赶紧说"别怕,孩子,老师这是_____呢。"

   (2) 快走到门口,门后忽然"咚"地一声,吓了他一大跳。一看,原来是妹妹小香在门后埋伏着呢,这会儿小香早笑得直不起腰来。
   "_____小香,你敢吓唬我,看我怎么收拾你！"大虎假装生气地说。

   (3) 那位代表又说:"在这样的厂里,拿的差不多是世界上最低的工资,造出的差不多是世界上一流的步枪,这个厂的工人们都很可敬啊！"张化的心头一热"对对。您说的对极了！我们厂的工人,个个都是好工人！绝非一半儿素质好,一半儿素质不好。这一点我可以很负责地向您_____！"

   (4) 回到家,爸爸就批评他,说:"不管怎么说,小张是我的同事,你得叫他'叔叔',不叫倒也没什么关系,可你怎么_____地管人家叫'哥们儿'？太不像话了！"

   (5) 小林告诉我,能帮忙的也先说不能帮忙,好办也先说不好办,不帮忙不好办最后帮忙办成了,人家才感激你。你一开始就满口答应,如果中间出了岔子没办成,本来答应人家,最后,没办成,出了力也会_____。

   (6) 李老三见了爱社不好意思得很,说得吞吞吐吐。爱社十分热情,十分大方,说,远亲不如近邻,干脆说吧,您想借多少？李老三说,真是说不出口,太多了,要能借就借个五百元。爱社哈哈大笑,什么叫能借不能借,不就是两个二百五嘛,我就是_____也要给你凑齐。

   (7) 那几个人都好说,只要请他们吃顿饭,就什么事都解决了,可老张头能不能帮他的忙,他可_____,老张头的坏脾气他领教过。

   (8) 大民,_____,外面闹成那个样子,你还能在这儿睡得着觉,你怎么不去劝劝哪？

2 주어진 표현으로 대화를 완성하세요.

(1) A: 咱们工作这么多年，能力也不算低，可还不如那些年轻人挣钱多，这心里真不平衡。
　　B: 人家英语好，随便进一个外企一个月就能挣好几千块，你行吗？
　　　　_____。(吃了……的亏)

(2) A: 听说票很不好买，有的人排了一夜队才买上。
　　B: _____。(豁出去)

(3) A: 那些年轻画家的作品倒挺有特点，不过有的我看了半天都闹不明白画的是什么。
　　B: _____。(说得好听是……，说得不好听是……)

(4) A: 我已经报名参加电脑培训班了，不学不行啊。
　　B: 是啊，现在是信息社会，_____。(跟不上)

(5) 妈妈: 孩子实在不愿意学就算了，他没兴趣，你这么硬逼着他也不好啊。
　　爸爸: 现在不学以后能干什么！_____。(走A的老路)

(6) A: 你就忍下这口气吧，哪儿都有不公平的事，你要是辞职，能找到更好的工作吗？
　　B: _____。(走到哪儿算哪儿)

(7) 医生: 你母亲现在脱离危险了，再住院观察几天，没问题就可以出院回家了。
　　爸爸: _____。(谢天谢地)

(8) A: 我们小时候，老师说什么是什么，现在的孩子可真不一样，小小年纪就有自己的看法，还什么都不怕。
　　B: 可不，_____。(不是省油灯)

10 这事儿八成得黄

(中午休息的时候老张和老孙在办公室聊天)

老张：听说你父亲又住院了，现在不要紧了吧？

老孙：这两天基本稳定了，我们总算是松了一口气，上岁数的人说病就病，住上院就放心了。这些日子白天在单位忙得团团转，恨不得多长两双手，晚上还得赶到医院陪床，天天这么连轴转，累得我都快散了架了。

老张：你还头疼吗？注意点儿身体，什么事都悠着点儿。

老孙：我这头疼是家常便饭了。唉，年轻那会儿开几天夜车玩儿似的，现在呢，怎么也歇不过劲儿来。这些我不敢跟老人说，怕他担心。

老张：大伙儿都说你父亲有福气，有你这么个孝顺儿子。

老孙：人总得讲点儿良心，老人一把屎一把尿地把我们拉扯大不容易，不孝敬老人那可说不过去。说实话，咱们也得给儿子做个榜样啊，上梁不正下梁歪嘛。

老张：是啊。要我说，孝敬老人不在天天山珍海味，老人最怕的是孤单。

老孙：是啊，可我们家，上学的上学，上班的上班，谁也抽不出多少时间来。我找人给我父亲介绍个老伴儿，那个大妈人还挺好，可刚见过两回面儿，我爸爸就病了。昨天我爱人去那个大妈家，想听听人家的想法，结果吃了个闭门羹，我估计，这事儿八成得黄。你想，谁愿意找个病老头儿啊。

老张：别着急，等你父亲病好了再说。哎，医院还不错吧？

老孙：医生、护士都挺和气的，就是饭菜不对老人的胃口。所以每天我爱人在家做好，然后我往医院送，还好，儿子大了，可以给他妈妈打下手了。

老张：我真羡慕你啊，有个好儿子，又有个贤内助。你看我，孩子还小，我是又当爹又当妈，连个帮手也没有，真叫苦啊。

老孙：还说呢，上次给你介绍的那个，人家对你还真有点儿意思呢，你怎么跟人家见了两面就打退堂鼓了？

老张：我想来想去，主要是怕我儿子受苦。

老孙：这个理由可站不住脚。后妈多了，也没听说个个都坏。

老张：跟你说心里话，人家是大学老师，我呢，一个半路出家的小编辑，人家能看上我？我别自找没趣了。

老孙：你老这么想，就不怕自己打一辈子光棍儿？

老张：唉，等孩子大点儿再说吧。

단어 및 숙어

1. 陪床 [péi chuáng] 간호하다. 병상 옆에서 환자를 돌보다
2. 散架 [sǎn//jià] 허물어지다. 흩어지다. 산산조각나다
3. 福气 [fúqi] 복. 행운. 행복
4. 良心 [liángxīn] 양심
5. 上梁不正下梁歪 [shàng liáng bú zhèng xià liáng wāi] 마룻대가 바르지 않으면 아래 들보가 비뚤어진다, 윗물이 맑아야 아랫물이 맑다
6. 山珍海味 [shān zhēn hǎi wèi] 산해진미
7. 八成 [bā chéng] 거의 대부분
8. 羡慕 [xiànmù] 부러워하다. 선망하다
9. 贤内助 [xiánnèizhù] 현명한 부인. 현모양처
10. 帮手 [bāngshou] 조수. 도우미
11. 编辑 [biānji] 편집(자). 편집하다
12. 看上 [kàn//shàng] 마음에 들다. 반하다

고사성어를 이용한 광고문 ❼

有杯无患 (컵 광고)

'有备无患 yǒu bèi wú huàn' 즉, 사전에 방비하면 우환이 없다라는 뜻의 응용 표현

핵심정리

3-13

 我们总算是松了一口气 sōng le yì kǒu qì : 한시름 돌리다

'힘을 빼다, 마음을 놓다'는 뜻의 '松气'에다 '气'를 헤아리는 수량사 '一口'를 삽입한 표현이다.

(1) 开始我们都很担心他的病, 听了医生的话, 我们松了一口气。
(2) 听了李老师的话, 我松了口气, 因为我一直担心儿子经常参加比赛会影响他的学习。

 上岁数的人说 shuō**病就** jiù**病** : ~라고 하자마자 바로 ~한다

'说+동사+就+동사' 문형으로 쓰여서 '~라고 말을 하면 시간적인 여유를 두지 않고 바로 'A~를 실행한다는 뜻을 의미한다.

(1) 你既然想去看电影, 行啊, 没问题, 咱们说去就去。
(2) 他真是个急脾气, 说走就走了, 连个招呼也不打。
(3) 小女孩儿特别可爱, 就是有一样让我头疼, 那就是爱哭, 说哭就哭。

 这些日子白天在单位忙得团团转 tuántuánzhuàn : 눈 코 뜰 새 없이 바쁘다

'团团转'은 직역하면 '빙글 빙글 돈다'는 뜻으로, 의미가 확장되어 너무 바빠서 정신없는 모습을 나타낸다.

(1) 急诊室里人来人往, 医生护士个个忙得团团转, 根本没时间管我们。
(2) 家里人为了这个婚礼, 上上下下都忙得团团转, 只有婚礼的主人公, 我大哥, 好像这些都跟他没关系, 一个人躲在屋子里看书。
(3) 客人们明天就要到了, 可住的地方还没有安排好, 急得老张团团转。

 天天这么连轴转 liánzhóuzhuàn : 밤낮없이 쉬지 않다, 멈추지 않다

직역하면 '기계가 돌아갈 때 축까지 돌아가다'라는 뜻에서 '쉬지 않고 열심히 일하다'는 의미로 쓰인다.

(1) 机器运来以后, 这几个技术员白天晚上连轴转, 不到三天就把机器修好了。

Point & Note

3-14

(2) 老张白天跟那些朋友一起喝酒、侃大山,晚上回来又开始翻译稿子,老这么连轴转,真不知道他哪儿来的那么大的精神。

5 什么事都悠着点儿 yōuzhe diǎnr : 지나치지 않게, 여유 있게

'悠着'란 어떤 일을 함에 있어서 자신의 힘을 적당하게 조절하여 무리하지 않도록 하는 것을 말한다.

(1) 你岁数不小了,不能跟年轻人比,干什么都得悠着点儿,要是累倒了就麻烦了。

(2) 小白笑着说:"悠着点儿喝,顺子,你一口气都喝光了,一会儿他们来了喝什么呀?"

(3) 这个月咱们的钱得悠着点儿花了,别像上月似的没到十五号钱包就空了。

6 我这头疼是家常便饭 jiācháng biànfàn 了 : 다반사, 자주 있는 일

일상적으로 집에서 먹는 식사처럼 흔한 일이라는 뜻이며, '家常饭'이라고도 한다.

(1) 丈夫是搞地质的,出差是家常便饭,总是背包一背就走了,所以她从来不送。

(2) 在过去,女人被丈夫打骂是家常便饭,就是因为女人在经济上不独立,要靠着丈夫。

7 年轻那会儿开 kāi 几天夜车 yèchē 玩儿似的 : 밤을 지새우다, 철야하다

직역하면 '밤새워 차를 운전하다'라는 뜻이며, 일이나 공부로 밤을 지새우는 것을 나타낸다.

(1) 我们班大部分同学都喜欢在考试前开夜车,考完以后大睡三天。

(2) 他动作慢,又特别认真,所以常常开夜车,闹得白天老打瞌睡。

핵심정리

8. 年轻那会儿开几天夜车玩儿似的 wánr shìde : 노는 것처럼 쉽다

본문에서는 생략되어 있지만, 주로 '(好)像＋A＋似的' 문형으로 쓰인다.

(1) 学校里学的内容对我来说非常简单，尤其是数学，我学起来跟玩儿似的。

(2) 大壮从小就力气大，一百多斤重的袋子，一只手提起就走，玩儿似的。

9. 怎么也歇不过劲儿来 xiē bu guò jìnr lai : 쉬어도 힘이 나지 않는다

'劲儿'은 '힘, 원기, 활력'이라는 뜻을 나타내며, '歇不过来'라고도 표현한다. 반대말은 '歇过劲儿来' 또는 '歇过来'라고 한다.

(1) 昨天在外面跑了一天，累得我连饭都不想吃了，到现在我也没歇过劲儿来，所以今天不想再出去了。

(2) 虽然很累，可他们睡了一觉就歇过劲儿来了。

10. 老人一把屎一把尿 yì bǎ shǐ yì bǎ niào 地把我们拉扯大不容易 :
똥오줌을 누이다, 아이의 뒷바라지를 위해 온갖 고생을 다하다

어린아이를 온갖 고생을 다 해가면서 뒷바라지하는 부모의 고생을 비유적으로 표현한 말이다. 동사 '把'에는 '대변이나 소변을 보게 하기 위하여 어린아이를 뒤에서 끌어안다' 라는 뜻이 있다.

(1) 他三岁的时候父母就病死了，是奶奶一把屎一把尿把他拉扯大的。

(2) 她是你妈妈，从小一把屎一把尿地把你养大，你怎么能这样对她呢？

11. 不孝敬老人那可说不过去 shuō bu guòqu : 말이 안 된다, 이치가 맞지 않다

논리적으로 혹은 도리에 비추어보아도 '말이 통하지 않는다, 설득력이 없다'는 뜻이며, 반대말은 '说得过去' 이다.

(1) 我已经有八年没去看望他了，等写完这本书以后，一定去看看他，要不就太说不过去了。

Point & Note

(2) 我们是从小一起长大的朋友, 现在正是他需要朋友安慰和鼓励的时候, 我不去怎么说得过去呢？

12 结果吃chī了个闭门羹biméngēng : 문전박대를 당하다, 거절당하다

'羹' 은 '수프, 국' 을 지칭한다. 집안으로 들어가지 못하고 문밖에서 국만 먹고 돌아간다고 해서 '문전박대' 라는 뜻이 생겼다.

(1) 昨天我亲自去他家请他, 没想到吃了个闭门羹, 真让人生气。
(2) 你就是再讨厌他, 烦他, 人家毕竟是客人, 你也不能给人家吃闭门羹呀。
(3) 姐姐说："你要是不喜欢他, 下次他再来, 我就给他个闭门羹吃, 怎么样？"

13 就是饭菜不对duì老人的胃口wèikǒu : 입에 맞다, 식욕을 돋우다

음식이나 요리가 입에 맞다, 일이 자신의 성격에 맞다는 뜻을 나타낸다. 다른 표현으로는 '合胃口' 라고 한다.

(1) 虽然她人长得不漂亮, 也不太聪明, 可做的菜对老太太的胃口, 所以老太太喜欢她。
(2) 她说："我给她介绍过几个男朋友, 个个都不错, 可就是不对她的胃口。"
(3) 这些建议都很好, 可不知道为什么不对他们的胃口, 一条也没被采用。

14 可以给他妈妈打下手dǎ xiàshǒu了 : 거들다, 도와주다

'下手' 는 '조수, 보조자' 라는 뜻을 나타낸다. '打下手' 는 주로 취사 혹은 심부름 등의 보조적인 일을 하는 것을 가리킨다.

(1) 你做菜真不错, 以后可以开个饭馆了, 到时候我给你打下手, 怎么样？
(2) 听说让他当副经理, 他心里很不高兴, 心想, 自己是从美国回来的留学生, 在这里竟然给人家打下手, 真是笑话。

핵심정리

🔊 3-17

⑮ 我是又当爹又当妈 yòu dāng diē yòu dāng mā : 아빠 노릇도 하고 엄마 노릇도 하다

(1) 妻子去世后, 他又当爹又当妈, 牺牲了自己的全部爱好和业余生活, 学会了做饭洗衣服等女人干的活。

(2) 大姐很要强, 与丈夫离婚后, 一个人又当爹又当妈, 把三个儿子培养成了大学生。

⑯ 还说呢 hái shuō ne : 또 그 말이야, 그건 왜 이야기하는 거야

주로 대화하는 도중, 상대방의 말에 대하여 불만이 있거나 화가 났음을 나타내기 위하여 사용하는 표현이다.

(1) 我问小顺:"爸爸没带你们去北海吗？"
"还说呢!"红梅答了话:"爸爸是要带我们去, 可奶奶不让, 小顺都哭了半天了。"

(2) 小红看见我, 问:"哎, 你怎么不穿那条裙子了？"
我没好气地说:"还说呢, 就因为那条裙子, 我妈说我说到半夜, 非说裙子太短, 不让我穿。"

⑰ 人家对 duì 你还真有 yǒu 点儿意思 yìsi 呢 : ~에 대해서 마음이 있다

'有意思'가 일반적으로 '재미있다'는 뜻으로 쓰이지만, '对+사람+ 有意思' 문형으로 쓰이게 되면 ~에 대하여 사랑하는 감정이 있다는 의미를 가지게 된다는 것을 기억하자.

(1) 一个朋友问我:"小刘是不是对你有点意思啊？我看他老往你家跑, 还老给你送花。"

(2) 我笑着对她说:"我猜, 你一定是对他有意思, 要不干吗老跟我打听他的情况呢？"

⑱ 你怎么跟人家见了两面就打退堂鼓 dǎ tuìtánggǔ 了 : 포기하다, 그만두다, 달아나다

'退堂鼓'란 '관청에서 업무의 마감을 알리는 북'인데, 그것을 울린다(打)는 것은 결국 '퇴근 시간이 되었다'는 뜻이다. 즉, '모든 일에서 손을 떼다, 포기하다'는 의미를 나타낸다.

Point & Note

(1) 会场气味很难闻，秩序很乱，什么人都有，文博士真不愿意给这些人做什么报告，可又不能临时打退堂鼓，只好在台上坐了下来。

(2) 来到车站，大家一片惊叹，公共汽车站排队等车的人排成了长龙，妈妈又是第一个打退堂鼓：我的妈呀，这么多人，什么时候才能轮到咱们上车？算了，别去了。

19 这个理由可站不住脚 zhàn bu zhù jiǎo : 설득력이 없다, 통하지 않는다

'站得住脚'의 부정형이다. '땅에 굳건히 발을 대고 서 있을 수 없다'는 뜻에서 논리 혹은 이론, 이유 등의 기초가 약하여 설득력이 없다는 의미로 쓰인다.

(1) 他们认为当时汽车没有达到一定的速度。但是据专家分析，这种说法根本就站不住脚，因为汽车把墙撞开了个大洞，这就说明汽车当时的速度很快。

(2) 王老师说："因为天气不好，所以你就没来上课，这么说可站不住脚。"

20 一个半路出家 bànlù chūjiā 的小编辑 : 도중에 직장을 바꾸다, 전업하다

원래는 '가정을 꾸리고 있다가 출가하다'라는 뜻인데, '하던 일을 그만 두고 새로운 직업을 택하다'라는 의미로 쓰인다.

(1) 人家是专门的演员，从小练基本功，演起来一点儿不吃力。可小王是半路出家，所以费了不少劲儿。

(2) 他原来是个老师，所以对他来说，在公司做管理工作是半路出家，得一边干一边学。

21 我别自找没趣 zhǎo méiqù 了 : 창피를 당하다, 체면이 깎이다

'找' 대신 '讨 tǎo'를 써서 '讨没趣'라고 표현하기도 한다.

(1) 她说："他正为儿子的事生气呢，要是现在去找他，只能自讨没趣。"

(2) 我说完之后发现小王的脸色很不好，明白自己说得太直接了，我在心里直骂自己自找没趣。

핵심정리

22. 就不怕自己打dǎ一辈子光棍儿 guānggùnr : 독신 남성, 홀아비 생활을 하다

(1) 妈妈为儿子的婚事没少着急，要是儿子打光棍儿，她就觉得对不起死去的丈夫。

(2) 那时候家乡太穷，没有姑娘愿意嫁过来，本地的姑娘全嫁得远远的，所以，打光棍儿的人不少。

23. 现在不要紧 bú yàojǐn 了吧 : 괜찮다, 심각하지 않다

'상황이 심각하다'는 뜻의 '要紧'의 부정형이다.

(1) 差距确实存在，但是这并不要紧，关键是要正视差距奋起直追。

24. 等děng你父亲病好了再zài说 : ~한 다음에 다시~

'等……再……' 문형으로 쓰여서 '~하고 나서, ~하기를 기다려 다시' 등의 의미를 나타낸다. '再' 대신에 '才' 혹은 '就'를 쓰기도 한다.

(1) 等他回来再说吧。

연습문제

1 밑줄 친 표현의 뜻을 생각하면서 읽어보세요.

(1) 潘进见陈松现在红起来了,很想让他帮忙解决儿子的工作问题,甭管怎么说,陈松能有今天离不开他的推荐,他打算挑个日子,准备些好酒好菜,请陈松来吃饭,可是今天早上看见陈松,他刚一开口就被陈松拒绝了,讨了一个没趣,气得他在心里骂了半天。

(2) 要是去远处,你那点儿钱可就差远了,来回路费都不够。我看你找个近郊玩玩得了,不过,就是在近郊玩儿你也得悠着点儿,别住什么高级的地方。

(3) 你假设的这个前提就是不真实、不可能的,所以你从这个前提得出的任何一个结论都是站不住脚的。

2 보기에서 적당한 단어를 찾아 빈칸에 써보세요.

〈보기〉 连轴转　团团转　打下手　歇过劲儿　打退堂鼓　家常便饭
　　　 说不过去　松了一口气　一把屎一把尿

(1) 要是在报名以前你说不参加还行,可现在什么都准备好了,人家也都安排好了,你怎么突然_____了?这不是让人家为难吗?

(2) 村长让本村里最干净最利落的几个女人当厨师,又派来几个年轻人来给她们_____,那些天全村上下都喜气洋洋的。

(3) 我们当警察的,经常跟各种各样的犯罪分子打交道,牺牲都是难免的,受伤就更是_____了,可我们从来没后悔过。

(4) 小吕说:"我小,可我也是个男子汉啊,这么黑,这么冷,让两个姑娘去送信儿,这无论如何也_____啊,我路熟,胆子大,让我去吧。"

(5) 天都黑了,可爸爸他们还没回来,妈妈急得眼泪都快下来了,爷爷低头抽烟,一句话也不说,这时,外面传来爸爸说话的声音,全家人这才_____。

(6) 为了回家过年,工人们三天三夜_____,终于赶在春节前完了工,拖着疲惫的身体回家去了。

(7) 大哥跟学海打在一起，从屋里打到屋外，我在一旁急得_____，跳着脚想帮大哥一把，可怎么也插不上去。

(8) 汪老汉指着儿子的鼻子骂道："我们_____把你养大容易吗？你的翅膀刚硬一点儿，我们的话你就不听了？"

(9) 爬到半山腰，导游看大伙儿实在是不行了，就建议说，先不着急往上爬，坐下歇一歇，等_____再走。

3 주어진 표현으로 대화를 완성하세요.

(1) A：这小伙子是干什么的？看样子挺有劲儿的。
   B：_____。(玩儿似的)

(2) A：他们俩是不是又闹别扭了？要不，你过去劝劝吧。
   B：不用，_____。(说A就A)

(3) A：你们好像都不愿意跟他在一起，为什么呀？
   B：他的脾气太不好了，_____。(说A就A)

(4) 妈妈：奶奶给你的那件上衣是她亲手做的，怎么不见你穿了？
   女儿：_____。(还说呢)

(5) A：昨天晚上你的脚不是还好好儿的吗？怎么突然崴了？
   B：_____。(还说呢)
   A：这么说来，这事全怪我。

(6) A：我发现你来这儿以后有点儿瘦了，是不是在减肥啊？你可真用不着减肥。
   B：_____。(对胃口)

(7) A：老张当了经理，架子也大了，上回我去他家，我明明看见他进了家，可他老婆竟然说他不在家。
   B：不瞒你说，_____。(吃闭门羹)

11 谁都猜不出他葫芦里卖的什么药

(小周来到退休的李师傅家)

李师傅：小周，你可是<u>稀客</u>，来，这儿有<u>瓜子</u>、有橘子，随便吃。我给你倒杯茶。

小　周：您别忙了。李师傅，您的新家真漂亮啊，呵，连家具都换了。

李师傅：以前那些家具都<u>老掉牙</u>了，所以一搬家就让我儿子<u>一股脑儿</u>全处理了。开始我们还有点舍不得，后来也想开了，<u>旧的不去新的不来</u>，该扔就得扔，留着也没什么用。再说，雪白的新房子摆上些旧家具看着也确实<u>不大对劲儿</u>。

小　周：这个客厅真<u>宽敞</u>，得有三十多平方米吧？这下儿来十个八个客人都<u>坐得下</u>了。

李师傅：可不，以前我们祖孙三代住一间房子，吃饭睡觉就那么一间。现在客厅是客厅，卧室是卧室，这在以前连想也不敢想啊。哎，小周，你头一回来，没走冤枉路吧？

小　周：还好，不过，这儿的楼看上去都一个模样，要是不知道门牌号，还真不好找。对了，李师傅，厂长让我来问问您能不能这几天抽空儿回厂一趟。

李师傅：没问题。哎，这个新来的厂长跟以前那些不是一路货吧？真盼着他别跟刘副厂长他们坐一条板凳，要那样咱们厂就没救儿了。

小　周：都说"新官上任三把火"，可这个新厂长来了以后，一次大会都没开，就是找这个谈话找那个谈话，大伙儿谁都猜不出他葫芦里卖的什么药。

李师傅：但愿这次上级没看走眼，派个有水平、有能力的厂长来。前几个厂长把咱们厂可害苦了，别的厂是越来越发展，咱们倒好，就差关门了。

小　周：听说刘副厂长他们请新厂长去卡拉OK却碰了一鼻子灰，那帮爱拍马屁的好像也吃不开了，新厂长不吃那一套。

李师傅：太好了。那些家伙太可恨，工人都快揭不开锅了，可他们整天大鱼大肉地吃，拿厂子的钱不当钱，天天不是什么OK就是什么海鲜，这群败家子！

小　周：是啊，大伙儿看在眼里，可谁都不敢说半个不字。二车间的张之明给他们提意见，他们就找茬儿让他下岗了，这不就是杀鸡给猴看吗？

李师傅：我就不信他们能老这样，这帮人是兔子的尾巴，长不了，别看他们现在笑得欢，早晚有他们哭的一天，走着瞧吧。

小　周：据说新厂长学历挺高，可我觉得，这学历和能力不能画等号啊。他到底能不能收拾咱们厂这个烂摊子，现在还真是看不出什么眉目来。

李师傅：要是有个好厂长，工人们也就有盼头儿了。

단어 및 숙어

 3-21

1 师傅[shīfu] 기술이나 기능을 가지고 있는 사람에 대하여 널리 쓰이는 존칭. 선생님

2 稀客[xīkè] 귀한 손님. 자주 오지 않는 손님

3 瓜子[guāzǐ] 수박. 호박. 해바라기 등의 씨앗을 통틀어 일컫는 말
   ※ 중국에서는 소금으로 간을 하고 볶아서 먹는다.

4 想开[xiǎng//kāi] 달관하다. 사소한 것에 집착하지 않다. 생각을 넓게 가지다

5 旧的不去新的不来[jiù de bú qù xīn de bù lái] '낡고 헌 물건을 버려야지만 새 것을 살 수 있다' 라는 뜻의 속담. 물건을 잃어버려서 안타깝게 느끼거나 헌 물건을 버리고 새 물건을 샀지만, 좀 아깝다고 느낄 때 위로하기 위해 흔히 쓰는 표현이다.

6 宽敞[kuānchang] 넓고 크다. 널찍하다

7 模样[múyàng] 모습. 용모. '模' 의 발음이 'mó' 가 아님에 주의하여야 한다.

8 新官上任三把火[xīnguān shàngrèn sān bǎ huǒ] '이제 막 부임한 신임 관리는 의욕이 넘쳐서 모든 일에 열심이다' 라는 뜻의 속담. 조금 시간이 지나면 초반의 기세등등하던 의욕도 사라지게 된다는 숨은 뜻도 있다.

9 但愿[dànyuàn] 단지 ~을 바랄 뿐이다

10 上级[shàngjí] ① (자신의 소속보다) 상급기관 ② (직장이나 부서 등에서의) 상사

11 卡拉OK[kǎlāOK] 노래방. 일본에서 만들어진 조어 '가라오케' 에서 유래한 단어

12 找茬儿[zhǎo chár] 생트집을 잡다

13 下岗[xià//gǎng] : ① 퇴직하다. 직장을 그만두다 ② 보초근무를 마치다
   ※ 본문에서는 '정리해고를 당하다' 라는 뜻으로 쓰였다.

14 兔子的尾巴, 长不了[tùzi de wěiba, cháng bù liǎo] 직역하면 '토끼의 꼬리는 길 수가 없다', 즉 '(무슨 일이든지) 오래 갈 리가 없음' 을 뜻하는 헐후어(歇后语xiēhòuyǔ : 두 부분으로 구성된 숙어의 일종. 비유에 해당하는 앞 구절만을 언급하여 뒷 구절을 추측하게 만드는 표현 기교)이다.

핵심정리

3-22

1 以前那些家具都<u>老掉牙</u>lǎodiàoyá了 : 낡았다, 유행에 뒤떨어지다

'掉牙'는 원래 '이가 빠지다'는 뜻인데, 앞에 '老'가 붙어서 '(물건 등이) 시간적으로 오래되어 낡다, (시대의 흐름에 비추어 볼 때) 유행에 뒤처지다' 등의 의미를 나타낸다.

(1) 屋子里的家具又古老又笨重,不论怎么擦洗都是黑乎乎的,可就这些老掉牙的东西妈妈也一件都舍不得扔,因为这全是她跟爸爸结婚的时候爸爸亲手做的。

(2) 小丽说:"又是你那老掉牙的爱情故事,你讲了快有八百遍了,我不想听。"

(3) 这些图都是他用那台老掉牙的486(电脑)做出来的,整整花了他一个星期的时间。

2 让我儿子<u>一股脑儿</u>yìgǔnǎor全处理了 : 전부, 모두

'股'는 '감정, 힘, 냄새' 등을 헤아리는 양사이고, '脑儿'은 '지식, 지능' 등을 의미한다. 직역하면 '머리로 생각할 수 있는 모든 방법'이지만, 현재는 주로 '전부 다, 하나도 남김없이' 등의 의미로 쓰인다. '一古脑儿'로 표기하기도 한다.

(1) 他忍不住把这些想法一股脑儿全告诉了她。她眨着眼睛听着,觉得又新鲜又有趣。

(2) 她带了几个人把屋子里的东西一股脑儿全搬走了,连双筷子也没留。

3 雪白的新房子摆上些旧家具看着也确实<u>不</u>bú<u>大对劲儿</u>duìjìnr : 적당하지 않다, 적절하지 않다

상식에 비추어 볼 때, 이치에 맞지 않거나 껄끄러운 상태 혹은 평소와 다른 상태를 의미한다.

(1) 我看见小王跟她的朋友又说又笑,和以前没什么两样,看不出她有什么不对劲儿的地方。

(2) 她的这封信我越看越不对劲儿,我不记得什么时候我给她买过毛衣啊,她怎么说谢谢我送的毛衣呢?

Point & Note

🔘 3-23

④ 你头一回来，没走冤枉路zǒu yuānwanglù **吧** : 먼 길로 둘러가다, 길을 잘못 들다, 괜한 걸음을 하다

'走路'(길을 가다)와 '冤枉'(손해를 보다)이 결합된 표현으로, 길을 잘못 들거나 엉뚱한 곳을 찾아간 탓에 쓸데없이 많이 걷게 되는 경우를 말한다.

(1) 我不善于认路。有时到一个朋友家去，或者是朋友自己带了我去，或者是跟别人一起去，第二次我一个人去，常常找不着。不过也好办，手里有地址，顶多是多问问人，走一些冤枉路，最后总还是会找到的。

(2) 你去以前好好看看地图，省得走冤枉路。

(3) 那个地方我以前从来没去过，问路又听不懂人家的地方话，所以走了不少冤枉路。

⑤ 这个新来的厂长跟以前那些不是一路货yílùhuò **吧** : 같은 부류의 인간, 동류

'一路'는 '한결 같은 길'이라는 의미에서 '동일한 부류'를, '货'는 '상품, 물건'을 뜻한다. '사람'이나 '물건' 등을 폄하하는 뉘앙스가 담겨 있으며, '一路货色'라고 표현하기도 한다.

(1) 宝山不愿意跟他们家人来往，他早就知道，对桂珠来说，钱比友情更重要，她的爸爸唐四爷也是一路货。

(2) 我以为老张能说句公道话，没想到，他跟那些人是一路货，都是只想着往上爬，根本不替我们工人说话。

⑥ 真盼着他别跟刘厂长他们坐一条板凳zuò yì tiáo bǎndèng : 동일한 입장이다, 같은 편이 되다, 서로 암암리에 통하다

'一条板凳'은 '등받이가 없는 가늘고 긴 의자나 벤치'를 지칭한다. 직역하면 '벤치에 앉다'가 되는데, 여러 명이 특정한 사건이나 사물에 대하여 보는 관점 혹은 시각이 동일하다는 뜻을 나타낸다. 폄하의 뉘앙스가 조금 담겨져 있다.

(1) 你刚才还说同意我的观点，怎么一眨眼就跟他们坐在同一条板凳上了？你这个人到底是站在哪一边儿的？

(2) 老李他们可不是什么好人，净干缺德事，你千万别跟他们坐在一条板凳上。

핵심정리

🎧 3-24

7 要那样咱们厂就没救儿 méi jiùr 了 : 구제할 방법이 없다

'救'는 '(~로부터 사람이나 사물을) 구하다'는 뜻으로, '没救儿'는 '도울 방도가 없다, 구제할 도리가 없다'는 의미를 나타낸다. 반대말은 '有救'라고 표현한다.

(1) 等到大伙儿七手八脚地把那个孩子从河里捞上来, 那个孩子早就没救儿了。

(2) 离比赛结束只有五分钟了, 比分是3∶0, 现在青年队用什么方法也没救儿了。

(3) 李爷爷把手指放在那个年轻人的鼻子底下试了试, 说:"还有救儿！快端碗酒来。"

8 大伙儿谁都猜不出他葫芦里卖的什么药 húlu li mài de shénme yào :
(어떤 사람의) 속마음을 알 수 없다, 꿍꿍이속을 알 수 없다

약을 조롱박(葫芦)에 담아서 팔았는데, 구매자가 자신의 눈으로 확인할 수가 없었기에 그것이 과연 진짜 약인지 혹은 다른 엉뚱한 액체인지 알 수 없었다는 데서 유래한 표현이다.

(1) 小王进来后, 站在那儿不说话, 眼睛看着自己的脚。她看见他半天不开口, 笑了, 说:"你今天葫芦里卖的什么药, 怎么不说话？"

(2) 王主任什么也没说, 只是从包里拿出一本破书, 放在桌子上。大伙儿你看看我, 我看看你, 都不知他葫芦里到底卖的什么药。

9 但愿这次上级没看走眼 kàn zǒuyǎn : 잘못 보다, 잘못 판단하다

'看走眼'을 직역하면 '(사람이나 물건 따위를) 보지만(看), 그 눈은 삐었다(走眼)'라는 뜻이며, '잘못된 판단을 하다, 잘못 보아 착각하다'라는 의미를 나타낸다.

(1) 别看他是个专家, 可也有看走眼的时候, 上回花了很多钱, 买回来一张假画, 气得他三天没吃好饭。

(2) 奶奶笑着说:"小强还是个孩子, 干不了什么大事。"清莲说:"那您可是看走了眼了, 小强可是不简单哪, 别的不说, 您先看看这封感谢信吧。"

(3) 你们可得仔细着点儿, 要是看走了眼, 让姓刘的跑了, 咱们都没好日子过。

Point & Note

🔟 **听说刘副厂长他们请新厂长去卡拉OK却碰了一鼻子灰** pèng le yì bízi huī : 거절당하다

'상대방의 환심을 사기 위해 노력한 것이 도리어 상대방으로부터 질책 당하거나 거절당하다'는 뜻이다. '抹mǒ 一鼻子灰' 혹은 '弄nòng 一鼻子灰'라고 표현하기도 한다.

(1) 他听说那个饭馆正缺人，就去试了试。在家呆了半年多，他真想有个工作，钱多钱少都没关系；没想到一去就碰了一鼻子灰，因为老板说他年纪太大。

(2) 看到姐夫把他放在桌子上的钱扔到了地上，他的脸白一阵红一阵。他的确是一片热诚地来给姐夫送钱，为的是博姐夫的欢心，谁知道结果会是碰了一鼻子的灰。

 那帮爱拍马屁 pāi mǎpì **的好像也吃不开了** : 아첨하다, (상대방의) 비위를 맞추다

직역하면 '말의 엉덩이를 두드리다'는 뜻이다. 몽골 사람들이 상대방을 직접 칭찬하지 않고 그 사람이 타고 있는 말을 칭찬하던 풍습에서 유래한 표현이다.

(1) 听到他夸我的儿子聪明，我心里知道，他是在拍我的马屁，就因为我是经理的秘书。

(2) 厂长的老婆开了个饭馆卖早点，金桥就改成天天去那儿吃早点了。同事们在背后议论说，金桥真会拍厂长的马屁。

(3) 老刘说："小张别的不行，可人家会拍马屁，上回院长写的那几个破字，他竟然拿回家挂起来了。"

12️⃣ **那帮爱拍马屁的好像也吃不开** chī bu kāi **了** : 통하지 않다, 환영받지 못하다

어떤 방법 혹은 다른 사람으로부터 환영받지 못하거나 받아들여지지 못하는 것을 나타낸다. 가능보어 형식이므로 반대말은 '吃得开'라고 하여야 한다.

(1) 时代变了，人们的思想也变了，没人愿意听您的大道理，您那一套在过去还行，现在可吃不开了。

(2) 轮到她上场，她唱了个黄色小调。但听众的爱国激情正高，不管她怎样打情骂俏，黄色小调还是吃不开，听众对她很冷淡。

(3) 骗子们的手段并不十分高明，而居然能一帆风顺，到处吃得开，可以看出受骗的人头脑有多简单。

 핵심정리

 3-26

13 新厂长不吃那一套 chī nà yí tào : 그 수에 넘어가다, 그 방법을 받아들이다

'套'는 양사로 '这 / 那 + 一套'의 순서로 쓰여서 '방법, 수단, 경험'을 나타낸다. 이 때 동사 '吃'는 그 수단이나 방법을 '받아들이다' 라는 뜻이다.

(1) 他最喜欢听别人夸他的字写得好, 你去了以后就夸他的字, 他一高兴你的问题就能解决了, 你放心按我说的去做, 他就吃这一套。

(2) 来人从包里拿出两块进口手表, 放在桌子上, 老王一下子就明白了他的意思, 站起来说：" 把你的东西拿走, 你这么做在别人那儿也许有用, 可我不吃你这一套！"

(3) 我跟她说了一大堆好话, 又送给她好多女孩子喜欢的小玩意儿, 可她就是不吃我这一套, 说什么也不肯替我送这封信。

14 工人都快揭不开锅 jiē bu kāi guō 了 : 밥도 제대로 챙겨먹지 못하다, 너무 가난하여 끼니를 잇지 못하다

'揭不开锅'를 문자 그대로 직역하면 '솥뚜껑을 열 수 없다'는 뜻이다. 이때 '锅'는 '锅盖 guōgài(솥뚜껑)'를 의미한다.

(1) 老王对那孩子说：" 有什么事就跟我说, 怎么可以黑天半夜砸人家公家的汽车？你向来是个老实的孩子, 是不是家里又揭不开锅了？我这儿有二十块钱, 你先拿去。"

(2) 就我所知, 村子里的人家都不是很富裕, 但并没有穷得揭不开锅的。

 15 可他们整天大鱼大肉 dà yú dà ròu 地吃 : 산해진미

바다와 땅에서 나는 온갖 맛있는 음식들의 총칭하며, 주로 육류를 지칭한다.

(1) 现在人们有钱了, 生活水平提高了, 也开始注意起科学饮食, 大鱼大肉都不爱吃了, 所以各种蔬菜卖得特别好。

(2) 妈妈总是劝爸爸说："你的血压高, 不能再大鱼大肉地吃了, 多吃点儿青菜、豆腐。"

Point & Note

3-27

16 这群败家子 bàijiāzi : 방탕한 자식, 패가망신시키는 놈

원래는 부모가 쌓아올린 재산을 탕진하는 자식을 뜻하는 말이다. 국가의 재산을 축낸 공무원이나 회사의 자산을 횡령하여 탕진한 직원에 대해서도 쓸 수 있다.

(1) 母亲像守护纪念品一样守护那些久远年代的破烂儿，所以她总是趁母亲不在家时，把家里的多年不用的旧东西扔掉。要是母亲看见她扔东西，又得说她是败家子。

(2) 他知道，变卖祖先留下的产业会被人看成是不肖子孙，他将在这十里八村的村民中落下败家子的可耻名声。

17 可谁都不敢说半个不字 shuō bàn ge bù zì : 반대한다는 말을 꺼내지도 못하다

중국어의 한자를 응용한 표현으로, 우리말로 옮긴다면 '반대'의 'ㅂ'자도 입에 담지 못하다 정도로 이해할 수 있다.

(1) 他是老板，他说行就行，他说不行就不行，我们这些打工的谁敢说半个不字？

(2) 那个男人拿着枪威胁说："我让你干什么你就干什么，要是敢说半个不字，我就打断你的腿。"

18 这不就是杀鸡给猴儿看 shā jī gěi hóur kàn **吗？** : 본보기를 보이다

직역하면 '닭을 죽여 원숭이에게 보여주다'라는 뜻을 나타낸다. '~를 징벌함으로써 …에게 앞으로 주의하라고 경고하는 것'이다. '杀鸡吓猴'라고 표현한다.

(1) 我知道他们的用意，他们说是要开除杨波，其实是做给我看的，他们演了一出杀鸡给猴儿看的戏。

(2) 他一来就扣了我们俩的奖金，理由是上班迟到十分钟，他这是在杀鸡给猴看，让大家小心点儿，别不把他放在眼里。

19 走着瞧 zǒuzheqiáo **吧** : 두고 보자

주로 싸움 등에서 위협 혹은 협박의 의미로 쓰인다.

핵심정리

(1) 小顺子打不过他们几个，就一边往家跑，一边回头叫：" 你们别高兴得太早了，走着瞧，明天我把我哥哥找来。"

(2) 他很看不起眼前这个张局长，自己是一个大学生，凭什么让这么个什么都不懂的家伙指挥来指挥去，走着瞧吧，有朝一日得把现在的位置颠倒过来。

(3) 孟辉: 肖况了，你们既然不愿意跟我合作，就别怪我不客气。
王大力: 你敢怎么不客气呢？我告诉你，你要是去勾结那儿个坏蛋干坏事，我就真去告发你！
孟辉: 咱们走着瞧！

20 可我觉得，这学历和hé能力不能画等号 huà děnghào : ~와 ~는 동일하다, 같다

'A 和 B 画等号' 문형으로 쓰여서 'A'와 'B'는 동일하다는 뜻을 나타낸다. '等号' 는 '=' 기호를 의미한다.

(1) 过去很多中国人把富裕、有钱和罪恶画上等号，想改变贫困又不敢提发财致富，最后只好消灭贫和富的差别，要穷大家一块儿穷，大家一起过那种艰苦的生活。

(2) 愚昧和落后常常是可以画等号的，甚至可以说，它们是一对孪生子。

21 他到底能不能收拾咱们厂这个烂摊子 làntānzi : 엉망진창인 공장(혹은 가게)

원래 '잡동사니를 지저분하게 널어놓은 노점이나 가게' 라는 뜻인데, 난맥상을 드러내어 수습하기 힘든 상태에 처한 회사(가게, 관청, 공장 등)를 지칭한다.

(1) 产品全压在仓库里卖不出去，工人们懒懒散散，技术人员走得差不多了。面对这样一个烂摊子，他简直不知道该从哪儿下手。

(2) 当时公司还欠着银行几百万，他就把这么个烂摊子留给了他的下任。

22 现在还真是看不出 kàn bu chū 什么眉目 méimu 来 : 예상할 수 없다, 순서가 어떻게 되어 있는지 알 수 없다

'眉目' 는 '눈썹과 눈' 이라는 뜻이며, '일의 순서, 요점, 줄거리' 등을 의미한다. 반대말은 '看出眉目' 라고 한다.

Point & Note

3-29

(1) 几个人凑在一起研究那张图，可看了半天，还是看不出什么眉目，不知道那几个符号到底表示什么意思。

(2) 时间长了，朋友们慢慢地看出了点儿眉目，所以都有意给他们俩提供单独相处的机会，大家都觉得他们俩在一块儿挺合适。

23 要是有个好厂长，工人们也就**有盼头儿** yǒu pàntour 了 : 희망이 있다, 전망이 있다

주로 '有' 혹은 '没有'와 결합하여 어떤 일이 앞으로 좋은 방향으로 발전할 전망이 있다 (혹은 없다)는 뜻을 나타낸다.

(1) 女人们都安慰刘嫂说："孩子们再过两年就大了，能帮上你的忙，你就有盼头儿了。"

(2) 连续三年大旱，别说庄稼了，就连人喝水都困难，老人们一到一起就摇头叹气，都说这日子没有一点儿盼头儿。

24 你**头一回** tóu yì huí 来，没走冤枉路吧 : 처음(으로)

'头+수사+양사+명사/동사' 문형으로 쓰여서 '최초, 어떤 일의 처음' 등을 나타낸다.

(1) 来北京后，头一回吃到地道的中国菜让我兴奋不已。

25 这下儿来十个八个客人都**坐得下** zuò de xià 了 : (공간이 있어서) 앉을 수 있다

'동사+得下' 문형으로 쓰여서 장소에 공간적인 여유가 있어서 일정한 수량 또는 인원을 수용할 수 있음을 나타낸다. 이때, 동사에는 '坐' 이외에도 '站, 睡, 盛 chéng, 放' 등이 올 수 있으며, 부정은 '坐不下'라고 표현한다.

(1) 要是说人家老外身材高坐不下，那为什么欧洲城市里跑的小车比中国城市还多？

연습문제

1 보기에서 적당한 단어를 찾아 빈칸에 써보세요.

> 〈보기〉 没救儿　有盼头儿　一股脑儿　不对劲儿　败家子　烂摊子　大鱼大肉
> 吃不开　葫芦里卖的什么药　碰了一鼻子灰　老掉牙

(1) 过去医学不发达, 人要是得上肺炎, 那肯定＿＿＿＿＿＿了, 可现在这种病根本算不了什么。

(2) 家宝听说姐夫当上了经理, 就想让姐夫在他的公司给自己安排个轻松的工作, 可刚一开口就＿＿＿＿＿＿, 姐夫说公司的人事安排不归他管。

(3) 别看老刘天天这么＿＿＿＿＿＿地吃, 他还是那么又干又瘦, 老像没吃过饱饭似的。

(4) 我对她说"您这回可＿＿＿＿＿＿了, 张老师说连市长都知道您的事儿了, 说一定要想办法解决您的困难。"

(5) 现在就是在农村剃光头的也少了, 福大爷的手艺有点儿＿＿＿＿＿＿了, 有时他想, 看来这手艺也别往下传了。

(6) 一些小的电视台没钱买新的, 只好翻来覆去地放那几个＿＿＿＿＿＿的电影。

(7) 老秦看见儿子花了不少钱, 买回来个不能吃不能用的玩意儿, 对儿子很不满, 心里骂儿子是个＿＿＿＿＿＿, 可没敢骂出来。

(8) 老张说: "咱们公司眼看着就要倒闭了, 这么个＿＿＿＿＿＿谁能收拾得了啊?"

(9) 他一句话也不说, 把桌子上的东西都挪开, 从包里拿出几双鞋摆在桌上, 大家都看愣了, 不知道老王＿＿＿＿＿＿, 屋子里一下子安静下来。

(10) 我从医院回到家, 把衣服从里到外全换了, 然后把换下来的衣服＿＿＿＿＿＿全放进了洗衣机里, 哗啦哗啦地洗起来。

(11) 走到门口, 他觉出脚上穿的鞋有点儿＿＿＿＿＿＿, 低头一看才发现两只鞋一样一只。

2 주어진 표현으로 대화를 완성하세요.

(1) A：你怎么现在才到？晚了半个多小时了！
　　B：_____。(走冤枉路)

(2) A：要是王经理不同意，你就去找老马说说，我觉得老马这个人还不错。
　　B：我看说也是白说，_____。(一路货)

(3) A：你明明知道这个计划有问题，李主任说的时候你们怎么都不提出来啊？
　　B：_____。(说半个不字)

(4) 妈妈：你看见他以后别直来直去地忙着说事，先找他爱听的说几句，他一高兴没准儿事情就办成了。
　　爸爸：你的意思是_____？这我可不会，还是你去吧。(拍马屁)

(5) 乘客：你说错了，他不是南方人，他是韩国人，来北京学汉语。
　　司机：哎哟，对不起，_____。(看走眼)

(6) A：别说是你一个，你这样的再来三个我也不怕！
　　B：_____。(走着瞧)

(7) 妹妹：爸爸要是不同意我去，我就哭。
　　姐姐：不行，_____。(吃这/那一套)

(8) A：这张画到底是什么意思？这只眼睛代表的是什么？
　　B：_____。(看出眉目)

(9) A：你说，那么有学问的人怎么会做出这种不道德的事呢？
　　B：_____。(画等号)

(10) 妻子：我最看不起你的那些朋友，整天就知道吃喝玩乐，没有什么出息！
　　　丈夫：我跟他们可不一样，_____。(画等号)

12 你现在是鸟枪换炮了

(铁军在路上遇到老同学强子)

铁军:强子!是你?

强子:铁军!没想到咱们在这儿碰上了。哟,你可有点儿发福了,在单位干得不错吧?

铁军:别提了,公司这两年一直半死不活的,没准儿哪天就得关门,哪儿比得了你们大公司呀!哎,你这家伙最近忙什么呢?老找不着你,我结婚你都没来,太不够意思了,要不是看在老同学的面子上,我非给你两拳不可。

强子:嗨,我出差去了,一去就一个多月,这不,前天刚回来,要不说什么也得去呀。不过喜酒给我留着,等你抱儿子了再一块儿喝。对了,给你一张名片,上面有我的手机号,以后有事好联系。

铁军：嚯，鸟枪换炮了，快让我开开眼，嗯，样式还真不错。你一天到晚在外面跑，有个手机，嫂子就好遥控你了。

强子：哪儿啊，我是误事误怕了。我们办公室就一部电话，好几回人家打电话找我，我不在，把事都给耽误了，所以一咬牙就买了。有个手机就是方便，你也买一个吧。

铁军：我不像你似的天天东跑西颠儿，买那玩意儿没用。你有手机，以后找你就方便了。

强子：不过，可别跟我煲电话粥，要不每月的话费得够我一呛。

铁军：还真是，要是话费太多，回家该挨嫂子白眼儿了。哎，听说你每个月的工资都原封不动地上交，我们都夸你是个"模范丈夫"呢。

强子：夸我？直接说我是"气管炎"得了，你们哪，净拿我开心。不过，你先别笑我，保不齐以后你跟我一样。哎，听说马朋两口子离婚了，到底因为什么呀？

铁军：谁知道啊。说实话，马朋那牛脾气要是犯起来，真让人受不了。不过，他们家那位半边天也够厉害的。这俩人是针尖儿对麦芒儿，嚷嚷着要离婚可有日子了，大伙儿都以为他们就是说说而已，没想到这次是动真格的了。

强子：两口子能有什么大不了的矛盾啊，说开了不就没事了吗？你应该好好劝劝他。

铁军：你说得轻巧，你还不了解他？他是不撞南墙不回头。再说，清官难断家务事，咱去了说什么呀？

强子：那倒也是。马朋那个人哪儿都好，就是脾气太……

铁军：哎，别说他了，我听说你们公司跟咱们母校的合作搞得挺火的，好好干，别给咱母校脸上抹黑。

强子：我是谁呀！你就放心吧。以后有什么要帮忙的，一句话的事。

铁军：有你这句话就行，哪天我下岗了，我就上你那儿给你跑龙套，怎么样？

단어 및 숙어

1. 发福 [fāfú] 몸이 불다. '살이 쪘다'의 완곡한 표현
2. 喜酒 [xǐjiǔ] (결혼식에서 나오는) 축하술
3. 开眼 [kāi//yǎn] 본 적이 없거나 아주 보기 힘든 물건 등을 보고 견문을 넓히다. 안목이 트이다
4. 样式 [yàngshì] 디자인. 스타일. 양식
5. 遥控 [yáokòng] 리모트 컨트롤(하다). 원격조작(하다)
6. 耽误 [dānwù] 제때에 대지 못하다. 늦다. 지체하다
7. 玩意儿 [wányìr] ① 장난감 ② (가벼운 농담으로) 물건. 일. 녀석
8. 原封不动 [yuán fēng bú dòng] 원 상태 그대로 손을 대지 않고 두다
9. 受不了 [shòu bu liǎo] 참을 수 없다. 견딜 수 없다
10. 嚷嚷 [rāngrang] 큰 소리로 외치거나 말하다
11. 大不了 [dà bu liǎo] (주로 부정문에서) 중대한. 커다란
12. 不撞南墙不回头 [bú zhuàng nánqiáng bù huí tóu] 아주 고집스러움을 비유적으로 표현한 말. 직역하면 '남쪽 벽에 부딪혀야 비로소 다른 곳으로 방향을 바꾼다'는 뜻. 실패를 맛볼 때까지 절대로 자신의 생각이나 행동을 바꾸지 않는다는 의미로 쓰인다.
13. 清官难断家务事 [qīngguān nán duàn jiāwùshì] 중국의 속담. 직역하면 '청빈하고 공정한 관리라고 하더라도 자신의 집안일을 스스로 재단하기는 어렵다'는 뜻. 타인의 집안일에 대하여 제삼자가 옳고 그름을 판단하기 힘들다는 뜻으로 쓰인다.
14. 母校 [mǔxiào] 모교
15. 火 [huǒ] 번창하다. 흥하다

고사성어를 이용한 광고문 ⑧

鸡不可失 (닭요리 광고)
기회를 놓치지 말아야 한다의 '机不可失 jī bù kě shī'의 응용 표현

핵심정리

Point & Note

 公司这两年一直半死不活 bàn sǐ bù huó **的** : 반쯤 죽어 가다

직역하면 '반쯤 죽어 있다'는 뜻이며, 우리말의 '초주검이 되다'에 해당한다. 사람이 정신이 없거나 사물이 위험한 지경에 처해 있음을 죽음에 비유한 표현이다.

(1) 刚在医院住了两天, 爷爷就非要出院不可, 他说, 看着其他病人那半死不活的样子, 心里不舒服。

(2) 这个饭店半年之内换了三个经理, 有本事的厨师也都走了, 饭店生意半死不活的, 顾客越来越少, 眼看就要关门了。

 我结婚你都没来, 太不够意思 bú gòu yìsi **了** : 불충분하다, 마음에 차지 않다

여기에서 '意思'는 '의리'를 의미한다.

(1) 我是他的朋友, 现在他最需要朋友的帮助, 我要是不帮他一把, 就太不够意思了。

(2) 老王不满地说:"你也太不够意思了, 我们都快干完了你才来。"

(3) 我们七嘴八舌地说:"小路, 真不够意思, 找着个好工作也不请客。"

 要不是看在 kàn zài **老同学的面子上** de miànzi shang : ~라는 체면(정, 의리) 때문에 봐주다

'看在+사람+的面子上' 문형으로 쓰여서 어떤 특별한 관계로 인하여 ~(사람)을 우대하거나 잘 봐준다는 뜻을 나타낸다.

(1) 他对我说:"我知道这件事我弟弟做得不对, 可是看在咱们同学多年的面子上, 你就原谅他吧。"

(2) "到底是怎么回事? 就请你看在将要死去的人的面上, 告诉我实话。"院长恳求他。

(3) 他不想去, 可是看在女儿的面子上, 他还是去了, 他不想让女儿为难。

 要不说什么也 shuō shénme yě **得去呀** : 무슨 말을 해도 소용없다, 어쨌든 상관없이

구어체에서 '不管怎么样'과 같은 의미로 쓰인다.

핵심정리

 3-33

(1) 这时他已下定决心，说什么也得从本来就够紧张的开支中挤出七万元钱来。
(2) 二奶奶说什么也想不通，怎么女孩子也能去当警察呢？
(3) 我咬紧牙关，这时候说什么也得保持镇静，那些人都看着我呢。

 鸟枪换炮 niǎo qiāng huàn pào : 신수가 환하다, 상황이 좋아지다

직역하면 '조총을 대포로 바꾸다'는 의미가 되는데, 여기에서 '조총'은 '헌 것'이나 '낡은 것'을, 대포는 '새로운 것'을 상징한다. 낙후된 것을 유행에 맞는 최신의 것으로 교체한다는 의미로 쓰인다.

(1) 这几年公司发展很快，所以我们办公室也鸟枪换炮，买了两台最先进的电脑。原来的旧电脑就以很便宜的价钱卖了。
(2) 大刘当了经理以后，是鸟枪换炮了，把骑了好几年的自行车扔了，自己买了辆小汽车开上，别提多神气了。

 你一天到晚 yì tiān dào wǎn **在外面跑** : 아침부터 저녁까지, 하루 종일

'一天到黑'라고도 한다.

(1) 刘霞一天到晚没有空闲的时候，人变得又黑又瘦，眼角出现了一条条细密的皱纹。
(2) 她一天到晚无事可做，就盼着有人来跟她聊聊天。
(3) 穆女士一天到晚不用提多么忙了，又加上长得有点胖，简直忙得喘不过气来。

 所以一咬牙 yǎo yá **就买了** : 이를 꽉 물다, 단호하다

직역하면 '이를 꽉 다물다'가 되는데, 전하여 '단호하게 결심하다, 마음이 바뀌지 않다'라는 뜻으로 쓰이게 되었다.

(1) 参加比赛的人一个一个地走上舞台，我前面的那个人快唱完了，我紧张得腿直发抖，真不想参加了，可这时主持人念到了我的名字，不唱是不可能的了，没办法，我一咬牙就走上了舞台。

Point & Note

(2) 站在游泳池旁边，她不敢往下跳，周围的同学都跳下去了，只剩下她一个人，同学们一起鼓掌，给她加油，她闭上眼，一咬牙跳了下去。

8 我不像你似的天天**东跑西颠儿** dōng pǎo xī diānr : 동분서주하다

'颠'은 속어로 '조급하게 뛰어다니다'라는 의미를 가지고 있다. 어쨌든 이쪽 저쪽으로 분주하게 뛰어다니는 모습을 형용한 사자성어라는 점에서 '东奔西跑 dōng bēn xī pǎo'와 거의 같다고 할 수 있다.

(1) 在大伙儿的帮助下，第二天，他就东跑西颠儿地送起了报纸和信。

(2) 他们是搞推销的，每天东跑西颠儿，北京的大小街道、胡同他们都特别熟。

(3) 他不愿意坐办公室，倒愿意像以前似的东跑西颠儿，这让他爱人很不理解。

9 可别跟我**煲电话粥** bāo diànhuàzhōu : 통화 시간이 지나치게 길다

'煲'는 '원통형의 속이 깊은 냄비' 혹은 '그런 냄비로 음식을 쑤다'라는 뜻이 있다. 따라서 '煲粥'는 '원통형 냄비에다 죽을 쑤다'를 뜻하는데, '죽'이란 원래 약한 불 위에 장시간 올려두고 끓이는 것이므로 '煲电话粥'라고 하면 말 그대로 몇 시간씩 전화통을 붙잡고 있는 상태를 비유한 표현이다.

(1) 小妹一回家就开始煲电话粥，弄得家里的电话费直线上升，我朋友给我打电话老打不进来，所以我跟爸爸说以后要给电话安上一把锁。

(2) 这些女人不用去上班以后，开始的时候每天在家不是看电视就是煲电话粥，时间一长就觉得这样的生活没有意思了。

10 要不每月的话费得**够** gòu 我**一呛** yíqiàng : ~로 하여금 당해내지 못하게 하다

'够+사람+一呛' 문형으로 쓰여서 '~로 하여금 견디지 못하게 만든다'는 뜻을 나타낸다. '呛'은 원래 연기나 냄새 혹은 힘든 일 등이 원인이 되어 '숨이 막히다'는 뜻으로 쓰인다.

12 你现在是鸟枪换炮了　157

핵심정리

🔊 3-35

(1) 一到春节，家里就来很多亲戚，光做这么多人的饭就够妈妈一呛，哪儿还有时间陪客人们聊天呀。

(2) 丈夫去世以后，家里三个不懂事的孩子，再加上个有病的老婆婆，就全靠她一个人了，这日子真够她一呛。

11 回家该挨ái嫂子白眼儿báiyǎnr了 : 원망을 듣다, 질타를 당하다, 싫은 내색을 당하다

'白眼儿'은 '눈의 흰자위'란 뜻이다. 중국인들은 눈의 흰자위로 사람을 보는 것은 그 사람을 탐탁지 않게 여기기 때문이며, 호감을 가지고 상대방을 쳐다볼 때는 '青眼'(검은 눈동자)로 똑바로 쳐다보아야 한다고 생각한다.

(1) 干我们这个工作得特别细心，干不好就会挨顾客的白眼儿，甚至丢了饭碗。

(2) 因为穷，她都不敢回娘家，怕挨嫂子的白眼儿，也怕听一些难听的话。

(3) 小时候，他挨惯了后妈的白眼儿，不过这倒不妨碍他长成了个五大三粗的小伙子。

12 直接说我是"气管炎"qìguǎnyán得了 : 공처가, 엄처시하

원래는 '기관지염'이라는 뜻이지만, '부인의 체크가 심하다' 라는 뜻의 '妻管严qī guǎn yán' 과 발음이 흡사하여 말장난삼아 '공처가' 라는 뜻으로도 쓰이게 되었다.

(1) 我们都知道老刘是个"气管炎"，所以出去喝酒的时候从不拉他去。

(2) 说到请客，他很为难，他既怕别人笑话他是个"气管炎"，又怕惹妻子生气自己日子不好过。

13 保不齐bǎo bu qí以后你跟我一样 : 보장할 수 없다, 장담할 수 없다

보장(保)하고 싶지만 그렇게 할 수 없다(不齐)는 뜻으로, '保不住' 라고도 표현한다.

(1) 老爷爷说："谁也保不齐明天会发生什么事。过一天算一天吧！"

(2) 你要这么对他说，保不齐他会把你骂出来。

(3) 他的话你也信？他十句话里也就有一两句是真的，有时候保不齐一句真话都没有。

Point & Note

3-36

⑭ 马朋那牛脾气 píqi 要是犯 fàn 起来 : 성질을 부리다

'犯脾气'를 도치시킨 표현이다. '犯'은 주로 잘못된 행위 혹은 해서는 안되는 일을 목적으로 취하여 '~을 저지르다'라는 뜻을 나타낸다. 또한 '犯'과 '脾气' 사이에는 기타 여러 가지 성분을 삽입할 수도 있다. 때때로 '犯脾气' 대신 '犯皮气'로 표현한다.

(1) 别看孩子们敢跟他打打闹闹, 可他要是真犯起脾气来, 谁也不敢吭声了。

(2) 妈妈对我说: "在家里什么都好说, 可到了外面, 要是动不动就跟人家犯脾气, 你非吃亏不可。"

⑮ 他们家那位半边天 bànbiāntiān 也够厉害的 : 여성, 여자

'하늘의 반쪽'이 본래의 뜻인데, '세상의 반쪽을 지탱하는 사람'이라는 뜻에서 '여성'을 의미하게 되었다.

(1) 他开玩笑说: "每个成功的男人的背后都有个能干的半边天, 不信, 你们就看看咱们经理吧。"

(2) 老厂长这么一说, 半边天们不干了, 都说老厂长老脑筋, 看不起妇女。

⑯ 这俩人是针尖儿对麦芒儿 zhēnjiānr duì màimángr : 성격이 강한 사람이 서로 대치하다

'날카로운 바늘 끝과 보리 까끄라기가 맞서다'라는 뜻인데, '성격이 강한 두 사람이 서로 한 치의 양보도 없이 마주 하다'라는 의미로 확장되어 쓰인다.

(1) 就因为这句话, 姐妹两个人针尖儿对麦芒儿地争起来, 谁也不让谁, 弄得朋友们不知道该劝谁, 也不知道说什么好。

(2) 他们有时候为一点儿小事就针尖儿对麦芒儿地吵, 吵到最后的结果是爸爸过来把他们俩骂一顿, 他们俩就都不出声了。

⑰ 嚷嚷着要离婚可有日子 yǒu rìzi 了 : 아주 긴 시간, 오랫동안

과거의 일에 대하여 사용할 경우에는 '오랫동안, 한참동안'이란 뜻을 나타내고, 미래의 일에 대하여 사용할 경우에는 '아직 시간이 남아 있다'는 뜻을 나타낸다.

핵심정리

3-37

(1) 李奶奶来到门口儿说："老姐姐，咱们有日子没见了，快进来坐坐。"

(2) 马师傅的胃疼已经有日子了，可他一直没放在心上。

18 没想到这次是动真格的 dòng zhēngéde 了 : 정말로 실행에 옮기다, 진짜 일을 저지르다

'真格的'는 '真个的' 혹은 '真各的'로 표현기도 하며, '정말로, 진짜로' 정도의 뜻을 나타낸다.

(1) 在大学里他也谈过几次恋爱，可都是没动真格的，所以吹了也就吹了。

(2) 以前姐姐也说过好几次要辞职，可也就是说说罢了，这次看来她是要动真格的了。

19 说开 shuō kāi 了不就没事了吗 : 말로 풀다, 해명하다

마음속의 말이나 마땅히 해야 할 말을 모두 함으로써 오해를 풀거나 입장을 명확하게 밝히는 행위를 의미한다.

(1) 老张劝我说："你们俩应该找时间好好谈谈，心里怎么想的都说出来，甭管有多大的问题，说开了就不是问题了，不说明白解决不了问题。"

(2) 马威瞪着眼说："怎么不该提房子的事呀？这事在我肚子里憋了好长时间了，今天咱们得说开了，非说不可！"

20 你说得轻巧 shuō de qīngqiao : 말하기는 쉽다, 말로 하는 것은 문제가 안된다

말은 쉽지만 실제로 행하기는 어려운 일에 대한 비유적 표현이다. '轻巧'는 원래 '물건이 작고 정교하다' 는 뜻으로 많이 쓰이지만, '생각이 단순하다, 너무 쉽게 ~하다' 는 의미로도 쓰인다.

(1) 看见姐姐着急的样子，我说："不就是一只花瓶吗？碎了就碎了，能有什么事？再买一个不就行了？"姐姐白了我一眼："你说得轻巧，这可不是一只普通的瓶子。"

(2) "不就欠他们钱么？还给他们不就完了！"李姐说："你说得轻巧！一万多块呢！我上哪儿找那么多钱啊？"

Point & Note

㉑ 别给gěi**咱母校脸上抹黑**mǒ hēi : ~을 검게 칠하다

'给+A+抹黑' 문형으로 쓰이며, 'A' 에는 일반적으로 사람이 오지만, 명예를 손상당할 수 있는 단체, 조직, 기관 등이 놓이기도 한다. '~에게 먹칠을 하다' 혹은 '~를 칠하여 검게 만들다' 라는 뜻에서 '명예를 잃다, 누명을 씌우다' 라는 의미를 나타낸다.

(1) 队长的意思是, 小张这种人素质太差, 留下来只会给咱们警察队伍抹黑, 不如趁早把他送回去。

(2) 我爷爷一直认为我爸爸离婚就是给他脸上抹黑, 所以他坚决反对, 并声称, 要是我爸爸非要离婚, 那他就没这么个儿子了。

㉒ 我是谁呀!wǒ shì shéi ya**你就放心吧** : 내가 누구야!

남에게 자기 자신의 능력이 뛰어나다는 것을 특별히 과시하거나 드러내기 위하여 사용하는 표현으로, 화자가 원래 말하고 싶은 것은 '나는 평범하지 않아'(我不是一般人)라고 보아야 한다.

(1) 大伙儿都有点儿替小马担心, 可小马拍拍胸脯说: "我是谁呀, 在球场上摸爬滚打了十多年了, 输给个新手? 笑话！"

(2) 李大山一边往后退, 一边说: "我是谁呀！你敢把我怎么样？"

㉓ 以后有什么要帮忙的, 一句话的事yí jù huà de shì : 한 마디만 해

어떤 사람이 권력을 행사할 수 있는 위치에 있거나 특수한 자격을 갖추고 있어서 한 마디만 하면 어떤 문제라도 다 해결할 수 있다는 점을 강조하기 위하여 사용하는 표현이다.

(1) 以前厂子招工, 要谁不要谁, 都是厂长一句话的事, 现在可要凭真本事了。

(2) 不就是要个合格证吗？你就放心好了, 我一句话的事, 明天就给你办好。

(3) 我叔叔是那个公司的经理, 我要想进那个公司, 那还不是一句话的事？

핵심정리

Point & Note

㉔ **我就上你那儿给你跑跑龙套** pǎo lóngtào : 심부름을 하다, 부하 노릇을 하다

'龙套' 란 원래 연극에서 깃발을 든 호위병이나 병졸의 복장을 의미한다. 용무늬 의상을 입고, 주로 중요한 역할을 맡은 배우 옆에 붙어서 뛰어다니기 때문에 '跑龙套' 라고 불렸다. 지금은 단역이나 자질구레한 심부름을 맡아서 하는 사람 혹은 다른 사람의 수하에서 하찮은 일을 도맡아서 하는 사람을 지칭한다.

(1) 像我们这个年龄的,都没有什么学历,到哪儿都是给别人跑龙套,我们也不指望别的,只求能平平安安就行了。

(2) 他心里很是不服气,他一个大学生,竟然给个小学都没念完的人跑龙套,真是笑话。

(3) 老张说:"跑龙套也很重要啊,虽然说我是经理,可没有你们的帮助,我一个人什么也干不成啊!"

㉕ **没准儿** méizhǔnr **哪天就得关门** : ~일 지도 몰라

원래는 '확실하지 않다, 정해지지 않았다' 라는 뜻이지만, 문장의 첫머리에 쓰여서 '~일 지도 모른다' 는 의미로도 쓰인다.

(1) 没准儿工资涨了,没准儿丢了的钱包被人捡到送了回来,谁知道明天会发生什么喜事呢!

㉖ **哪儿比得了** bǐ de liǎo **你们大公司呀!** : 비교할 수 있다

'동사+得了' 문형으로 쓰여서 동사의 동작을 양적으로 완결할 수 있다는 뜻을 나타낸다.

(1) 沙特足球队在亚洲当然是强队,不过到了世界杯上,跟老牌强队德国比得了吗?

㉗ **我非** fēi **给你两拳不可** bùkě : 반드시 ~하지 않으면 안 된다

일의 필연성, 화자의 결의 등을 강조하기 위하여 사용하는 표현이며, '非……不行' 이라고도 한다.

(1) 在人生的路上,有一条路每个人非走不可,那就是年轻时的弯路。

연습문제

1 밑줄 친 표현의 뜻을 생각하면서 읽어보세요.

(1) 我在她家的门口儿停了一下儿, 努力把心里的紧张压下去, <u>今天说什么也得把这朵花亲手交给她</u>。

(2) 给他送礼的人特别多, 因为你的棉花是一级还是二级, 都是<u>他一句话的事</u>, 这一级和二级每斤差着四块钱呢。

(3) 吴双又上楼来叫我, 我装睡不理他, 听见他在门外说:"惠珠, 你起来吧, 我作个自我批评成不成？我们是太<u>不够意思</u>了, 这几天把你一个人扔在家里。"

(4) 王大发说:"老四, 休息够了吧？出去找点儿事干！"老四说:"今天我等两个朋友。"王大发想了想说:"老四, 咱们可<u>把话说开了</u>, 从今以后, 你不能老赖在家里白吃饭。"

2 보기에서 적당한 단어를 찾아 빈칸에 써보세요.

> 〈보기〉 半边天　　有日子　　保不齐　　跑龙套　　东跑西颠儿　　鸟枪换炮
> 　　　　一天到晚　　半死不活　　不够意思　　煲电话粥

(1) 大姐见我们来了, 特别高兴, 说:"咱们＿＿＿＿＿＿没见了, 今天别着急走, 在我这儿吃晚饭, 咱们好好聊聊。"

(2) 他不想去麻烦二哥, 二哥虽然在办公室, 可只是个＿＿＿＿＿＿的, 帮不了他的忙。

(3) 李平当上厂长以后, ＿＿＿＿＿＿忙得连去看父母的时间也没有了, 觉得很对不起两位老人。

(4) 现在就连清洁工人也都＿＿＿＿＿＿了, 扔了大笤帚, 开上了一种新型的清扫车。

(5) 这个厂这么多年都没有什么发展, 就这么＿＿＿＿＿＿地支撑着, 工人吃不饱也饿不死。

(6) 王科长说:"女同志力气是没咱们大, 可要说照顾病人、照顾孩子, 人家＿＿＿＿＿＿就是比咱们耐心, 这咱们不能不承认, 是吧？"

(7) 晚上没事的时候，我喜欢抱着电话跟朋友_____，所以一到晚上电话就打不进来，气得大哥和大姐每人买了一个手机。

(8) 看门的大爷说："这个院子有两个门，我今天一直在这儿没离开_____，那个小偷是从后边的门跑的。"

(9) 他的工作是送货，骑着辆自行车天天_____，这跟他的性格倒挺适合的。

(10) 韩建国说："咱们同学一场，这点儿忙你都不帮，太_____了！"

3 주어진 표현으로 대화를 완성하세요.

(1) A：你要是实在没有时间做家务，就请个保姆来帮帮你。
　　B：_____。(说得轻巧)

(2) A：我去过他家，真的很困难，_____。(看在A的面上)
　　B：我不是不想帮他，可找工作不是容易的事，不能着急。

(3) A：那个孩子从小就没人管，野得很，哪个班都不愿意要他，听说最后去了郑老师的班。
　　B：_____。(够A一呛)

(4) A：听老王说，昨天他过马路没走人行横道，被警察罚了。
　　B：哟，_____，其实早该如此。(动真格的)

(5) 儿子：明天我们去参加北京市的比赛，我是后卫。
　　爸爸：好好踢，_____。(给A抹黑)

(6) 妈妈：你爬得上去吗？那棵树挺高的，算了算了，那风筝咱们不要了。
　　儿子：_____。(我是谁呀)

(7) A：从那么高的地方往下跳？我可不敢。哎，你怎么跳的？
　　B：_____。(咬牙)

(8) 妻子：这条裤子有点儿瘦，明天你路过商场帮我换一条。
    丈夫：还是你去吧，_____。（挨A的白眼）

(9) A：你们老高整天笑嘻嘻的，看样子脾气不错。
    B：哪儿啊，_____。（犯脾气）

(10) A：小张，今天晚上一块儿去老王家打麻将吧！
    B：你别叫他，_____。（气管炎）

13 拿到票我这一块石头才算落了地

(朱明遇到好朋友卫国)

朱明：卫国，你不是说要去王老师家吗？这么快就回来了？

卫国：什么呀！我还没去呢。真倒霉，刚骑到前边十字路口一个人就把我撞倒了，车也撞坏了，没法儿骑了。

朱明：坐车挺顺的，谁让你偏要骑车去。这会儿正是人多车多的时候，你一说要骑车去我就替你捏着一把汗，还好，人没伤着就算万幸。

卫国：那个人真不像话，撞了人连句话都不说，一溜烟儿就骑跑了。旁边看热闹的挺多，可谁也不上来帮帮我，真气人。

朱明：别跟那些人一般见识。现在很多人不愿意管闲事，都怕管出麻烦来。上回一个老太太摔倒了，我好心送她回家，没想到人家都说是我撞倒了老太太，把我气得一愣一愣的。

卫国：唉，我现在倒不生气了，就是这心里不是滋味。看来，明天的音乐会还是坐车去好。

朱明：你搞到票了？够有路子的呀！

卫国：哪儿有路子呀，全凭我这三寸不烂之舌。我跟我女朋友夸下了海口，说没有我弄不到的票。你不知道，我跟卖票的套了半天近乎，他才卖给我两张。现在，拿到票我这一块石头才算落了地，要不然在女朋友面前这脸上可真挂不住。

朱明：你越说我越摸不着头脑了，你女朋友？是哪个？我怎么不知道？

卫国：就是李文竹，新来的研究生。

朱明：怪不得那群女生一来你就跟她们打成一片，原来你是有目的的。老兄，我还真佩服你，你干别的都是个半瓶子醋，可跟女生打交道还真有两下子。不过，追紧点儿，别又像以前似的被人家甩了。哎，我怎么没看出来李文竹喜欢你呀，不是你一厢情愿吧？要是那样的话，你趁早别这么献殷勤，到最后闹个竹篮打水一场空。

卫国：你老给我泼冷水。

朱明：哎，前一段我还看见你跟王老师的女儿打得火热的，小心，不要脚踩两条船哟！

卫国：你怎么把我想得那么坏？我跟王老师的女儿只是一般的朋友。告诉你，我准备明年考研究生，参考书都买好了。你想，人家是研究生，我至少也得是个研究生吧。

朱明：那好啊，不过我不信，你这个人我最了解，干什么都是雷声大雨点儿小。

卫国：这回我可是认真的，我要让你们看看我是不是那种光会耍嘴皮子的人。

朱明：噢，看来爱情的力量真够大的呀！

단어 및 숙어

 4-02

1. 偏[piān] 일부러. 고집스럽게
2. 万幸[wànxìng] 천만 다행이다. 큰 행운이다
3. 老兄[lǎoxiōng] 남자 친구들 사이에서 사용하는 경칭
4. 甩[shuǎi] 본문에서는 연인 중 한 쪽이 상대방이 마음에 들지 않아 떠나가는 경우를 표현하고 있다. 우리말의 (사귀던 사람을) '차다' 정도에 해당된다.
5. 闲事[xiánshì] 남의 일. 중요하지 않은 일
6. 一厢情愿[yī xiāng qíng yuàn] 일방적으로 자기 생각만 하다

고사성어를 이용한 광고문 ⑨

盒情盒理(월병月饼 광고)
공평하고 합리적이다. 인정과 도리에 맞다의 '**合情合理** hé qíng hé lǐ'의 응용 표현

핵심정리

Point & Note

🔊 4-03

 你一说要骑车去我就替你捏着一把汗 niēzhe yì bǎ hàn : 손바닥에 식은땀이 가득 맺히다

긴장하거나 걱정, 근심 혹은 두려움 등으로 인해 손에 식은땀이 한가득 맺혀 있는 상태를 표현한 숙어이다.

(1) 那个大胡子慢慢爬上去, 我们全都替他捏着一把汗, 怕他站不稳, 摔下山去。
(2) 王应山走上舞台开始唱了, 由于紧张, 他的声音有点儿抖, 我们很怕他忘了歌词, 都替他捏着一把汗。

 一溜烟儿 yíliùyānr **就骑跑了** : 연기처럼 사라지다

아주 빨리 뛰는 모습을 형용하는 것으로, 동사 '溜' 자체에 '몰래 달아나다' 라는 의미가 있다.

(1) 她斜着眼看了马威一下, 说了声 "再见", 然后一溜烟儿似的跑了。
(2) 她想出去, 可是一抬头看见爸爸就站在门口, 吓得马上改了主意, 像个小耗子似的, 一溜烟儿钻进了自己的卧室。
(3) 一辆小轿车一溜烟儿飞驰到单身宿舍大楼, 从车里出来个中年男人。

 旁边看热闹 kàn rènao **的挺多** : 수수방관하다, 구경하다

화재, 사고, 사건 혹은 싸움 등이 발생한 현장을 둘러싸고 구경하는 행위를 말한다.

(1) 她们一边干活一边大声叫骂, 阿桂以为她们接下去就要打在一起了, 于是停下来想看热闹, 谁知她们只是互相骂, 并不动手。
(2) 院子里除了客人以外, 还有很多小孩子也站着看热闹。

 别跟 gēn **那些人一般见识** yìbān jiànshi : ~와 다투다, 싸우다

원래 '一般见识'는 '같은 기분이 되다, 같은 생각을 하다, 비슷하게 놀다' 등의 의미를 나타내는데, '跟+사람+ 一般见识' 문형이 되면, '(자신보다) 수준이 낮거나 그다지 학식 수준이 높지 않은 사람과 서로 맞서고 따지다' 라는 뜻을 나타낸다.

핵심정리

 4-04

(1) 秋云是个中学老师,每天在学校里教孩子们说外国话,而宝月只是个家庭妇女,所以不管宝月怎么闹,秋云也不会与宝月<u>一般见识</u>的。

(2) 老刘一个劲儿地说:"对不起,对不起,我们这位同志喝多了,所以胡说八道,平时可不这样,各位别跟他<u>一般见识</u>,回去我们好好教育他。"

(3) 表哥不以为然地说:"你一个男子汉,干吗跟个女人<u>一般见识</u>?她骂你你不理她不就行了?"

5 把我气得一愣一愣的 yílèng yílèng de : 깜짝 놀라다

놀라거나 화가 나서 입에서 말도 나오지 않는 모습을 표현한다. 원래 '一愣'에는 '놀라 멍하니 있다, 깜짝 놀라다'의 뜻이 있는데, 이를 중첩하여 다음 '的'와 함께쓰이면 멍한 정도가 아주 심함을 나타낸다.

(1) 马超第一个冲过了终点,第二名离他有五十多米远,这个成绩把别的队吓得<u>一愣一愣的</u>,马超自己也没想到。

(2) 他才十九岁,可对果树懂得特别多。有一次林业学校的学生来参观,由他给他们讲解,讲得那些学生<u>一愣一愣的</u>,不停地拿笔记本子记。

6 就是这心里不是滋味 bú shì zīwèi : 마음이 괴롭다

'滋味'은 원래 '맛'이란 뜻이지만, '기분'이나 '감정'이라는 뜻으로도 쓰인다. 본문에서는 부정문에 쓰여 '기분이 언짢다'라는 의미를 나타낸다.

(1) 几年不见,她老了很多,头发都花白了,看得出来她日子过得很艰难,这让我感到心里很<u>不是滋味</u>。

(2) 大伙儿看见他们两人哭成了一团儿,心里也都<u>不是滋味</u>,可又不知道说什么好。

7 够有路子 yǒu lùzi 的呀 : 수단이 있다, 길이 있다

목적을 달성하기 위한 방법, 길 혹은 연줄, 기댈 언덕 등이 있다는 뜻으로, '路子' 자체가 연줄이나 처세의 길을 뜻한다. 다른 표현으로는 '有门路'가 있다.

Point & Note

🔘 4-05

(1) 那时候, 要想买到彩电、冰箱这样的家用电器, 光有钱不行, 还得有路子才能买到。

(2) 伟业在农村呆了四年, 由于没有路子回上海, 就在当地结了婚, 现在人家是一家饭馆的经理。

(3) 刘护士悄悄地问我有没有路子帮她换换工作, 说当护士太辛苦, 挣钱也少。

8 全凭我这三寸不烂之舌 sān cùn bú làn zhī shé : 말솜씨가 매우 좋다, 언변이 능수능란하다

직역하면 '썩지 않는 세치의 혀'가 되는데, 길이가 세치밖에 되지 않는 혀지만 아주 유연하게 움직인다는 점에서 '말이 청산유수다'는 의미를 나타낸다.

(1) 宝庆的本事全在他那张嘴上, 大家都说, 他那三寸不烂之舌能把死人说活了, 十个人也不是他的对手。

(2) 朱先生听了以后, 对两个人说 "我只会写点儿文章, 别的事我不懂, 又没有三寸不烂之舌, 哪能当主席呀！你们还是另请高明吧。"说完就转身走了。

9 我跟我女朋友夸 kuā 下了海口 hǎikǒu : 호언장담하다, 허풍을 치다

'海口'는 바다 쪽으로 난 항구라는 뜻인데, '커다란 입'을 상징적으로 표현한다. 동사 '夸'와 함께 쓰여 주로 타인으로부터 부탁이나 청탁을 받은 일에 대하여 '장담하다'라는 뜻으로 사용한다.

(1) 小王心里很喜欢杨如, 就想请老唐帮忙介绍一下儿, 因为老唐的爱人就和杨如在一起工作。老唐向小王夸下海口, 说: "这事一点问题也没有, 你就等好消息吧！" 可是小王等了好几天也没等到老唐的回话。

(2) "我要在十年之内走遍全国, 尝遍各地风味。"李非野心勃勃地夸下海口。

핵심정리

4-06

 我跟卖票的套 tào 了半天近乎 jìnhu : 친한 척하다, 친해지기 위하여 노력하다

'近乎'는 '관계가 가깝다'라는 뜻을 의미한다. 동사 '套' 혹은 '拉'를 써서 '관계를 가깝게 만들기 위하여 일부러 친한 척 말을 걸다' 또는 '친밀해지기 위하여 말을 걸면서 노력하다'는 의미를 나타낸다.

(1) 我家旁边有个农贸市场, 我常到那儿去买水果, 那儿的人都认识我了, 有人想和我套近乎, 看见我的头发白了不少, 就说, 老师傅, 您有五十了吧？我听了后哭笑不得。

(2) 宝庆陪着笑脸请司机抽烟, 跟他套近乎, 然后塞给他一笔可观的钱, 要他把一家人捎到温泉去, 司机痛痛快快地答应了。

 拿到票我这一块石头 yí kuài shítou 才算落了地 luòle dì : 한 시름 덜다, 걱정거리가 해결되다

마음속에 걸려 있던 커다란 걱정거리(一块石头)가 깨끗하게 사라져버려서(落了地) 아주 평온하고 안정되어 있다는 뜻을 바위덩어리가 땅에 떨어진 것에 비유한 표현이다.

(1) 小林看妻子不说话, 知道她基本答应了, 这时心里一块石头才算落了地。

(2) 看见他们一家正安安静静地吃早饭, 白队长顿时一块石头落了地, 如果真有什么事, 他们肯定不会如此平静地吃早饭。

 要不然在女朋友面前这脸上 liǎn shang 可真挂不住 guà bu zhù : 체면이 서지 않다, 창피를 당하다

원래는 '(무엇인가를 그냥) 걸어둘 수 없다'는 뜻인데, 얼굴에 그대로 걸쳐두었다가는 큰 창피를 당하거나 체면을 손상당할 염려가 있어서 '창피스럽다'는 의미로 쓰인다. '面子上挂不住'라고 표현한다.

(1) 小马手摸着后脑勺说 "不就是卖鸭子吗？我会干倒是会干, 只是面子上挂不住, 同事、朋友要是看见了……" 小马爱人说 "管他呢！讲面子不是穷了这么多年？我不怕你丢面子, 你还怕什么！"

(2) 他的回答很客气, 话也说得很婉转, 但是小丽的要求当众被顶回来, 面子上仍有点儿挂不住, 尴尬得满面通红。

Point & Note

🔘 4-07

(3) 那个孩子跑过去，又叫了声："爸爸！"旁边的人都大笑起来。那个女人看见了，觉得<u>脸</u>上<u>挂不住</u>，就一把拖过儿子，点着他鼻子说道："那不是你爸爸。"

⑬ 你越说我越**摸不着头脑** mō bu zháo tóunǎo : 갈피를 잡을 수 없다

'头脑'에는 일반적으로 자주 쓰이는 '두뇌, 능력', '사고능력'이라는 뜻 이외에도 '추측, (해결의) 단서'라는 뜻이 있다.

(1) 进门一看，箱子、柜子里的东西全翻出来了，到处都是，安娜一时<u>摸不着头脑</u>，不知道发生了什么事。

(2) 老人叹了口气说"你有个女儿叫小棠吧？"一句话问得我<u>摸不着头脑</u>，就点了点头没说话。

(3) 丁书杰大笑起来，王先生被弄得<u>摸不着头脑</u>，不知道这里面有什么可笑的。

⑭ 怪不得那群女生一来你就跟她们**打成一片** dǎchéng yí piàn : 한 패가 되다, 혼연일체가 되다

주로 생각이나 감정이 다른 사람과 잘 맞아서 같이 쉽게 뭉치는 것을 일컫는 표현이다.

(1) 他是个典型的知识分子，但质朴，没什么架子，很容易和普通人<u>打成一片</u>。他来这里时间并不长，就和全村的大人小孩都熟悉了。

(2) 这个单位有很多年轻人，他们热情、豪爽、关心时事，文芳来了以后，很快就与他们<u>打成了一片</u>。

⑮ 你干别的都是个**半瓶子醋** bàn píngzi cù : 얼간이, 엉터리

한 병 가득 든 식초는 흔들어도 아무런 소리가 나지 않지만, 반 정도만 차 있는 식초는 요란한 소리가 난다는 데서 '대충 아는 지식을 잘 알고 있는 척 떠들고 다니는 사람'을 뜻한다.

(1) 家里人都埋怨他："那么多钢琴家不找，找来个<u>半瓶子醋</u>，把孩子都教歪了。"

(2) 我们厂是个小厂，请不起好的技术员，虽然知道白老汉家的老二只学过一两年，是个<u>半瓶子醋</u>，可没办法，也只好把他找来了。

핵심정리

🔘 4-08

16 可跟女生打交道还真**有两下子** yǒu liǎngxiàzi : 실력이 있다, 능력이 있다

'两下子'는 '두세 번' 이라는 뜻도 있지만, 본문에서는 '상당한 능력, 기술, 학문 또는 솜씨' 등을 의미한다.

(1) 小琴说："看不出来，你做菜还真**有两下子**，比我妈做的还好吃。"
(2) 青青笑着说："你真**有两下子**，我还没说，你就猜出了我要说什么。"
(3) 李老师真**有两下子**，那么难的题他几句话就给我们讲明白了。

17 你老给我**泼冷水** pō lěngshuǐ : 찬물을 끼얹다

어떤 모임(사람)의 분위기나 흥, 열정 등을 식히는 행동을 한다는 뜻하며, '泼凉水' 라고 표현하기도 한다.

(1) 我们兴奋地把这个计划交给了张书记，没想到他**泼**了我们一头**冷水**，说我们是不切实际的瞎想。
(2) 小丽回家一提要参加足球队的事，妈妈就给她**泼**了一头**冷水**，说女孩子踢球是瞎胡闹。

18 前一段我还看见你跟王老师的女儿**打得火热** dǎ de huǒrè 的 :
관계가 아주 가깝다, 밀접하다

'火热'는 원래 '불처럼 뜨겁다' 는 뜻하는데, 사람들 사이의 관계를 형용하여 서로간의 관계가 불로 달군 것처럼 뜨겁다는 의미를 나타낸다.

(1) 小王来了没多久就跟他们几个**打得火热**，经常在一块儿喝酒，小王发现他们几个并不像别人说得那么坏。
(2) 这时, 文博士已经和丽琳**打得火热**，俩人天天在一起，几乎没心再管别的事，连办公室都很少去了。

19 不要**脚踩两条船** jiǎo cǎi liǎng tiáo chuán 哟 : 양다리를 걸치다

'두 척의 배에 한 발씩 걸치다' 가 원뜻인데, 어느 쪽도 놓치기 싫어서 두 사람(분야)과의 관계를 계속 유지한다는 뜻을 나타낸다. '脚踏两只船' 이라고 표현한다.

(1) 我们都劝他说，小娟和朱丽都是不错的女孩子，不要玩脚踩两只船的游戏，欺骗她们的感情。

(2) "这个时候应当抱住一头儿，不便脚踩两只船，你到齐畅家去，要是被公司的人看见，报告上去，不是会有麻烦吗？"高秘书说。

20 干什么都是雷声大雨点儿小 léishēng dà yǔdiǎnr xiǎo : 큰 소리만 치고 실제 행동으로는 옮기지 않다

'천둥소리는 요란하지만 정작 떨어지는 빗방울은 얼마 되지 않는다'는 뜻으로, 구호만 요란하고 실천이 동반되지 않는 경우를 나타낸다.

(1) 他一直说要跟小崔他们比试比试，看到底是谁厉害，可雷声大雨点儿小，就是看不见他去找他们，这让想看热闹的人很是失望。

(2) 参与打架的不是别人，而是总经理的外甥，所以虽然公司早就说要严肃处理这件事，可雷声大雨点儿小，到后来领导们就不提这件事了。

우는 소리만 큰데 눈물이 없다는 뜻으로 우는 척하다는 의미를 나타낸다.

(3) 奶奶说："你去劝劝小刚去吧，哭了半天了。"我说："别理他，他是雷声大雨点儿小，专门让别人听的。"

21 我要让你们看看我是不是那种光会耍嘴皮子 shuǎ zuǐpízi 的人 :
말만 번지르르하게 하다, 입만 살았다

'嘴皮子'는 '입술', '耍'는 입술을 '놀리다'는 뜻을 나타내는데, 말만 그럴듯하게 하고 실천하지 않는 행위 또는 그런 사람을 나타낸다.

(1) 赵大是个搬运工，只会出力气流汗，不会耍嘴皮子，今天碰到了嘴比刀子还厉害的四嫂，只是干生气，一句话也说不出来。

(2) 听我说了半天，她一声不吭，最后，只冷冷地说"你不用耍嘴皮子了，想让我帮你干什么就直说了吧。"

핵심정리

Point & Note

 你趁早别这么献殷勤 xiàn yīnqín**, 到最后闹个竹篮打水一场空：**
비위를 맞추다, 아첨하다

'殷勤'은 '정성스럽다, 은근하다'는 뜻으로, 동사 '献'과 결합하여 누군가의 환심을 사기 위해 '정성을 다하여 섬기다, 비위를 맞추다'는 뜻을 나타낸다.

(1) 一个富有的女人难以找到真爱的原因就是, 不爱她的男人为了钱而大献殷勤, 真爱她的男人又碍于钱而不做表示。

 你趁早别这么献殷勤, 到最后闹个竹篮打水一场空 nào ge zhúlán dǎ shuǐ yì chǎng kōng：닭 쫓던 개 지붕 쳐다보다

직역하면 '대바구니로 물을 푸면 틈새로 전부 새어 나가버린다'는 뜻을 나타내는데, '모처럼의 수고가 전부 물거품이 되다'는 의미로 쓰인다.

(1) 我劝您还是趁着年轻赶紧找点儿正事儿干吧, 别回头闹个竹篮打水一场空。

연습문제

1 보기에서 적당한 단어를 찾아 빈칸에 써보세요.

〈보기〉 看热闹　　一溜烟儿　　打得火热　　不是滋味　　耍嘴皮子　　脸上挂不住
　　　　捏着一把汗　　摸不着头脑　　三寸不烂之舌　　一块石头落了地

(1) 看着弟弟因为失恋而痛苦的样子,她的心里很＿＿＿＿＿＿。

(2) 因为今天是绣文第一次上台,绣文妈妈心里比谁都紧张,躲在后台想看又不敢看,一直到听见前面的鼓掌声,她才算＿＿＿＿＿＿。

(3) 小马很想缓和一下儿自己跟同事们的关系,就大声说:"今天中午我请客,谁去?"可是并没有人响应他,他站在那儿,＿＿＿＿＿＿了,不知道该说什么。

(4) 爸爸已经累得满头大汗了,一抬头看见我站在一边儿,就生气地说:"二平,你怎么站在这儿＿＿＿＿＿＿啊?还不赶快过来帮帮我?"

(5) 早上刚一迈进办公室,老刘就小声地问他:"说实话,昨天你下班以后去哪儿了?"他被问得有点儿＿＿＿＿＿＿,说:"昨天?回家了,怎么了?"

(6) 老张很喜欢和年轻人一起聊天儿,所以到这儿没多久,他就和我们＿＿＿＿＿＿。

(7) 屋子里的人都让三立说笑了,老张一边笑一边说:"你干别的都不行,可＿＿＿＿＿＿的功夫没人能比,真该让你去说相声。"

(8) 几个孩子跑过去一看,玻璃碎了一大块,里面传出了一个男人的叫骂声,吓得他们没敢捡球,转过身＿＿＿＿＿＿地跑了。

(9) 我们这儿邻居谁家闹别扭啦、吵嘴啦、婆媳不和啦,都愿意去找他说说,他有个本事,凭着他那＿＿＿＿＿＿,能让吵架双方吵着架来,拉着手走。

(10) 一个小演员开始顺着竹竿慢慢地往上爬,观众席变得鸦雀无声,看着他越爬越高,大家都替他＿＿＿＿＿＿。

2 주어진 표현으로 대화를 완성하세요.

(1) A : 我觉得他们想得太简单了,不会成功的。
　　B : ＿＿＿＿＿＿。(泼冷水)

(2) A：你看见没有？哪儿有小孩子跟大人这么说话的？这种孩子也太气人了！
　　B：算了，＿＿＿＿＿＿。(跟某人一般见识)

(3) A：你看，我哥哥跟你姐姐是校友，咱们两家住得也不太远，你就帮我这个忙吧。
　　B：＿＿＿＿＿＿。(套近乎)

(4) 妈妈：小明今天跟我说，他要用这段时间好好复习，准备明年考研究生。
　　爸爸：那好啊，＿＿＿＿＿＿。(雷声大雨点小)

(5) A：这么多工作，小刘一个人能做好吗？
　　B：＿＿＿＿＿＿。(夸下海口)

(6) 女儿：他说明天请我吃饭，您说我去不去？
　　妈妈：别去，刚认识三天，＿＿＿＿＿＿。(打得火热)

(7) A：怎么啦？吵架了？别欺负女孩子！
　　B：这是我和她两个人之间的事，＿＿＿＿＿＿。(管闲事)

(8) A：这道题肯定不会错，这是苏群亲口告诉我的，他可是大学生。
　　B：什么大学生！＿＿＿＿＿＿。(半瓶子醋)

(9) A：这次比赛我们的总分是第一名。
　　B：＿＿＿＿＿＿。(有两下子)

(10) 医生：孩子得的是感冒，问题不大，休息两天就会好的。
　　 妈妈：太谢谢您了，＿＿＿＿＿＿。(一块石头落了地)

14 你说这叫什么事儿啊

(中午小丽和同事芳芳一边吃饭一边聊天儿)

小丽：芳芳，你们这次去南方玩得不错吧？

芳芳：你快别哪壶不开提哪壶了。一提起这次旅行我就气不打一处来，花了不少冤枉钱不说，还生了一肚子气，受了不少罪。

小丽：真的？我在电视上看见有的旅游景点人山人海的，除了人还是人。

芳芳：可不。那天在野生动物园，我们足足排了三个多小时的队才看见那几只狮子老虎，本来不想排了，可大老远地去了，不看吧，觉得亏得慌。唉，这次去的太不是时候了，听说要在平时，往多了说每天也就几十个人。

小丽：其实干吗都一窝蜂似的非要"五一"出去玩？我才不去凑那热闹呢。

芳芳：是啊，这次我是吃够了苦头，本来是想趁着放假出去轻松一下儿，好家伙，比上班还累，你说这叫什么事儿呀！

小丽：甭管怎么说，你们大开了眼界，累点儿也值了。

芳芳：南方嘛，没去的时候老想去看看，可真去了也就那么回事了。好多地方说得这么好那么好，真到了那儿一看，也都不过如此。

小丽：我看从南方回来的都大包小包的带回不少东西，你们买什么好东西了？

芳芳：我们是想买点儿地方特产回来送人，可是转来转去也没看见什么特别的，都是大路货，送人哪儿拿得出手啊，所以干脆什么也没买。

小丽：是啊，现在北京什么都能买着。哎，下月秀文结婚，听说要在大饭店举行婚礼，那得花多少钱哪！

芳芳：她那个人太爱面子了，常常干打肿脸充胖子的事，我劝过她，可她不听。你看她的新房了吧？里面是清一色的进口电器，那都是用东挪西凑借来的钱买的。

小丽：为了脸上好看到处借钱，何苦来呢？哎，你说，咱们要是送礼，送多少钱的合适啊？

芳芳：随大溜儿吧，看看再说。听说这次进修又没有你，怎么回事？

小丽：哼，看我老实，他们就拣软的捏，没那么容易，我可咽不下这口气，明天我就去找张主任讨个说法，小张比我来得晚多了，凭什么让他去？

芳芳：人家有后台呗，你没看张主任什么事都让他三分。

小丽：太不公平了，我就不信没个说理的地方。

芳芳：你还是趁早打消这个念头吧，没见过胳膊能拧过大腿的。

小丽：你这么一说，我倒要试试！

芳芳：嘿，我越劝你你倒越来劲儿了！

단어 및 숙어

1. 旅游景点 [lǚyóu jǐngdiǎn] 관광 명소. 유명 관광지
2. 人山人海 [rén shān rén hǎi] 인산인해. 사람이 아주 많음을 형용하는 사자성어
3. 大老远 [dà lǎo yuǎn] 아주 먼 곳. ※여기에서의 '大'는 형용사 '크다'가 아니라 '아주', '대단히'라는 부사 용법으로 사용되었다.
4. 东挪西凑 [dōng nuó xī còu] 돈이나 물건 등을 여기저기에서 융통해서 한데 모으다
5. 老实 [lǎoshi] 성실하다. 얌전하다. 정직하다
6. 凭 [píng] ~에 근거하다. ~에 기대다
7. 说理 [shuō lǐ] 이치를 따지다. 시비를 가리다
8. 趁早 [chènzǎo] 일찌감치
9. 来劲儿 [láijìnr] 흥이 나다. 기운이 나다

고사성어를 이용한 광고문 ❿

股往金来 (주식 광고)
옛날부터 지금까지라는 '古往今来 gǔ wǎng jīn lái'의 응용 표현

핵심정리

 4-13

1 **你快别哪壶不开提哪壶** nǎ hú bù kāi tí nǎ hú **了** : 하지 않았으면 하는 그 이야기만 꺼낸다

직역하면 '아직 끓지 않은 주전자가 있으면 사람은 그 주전자만 집어들게 마련이다' 는 뜻인데, 사람이란 상대방이 듣기 싫어하거나 거론하고 싶지 않은 주제만 골라서 이야기한다는 뜻을 나타낸다.

(1) 小丽笑着问:"你不是说,要学太极拳吗? 学得怎么样了?"他连忙摆摆手:"你怎么哪壶不开提哪壶啊!"旁边惠芬插嘴说:"你不知道,他去了两天就不去了,早上起不来。"

(2) 本来开始的时候气氛挺好,大哥的脸上也有了点儿笑容,没想到小鹏哪壶不开提哪壶,说起了做生意的事,大哥顿时没了兴趣,转身就走了。

2 **一提起这次旅行我就气不打一处来** qì bù dǎ yí chù lái : 엄청나게 화가 나다, 화나서 견딜 수 없다

극도로 화가 나서 온몸 여기저기에서 분노가 폭발하고 있다는 뜻을 나타낸다.

(1) 看见儿子晃晃悠悠地回来了,老头儿气不打一处来,上去给了他一巴掌,嘴里还恨恨地骂道:"我打死你这个不争气的东西。"

(2) 回到家,看见屋子里乱七八糟,丈夫和儿子盯着电视在看球赛,她气不打一处来,把手里的菜使劲摔在地上。

3 **花** huā **了不少冤枉钱** yuānwangqián **不说** : 쓰지 않아도 될 돈을 쓰다, 헛돈을 쓰다

'冤枉'에는 '누명(을 쓰다)'이라는 뜻 이외에도, '무효이다, 쓸데없다' 라는 의미가 있다. 본문에서는 '钱'을 수식하여 '헛돈, 쓸데없는 돈'을 표현하고 있다.

(1) 刚来的时候他不会讨价还价,人家说多少钱他就给多少,所以花了不少冤枉钱。

(2) 妈妈从来不带我们到理发馆去理发,她说那是花冤枉钱,还不如她自己剪得好。

Point & Note

4-14

 除了 chúle 人 还是 háishi 人 : 그저 ~뿐이다

'除了+A+还是+A' 문형으로 쓰여서 'A'를 제외하고는 다른 어떤 것도 존재하지 않는다는 뜻을 나타낸다.

(1) 他每天除了看书还是看书, 对身边别的事情一点儿也不感兴趣。

(2) 我们的车来到村外, 那里除了野草还是野草, 看不见一个人, 我们好像到了一个无人的世界。

 觉得亏得慌 de huang : 심하게 ~하다, 지나치게 ~하다

'형용사/동사+得慌' 문형으로 쓰여서 느낌상 허용 범위를 넘어서 불쾌감을 초래할 정도가 되었다는 뜻을 나타낸다. 'A'에는 주로 '饿, 累, 憋, 冷, 热, 闹' 등이 온다.

(1) 她嫌外面晒得慌, 所以这几天她哪儿也没去, 躺在家里看小说。

(2) 这么多人挤在小屋里, 还有人在抽烟, 虽然打开了窗户, 我还是觉得憋得慌, 就悄悄溜了出去。

(3) 自从儿子跟他吵架搬出去住以后, 他老觉得心里堵得慌, 吃饭也不香了。

 这次去的太不是时候 bú shì shíhou 了 : 때가 좋지 않다, 타이밍이 부적절하다

'시의적절하다, 딱 알맞은 타이밍이다'는 '是时候'로 표현한다.

(1) 车到百花山, 雨停了。我们来的不是时候, 没有看到满山遍野的花, 但是百花山给我留下了一个非常美的印象。

(2) 他来到了门口, 突然觉得现在进去还不是时候, 应该再等等。

(3) 二姐来得很是时候, 她一来, 紧张的气氛立刻缓和了。

 往多了说 wǎng duō le shuō 每天也就几十个人 : 아무리 많아봐야, 제일 많다고 하더라도

'往多了说' 대신에 '往多里说' 혹은 '多说'라고 표현하기도 한다.

(1) 不用坐车, 走着去就行, 书店离这儿不太远, 往多了说也就三四站地。

(2) 他们离开家后, 就很少回来, 一年往多了说也就回来一两趟。

핵심정리

4-15

⑧ 干吗都一窝蜂 yìwōfēng 似的非要"五一"出去玩 : 벌떼처럼 무리를 이루다

많은 사람들이 맹목적으로 무엇인가를 추종하는 상태를 형용한 표현이다.

(1) 大成还没来得及说话，教室里的同学们已经一窝蜂似地跑出来，围住了他，给他鼓掌，问这问那。

(2) 走廊里传来了一片脚步声，不知是哪一个班离开教室到操场上去了。"快，快！"班主任着急地催促大家，于是同学们一窝蜂地拥出了教室。

⑨ 我才不去凑 còu 那热闹 rènao 呢 : 함께 모여 떠들썩하게 즐기다, 시끄러운 상황을 더욱 시끄럽게 만들다

원래는 '사람들이 많이 모여서 소란이 벌어지는 곳에 참가하여 소란을 더욱 크게 만든다'는 뜻인데, 상황을 더욱 악화시킨다는 의미로 쓰인다.

(1) 表妹一家要走了，八叔做了一桌子的菜给她送行，我也去凑了个热闹。

(2) 赵瑞丰喜欢热闹，在平日，亲戚朋友家的喜事，他非去凑热闹不可，就是谁家办丧事也少不了他。

(3) 这几天她身体本来就不好，连做顿饭也不容易，偏偏她住的破房子也来凑热闹，外头一下雨，屋里就漏个不停。

⑩ 好家伙 hǎojiāhuo : 이야, 이런, 이것 참

감탄, 놀람, 칭찬, 황당함, 자포자기 등을 표현할 때 쓰이는 감탄사이다.

(1) 我从地上捡起一只军用水壶，好家伙！那么小的一个东西，上面竟然有五个弹眼！！你就知道这仗打得有多厉害！

(2) 爷爷告诉我那两头羊不是本地的品种，叫"高加索"，我一看，好家伙，比毛驴还大。

(3) 出现在他眼前的是一大片蘑菇。他兴奋极了，心里直跳。"好家伙！这么多！"他简直不知道该先采哪一个了。

Point & Note

🔊 4-16

⑪ 你说这叫什么事呀 zhè jiào shénme shì ya : 이게 무슨 조화 속이야!

일반적으로 화자가 어떤 일에 대하여 불만을 느끼거나 분노를 표출하는 경우에 쓰이는 표현이다.

(1) 走过去以后,她听见姐妹俩还在小声骂着什么。她很不舒服,心想,这叫什么事儿呀,小小年纪就会骂那么难听的话。

(2) 马瑞气哼哼地说:"我和夏清什么事也没有,就是一般的同学,您别瞎猜,您是我爸爸,老跟人家开这种玩笑,这叫什么事呀。"

⑫ 可真去了也就那么回事 jiù nàme huí shì 了 : 그저 그렇다, 특별할 것도 없다

어떤 일에 대하여 화자가 그다지 특별할 것도 없고 좋을 것도 없다고 느낄 때 쓰이는 표현이다.

(1) 在结婚以前,她也有这样那样的期待、幻想,等真结婚了,才发觉婚姻就那么回事,远不是她想的那么浪漫。

(2) 一年之后,我们家终于分了一套三居室。对于我妈和我弟来说,生活条件好了很多。可我觉得就那么回事,跟住房条件好的还是不能比。

⑬ 也都不过如此 búguò rúcǐ : 뭐 특별할 것도 없다, 평범하다

주변에서 흔히 볼 수 있어서 특별하거나 드물지 않다는 뜻이며, '不过而已'이라고 표현한다.

(1) 我们去尝了以后才知道,所谓的名厨师,做的菜味道也不过如此。

(2) 高松听了以后,撇了撇嘴说:"我以为你有什么高见呢,原来也不过如此!"

(3) 那个女孩子抬起右腿,用脚跟向他胸脯上一蹬,他一时脚没站稳,仰面朝天倒了。那个女孩子笑着说:"你不是冠军吗?原来冠军也不过如此!"

핵심정리

4-17

⑭ 都是**大路货** dàlùhuò : 보통 물건, 일반적인 상품

잘 팔리는 대중 지향적인 상품이나 물건을 의미한. 일반적인 상품은 물론 두뇌 노동의 산물로 태어난 상품 예를 들면 그림, 문학작품, 창작물 등을 지칭하는 경우도 있다.

(1) 妻子说:"人家是当官的,什么没见过,你要是送这种大路货给人家,还不得让人家笑话死。"

(2) 写了几行以后,他发现自己写的不是论文,而是晚报和旅游杂志上用的大路货。

⑮ 送人哪儿**拿得出手** ná de chū shǒu 啊 : 남에게 선물할 수 있다, 다른 사람에게 보일 수 있다

어떤 물건이 아주 좋아서 남에게 선물하거나 보여줄 만한 가치가 있다는 것을 뜻한다. 가능보어 형식이며, 반대말은 '拿不出手'라고 표현한다.

(1) 我不觉得自己是什么专家,我只当过舞蹈演员,只在舞蹈学院进修过,没有拿得出手的成绩或者资历。

(2) 她对自己很有信心,就凭她的模样、年岁、气派,一定能拿得出手去,一定能讨曹太太的喜欢。

(3) 看见别人送的礼物,起码都是一二百块钱的,我们俩心凉了半截,三十多块钱的东西简直拿不出手。

⑯ 她那个人太**爱面子** ài miànzi 了 : 체면을 중시하다, 체면치레에 집착하다

(1) 没有外人的时候,他们俩不停地吵,彼此像敌人一样,可是他们又都是爱面子的人,所以宁愿让父母和朋友觉得他们是挺幸福的一对儿。

(2) 一开始小林爱面子,总觉得如果说自己什么都不能办,会让家乡人看不起,就答应试一试,但往往试也是白试。

⑰ 常常干**打肿脸充胖子** dǎ zhǒng liǎn chōng pàngzi 的事 : 허세를 부리다, 있는 척하다

'다른 사람에게 뚱뚱하게 보이도록 자신의 얼굴을 때려 부어오르게 하다' 가 원뜻인데, '없어도 있는 척 허세를 부리다' 는 의미로 쓰인다.

(1) 一听他说婚礼要摆三十桌酒席，老陈就劝他："三十桌？那得花多少钱啊？你家的经济情况谁不知道？别打肿脸充胖子了，买点儿喜糖就行了。"

(2) 奶奶直埋怨他，没有能力就别接那个活儿，何必打肿脸充胖子呢？到最后还不是自己受罪吗？

18 里面是清一色qīngyīsè的进口电器 : 온통 같은 종류다, 온통 ~일색이다

모든 물건이 다 같은 색상이나 같은 스타일로 통일되어 있는 상태를 나타내는 표현이다. 원래 마작에서 유래한 표현으로, 같은 패로 짝을 맞추어 이기게 된 상황을 뜻한다.

(1) 这条街没有新式的大厦，都是清一色的老式楼房，透着古色古香的味道。

(2) 铜管乐队的乐手们清一色是五大三粗的码头工人。

(3) 那些女人衣着可时髦啦！出入当然是进口车，而且是清一色国际名牌！

19 何苦来呢hékǔ lái ne : 일부러 ~할 것은 없다, 일부러 ~까지 할 가치가 없다

반어적인 느낌으로 일부러 힘든 일을 찾아서 할 필요까지는 없다고 말릴 때 주로 사용한다. '何苦' 뒤에는 일반적으로 동사가 놓인다.

(1) 二奶奶劝她说："你嗓子都哭哑了，这是何苦来呢？要是哭能把你一家人哭回来，我就不拦着你，我也可以帮你哭。"

(2) 你们这样做，既损害了他的声誉，也降低了你们的威信，何苦来呢！

(3) 我笑着说："你这是何苦来呢？他不愿意去就算了，你非拉着他去也没意思。"

20 随大溜儿suídàliùr吧 : 대세에 따르다, 대세에 순응하다

일의 옳고 그름은 문제 삼지 않고 대다수의 사람들의 말이나 행동을 그대로 추종한다는 것을 뜻하며, '随大流儿'이라고 표현한다.

핵심정리

🎧 4-19

(1) 那时我的朋友大多一毕业就工作了，我也随大溜儿当上了售货员。

(2) 她在穿衣服方面决不随大溜儿，总想搞出点儿与众不同来，所以有时难免闹点儿笑话。

21 他们就想拣软的捏 jiǎn ruǎn de niē : 착하고 어리숙한 사람을 골라 괴롭히다

원래는 '무른 것만 골라서 꼬집는다'는 뜻인데, 만만하고 상대하기 쉬운 사람을 골라 속이거나 괴롭힌다는 뜻으로 쓰인다.

(1) 他生气地说："去那种地方出差，你为什么不挑大力？为什么不挑郑天奇？偏偏挑上我！这不是专门拣软的捏吗？"

(2) 那些人最坏了，专拣软的捏，你到了那儿就知道了，所以你得给他们点儿厉害，他们就不敢欺负你了。

22 我可咽不下这口气 yàn bu xià zhè kǒu qì : (괴로움이나 울분 등을) 참을 수 없다, 인내하지 못하다

'咽'은 '삼키다, 목으로 넘기다', '口气'는 '하고 싶은 말'이란 뜻이다. 반대말은 '咽下这口气'라고 한다.

(1) 那些人的讥笑、辱骂又出现在他面前，今天他再也咽不下这口气了，他要去找他们拼命，他要讨回自己的尊严。

(2) 他们人多，手里又有枪，你就先咽下这口气吧，君子报仇，十年不晚。

23 明天我就去找张主任讨个说法 tǎo ge shuōfa : 이치나 공정함을 따지다

'讨'는 '요구하다', '说法'는 '의견, 견해'라는 뜻이다. 함께 쓰여 '공정하고 합리적인 결과나 해석을 요구하다'는 의미를 나타낸다.

(1) 她丈夫劝她说，既然人家把东西还回来了，那就算了吧，可她不干，她要找上级讨个说法，不能就这么糊里糊涂地完了。

(2) 一年以前，国内一家出口企业受到美国的反倾销调查，他们勇敢地到美国法庭应诉。最后这家企业的应诉成功了。由于这是中国第一家出口企业赴美为自己"讨说法"，国内的新闻媒介也就格外重视，给予了详细的报道。

Point & Note

4-20

㉔ 人家有后台 yǒu hòutái 呗 : 배경이 있다, 뒤를 봐주는 사람이 있다

(1) 大家私下议论说, 还是人家楚军有后台, 出了这么大的事故, 厂子也不敢拿他怎么样。

(2) 小严是有后台的, 在这儿待不长, 很快会调回去, 然后升官。

㉕ 你没看张主任什么事都让 ràng 他三分 sān fēn : 한 수 봐주다, 한 발 물러서다

이때 동사 '让'은 '양보하다', '三分'은 '30%' 라는 뜻을 의미한다.

(1) 李老伯在村子里辈分最高, 年龄也最大, 谁也都敢骂, 所以连队长也让他三分。

(2) 他是个打起架来不要命的人, 那些小流氓看见他也让他三分, 但他从不干缺德事。

㉖ 没见过胳膊能拧过大腿 gēbo néng nǐng guo dàtuǐ 的 : 팔로 허벅지를 꼬집을 수는 없다, 계란으로 바위를 쳐서 깰 수는 없다

작고 약한 존재가 크고 강한 어떤 것에 반항하거나 대항할 수 없음을 상징적으로 표현한 것이며, '胳膊拧不过大腿'를 응용한 표현이다.

(1) 她不满意父母给她包办的那门婚事, 她哭过, 闹过, 可毕竟胳膊拧不过大腿, 最后还是照父母的意思嫁了过去。

(2) 他们动了不少脑筋, 费了不少劲儿, 可胳膊拧不过大腿, 他们还是乖乖儿地交出了钥匙, 走了。

연습문제

1 밑줄 친 표현의 뜻을 생각하면서 읽어보세요.

(1) 他们搬进去没多久, 就把老两口儿住的房间当成了客厅, 老两口儿被赶到上面的小阁楼去住, 邻居们知道后, 都说, <u>这叫什么事啊</u>, 阁楼是放东西的, 怎么能住人呢？很快有人就把这事告诉了街道王主任。

(2) 他本来要说"这都是你们从小娇惯他的后果", 可是, 这么说既解决不了任何问题, 又增加了老人们的烦恼, <u>何苦来呢</u>, 所以他闭上了嘴, 什么也没说。

(3) 大春跑进来, 放下手中的小包, 一边脱雨衣一边说: "<u>好家伙</u>, 差点儿摔了两个大跟头, 一下雨这地上可真滑！"

(4) 老刘仔细听着如惠的话, 怎么听都像在骂自己是"笨蛋", 他不禁又羞又恼, 加上到现在肚子里还空空的, 更是<u>气不打一处来</u>。

(5) "他们把人打成这个样子, 在派出所关了几天就放出来了, 还不是因为他们是那个所长的亲戚！我<u>咽不下这口气</u>！得让他们赔钱, 不能就这么完了！"大妈一边哭一边说。

2 보기에서 적당한 단어를 찾아 빈칸에 써보세요.

<보기> 随大溜儿　　一窝蜂　　爱面子　　清一色　　大路货　　往多了说　　那么回事
不是时候　　哪壶不开提哪壶

(1) 我对他说: "你今天来得可_____, 现在我得去飞机场接个人, 等我回来咱们再接着下那盘棋吧。"

(2) 到三年级后, 我们可以自己选一种外语学, 我没什么主意, 看见多数同学选的是日语, 我就_____也选了日语。

(3) 姨妈家并不是很有钱, 可她很_____, 她早就声明, 表哥的婚礼要在最大的饭店举行, 花多少钱都没关系, 决不能办得比别人差。

(4) 这群孩子都伸着头往窗户外看, 看见橘子送来了, _____跑过去, 你一个我一个地抢到手里, 剥开皮就吃。

(5) 他来了没多久, 就把那些年龄大的人换了下来, 现在你去看吧, 站柜台的是_____的年轻姑娘, 个个都跟时装模特似的。

(6) 那家工厂里的女工没有多少，＿＿＿＿＿也超不过二十个，年纪都不大，差不多还是孩子，可每天都要工作十二个小时。

(7) 那套家具在商店里摆着的时候，颜色、式样看上去都还可以，可买回家后，放在自己的房间里，我觉得就＿＿＿＿＿了。

(8) 本地的年轻人买衣服都喜欢去什么精品店、专卖店，他们说百货大楼卖的服装都是＿＿＿＿＿，只有外地人才去那儿买。

(9) A：听说小王这次考试又没通过，明天看见他我问问是怎么回事。
    B：他正为这事难过呢，你别＿＿＿＿＿，碰见他就跟他说点儿高兴的。

3 주어진 표현으로 대화를 완성하세요.

(1) 妹妹：广告上说穿这种拖鞋可以减肥，咱们也买一双吧。
    姐姐：怎么可能呢？别买了，＿＿＿＿＿。(花冤枉钱)

(2) A：你那个房间挺大的，光线也好，干吗要换呢？
    B：那个房间靠着马路，＿＿＿＿＿。(A得慌)

(3) A：明天是我女朋友的生日，你看我送她一盘磁带怎么样？
    B：＿＿＿＿＿。(拿不出手)

(4) 儿子：大表哥他们一家回来了，吃完饭我去他家玩玩。
    妈妈：你在家写你的作业吧，＿＿＿＿＿。(凑热闹)

(5) A：我还没去过张先生家，听说他家书很多，是吗？
    B：是啊，＿＿＿＿＿，跟个小型图书馆似的。(除了A还是A)

(6) A：他做得太不像话了，你们为什么不敢反对他呢？
    B：他父亲是局长，＿＿＿＿＿。(让三分)

(7) A：人家不是答应赔钱了嘛，你们何必去请律师打官司呢？
    B：不是钱的问题，＿＿＿＿＿。(讨个说法)

15 我已经打定主意了

(宝山正在跟好朋友京生聊天)

宝山：我真是想不通，放着好好的工作不干，你辞什么职啊？不是真的吧？你可不要脑子一时发热呀。

京生：那还有假？我已经打定主意了，辞职报告都递上去了，说话就批下来，到时候我就跟他们彻底拜拜了。

宝山：现在下海的人多了，可没人像你似的连一条后路也不留，真有你的！你不怕单位领导对你有看法？

京生：他们爱怎么想就怎么想。一个人要是前怕狼，后怕虎，那就什么事也干不成。

宝山：说得也是。不过，我一直想问个究竟，好好儿地你为什么要辞职呢？你那个工作挺有油水儿的，多少人都到处找门路想挤进去呢。

京生：我是看不惯那些人，没意思到家了，挺大的男人跟家庭妇女似的，一上班就仨一群，俩一伙地凑在一起嘀嘀咕咕，议论这个议论那个，东家长，西家短的，一点儿正经事也不干，跟这些人在一起真没意思。

宝山：嗨，他们是他们，你是你，你犯不着因为他们就把个好端端的铁饭碗扔了呀。

京生：我实在是呆不下去了，你知道我不会来事儿，说话向来是直来直去，不像那些马屁精会说话，所以头儿的眼里根本没有我，我多卖力气也白搭，还净吃哑巴亏。光这些还不算，更要命的是，我的专业在那儿一点也不对口儿。

宝山：这么说来，我倒有点儿理解你了。哎，你们家里什么意见？

京生：前天我才硬着头皮跟他们说了，不出我所料，我的话音没落，家里就炸开了锅，那份热闹劲儿就别提了。我看我爸都恨不得给我两巴掌了。

宝山：你是够可以的，再怎么说，你也应该先跟家里商量商量啊。

京生：就他们那老脑筋，跟他们绝对商量不通，我懒得跟他们废话，干脆先斩后奏，反正现在说什么也晚了，他们骂就骂两句吧。

宝山：那你找好工作啦？

京生：我打算去广州、深圳闯闯看，不过，我这心里也直打鼓，不知道到了那儿会怎么样。

宝山：我想起来了，我有个关系不错的同学在深圳，去了好几年了，我把地址给你，你可以去找他试试，说不定能帮上你一把，出门靠朋友嘛。

京生：嗨，那可太好了。

단어 및 숙어

🔊 4-22

1. 辞职[cí zhí] 사직하다. 직장을 그만두다
2. 批[pī] （상급 기관이나 상급자가） 결재를 하다. 허가를 하다
3. 拜拜[bàibai] 영어 'bye bye'의 음역(音譯)
4. 下海[xiàhǎi] 원래 장사와는 무관한 직업을 가지고 있던 사람이 새롭게 장삿길에 나서다
5. 领导[lǐngdǎo] 지도자. 지도(하다)
6. 挤[jǐ] 붐비다
7. 嘀嘀咕咕[dídi gūgū] 작은 소리로 소곤거리다
8. 正经事[zhèngjǐngshì] 정당한 일. 제대로 된 일
9. 好端端[hǎoduānduān] （일 따위가） 아무 탈 없이 잘 되다. 평온하게 진행되다
10. 头儿[tóur] 두목. 대장. 리더
11. 白搭[báidā] 헛수고하다
12. 对口儿[bú duì kǒur] 일치하다. 들어맞다
13. 恨不得[hèn budé] ~하고 싶어서 견딜 수 없다. ~하지 못 하는 것이 한이다
14. 先斩后奏[xiān zhǎn hòu zòu] 원래는 형을 먼저 집행하고 사후에 아뢴다는 뜻. 전하여 상부의 허가를 기다리지 않고 먼저 실행에 옮긴 다음, 차후에 별도로 보고한다는 뜻으로 쓰인다.
15. 出门靠朋友[chū mén kào péngyou] '在家靠父母, 出门靠朋友'에서 유래한 말로, 집을 떠나면 가장 필요한 존재가 친구임을 상징적으로 나타낸 속담이다.

고사성어를 이용한 광고문 ⑪

别具一革 (가죽 제품 광고)
남다른 독특한 풍격을 지니다라는 '别具一格 bié jù yì gé'의 응용 표현

핵심정리

Point & Note

4-23

 你可不要脑子nǎozi一时发热fā rè呀 : 발끈하다, 냉정심을 잃다

'脑子'는 '머리', '发热'는 '열이 나다'는 뜻이며, 깊이 생각하지 않고 순간적인 충동으로 어떤 일을 처리하는 행위를 비유적으로 표현한 말이다.

(1) 老张有点后悔, 说：" 当时我喝了不少酒, 听她说得那么可怜, 我的脑子一发热就答应了她。"

(2) 父亲常常告诫我, 干什么事都得谨慎, 想清楚了再做, 不要脑子发热干傻事。

 我已经打定主意dǎ dìng zhǔyi了 : 결정을 내리다, 마음을 굳히다

'打定'은 '~을 결정하다', '主意'는 '생각, 의견'이라는 뜻을 나타낸다.

(1) 大牛已经打定主意, 要去见一见兰兰, 他不想考虑这样做合适不合适, 反正他今天晚上非见她一面不可。

(2) 我打定主意不告诉他这一切, 免得引起我们之间更大的不愉快。

 说话就shuō huà jiù批下来 : 바로 ~하다, 금방 ~하다

'说话就+동사(구)' 문형으로 쓰여서 '약간 이야기를 나눌 수 있을 정도로 짧은 시간이 지난 다음 곧 ~하다'라는 뜻을 나타낸다.

(1) 刘大妈对我们说："晚饭说话就做好了, 你们就在我这儿吃吧。"

(2) 到了他家, 他不在, 他爱人让我们进屋等一会儿, 说他买烟去了, 说话就回来。

 可没人像你似的连一条后路hòulù也不留liú : 퇴로를 남겨두다

강조하기 위하여 '留后路'를 도치시켜 놓은 구문이다. 실패할 경우를 대비하여 마지막 퇴로를 남겨둔다는 뜻을 의미한다.

(1) 她悄悄地在郊区买了一套房子, 为的是给自己留一条后路, 万一将来没有了依靠, 自己还有个地方住。

(2) 我并没有把手头的钱全拿出来, 我从一开始就知道这种合作不会太长久, 给自己留条后路是绝对必要的。

핵심정리

你不怕单位领导对 duì 你有看法 yǒu kànfǎ : ~에 대하여 불만(선입견)을 가지다

'对+A+有看法' 문형으로 쓰이며, 'A'에는 항상 특정한 인물이 들어간다. 어떤 사람에게 불만이나 좋지 않은 견해를 가지고 있을 경우에 주로 쓰이는 표현이다.

(1) 我答应按他们的要求去做, 尽管我心里对他们这么做有看法, 但我只是个普通的职员, 没有权利说"不"。

(2) 在生活方式上或者处理问题上, 我对母亲有一些看法, 但是这不影响我尊重她, 孝敬她。因为她已经是那样了, 我不可能改变她的生活方式和生活观念。

一个人要是前怕狼, 后怕虎 qián pà láng hòu pà hǔ, 那么什么事也干不成 :
이런 저런 걱정을 하다

사람이 소심하여 온갖 걱정을 다 하게 되니 그 결과 아무 일도 하지 못한다는 뜻으로 쓰인다. '前怕虎, 后怕狼'과 같이 앞뒤에 오는 동물을 서로 바꾸기도 하는데, 의미의 차이는 없다.

(1) 三嫂说道:"干什么事都会有危险, 你一个大男人, 老是前怕狼, 后怕虎哪儿行啊？"

(2) 他想到, 那些无名的英雄, 多数是没有受过什么教育的乡下人, 他们为国家牺牲了生命！可是有知识的人, 像他自己, 反倒前怕狼, 后怕虎地不敢勇往直前。

我一直想问个究竟 wèn ge jiūjìng : 철저하게 따져서 묻다

'동사+ 个 +究竟' 문형으로 쓰여서 '처음부터 마지막까지 철저하게 ……하다'는 뜻을 나타낸다. 즉, '看个究竟'(끝까지 살피다), '知道个究竟'(끝까지 다 알다) 등이 있다.

(1) 妈妈看出他们夫妻俩神色有点儿不对, 猜想俩人一定闹了别扭, 可人家不说, 自己也不好去直接问个究竟。

(2) 看到这神奇的一幕, 观众们都忍不住想要问个究竟, 到底是什么力量使得他不怕烈火。

(2) 花园里的人也都听见了秀云那声可怕的尖叫, 都跑过来看个究竟。

Point & Note

4-25

 你那个工作挺有油水儿yǒu yóushuǐr的: 이익, 이득

'油水儿'는 원래 음식물에 포함된 기름기나 지방분을 지칭하는 말이었으나 의미가 확장되어 주로 직무와 관련하여 부정한 방법으로 얻게 되는 이익이나 이득을 나타낸다.

(1) 他盼着大哥赶快当官, 也快快给自己弄个有油水儿的工作。

(2) 他笑着说:"穷只有一个好处, 那就是不用怕小偷, 多年来我们这儿没丢过东西, 因为小偷知道我们这里没有什么油水儿。"

 多少人都到处找门路zhǎo ménlu想挤进去呢: 연줄을 찾다, 연고를 찾다

'门路'는 원래 '요령, 비법' 등을 뜻하였지만, 의미가 확장되어 '인맥, 연줄, 친분' 등을 의미한다.

(1) 有一阵, 北京因为缺少教师要从外地调人, 一些妻子在外地当教师的就拼命找门路把家小都接来了, 等他知道, 已经晚了。

(2) 他说他也没办法, 实在太想出国了, 找了这么多年才找到这么一个门路, 再不出去, 他就只有在国内当一辈子教书匠了。

 一上班就仨一群, 俩一伙sā yì qún, liǎ yì huǒ地凑在一起嘀嘀咕咕: 두세 명씩 무리를 이루다

'仨'는 '三个', '俩'는 '两个'의 줄임말이므로, 뒤에 다른 양사를 붙일 수 없다.

(1) 下课铃声一响, 学生们仨一群, 俩一伙地向操场跑去, 操场上顿时一片欢笑声。

(2) 村子里的人来了, 可他们并不围过来, 只是站在远处, 仨一群, 俩一伙地低声交谈着。

 东家长, 西家短dōng jiā cháng, xī jiā duǎn的: 이웃 간의 일이나 다른 사람의 좋고 나쁨을 왈가왈부하다

'东……西……' 문형은 주로 '여기 저기'의 뜻을 포함하는 성어나 숙어를 만든다.

(1) 一到夏天, 男人们就在路灯下打扑克, 小孩子跑来跑去地追着玩, 老太太们则坐在一起东家长, 西家短地聊天儿。

핵심정리

🔘 4-26

(2) 村子里的那些女人闲得没事干,天天在一起 东家长, 西家短, 什么事到了她们嘴里就热闹了。

  他们是shì他们, 你是shì你 : 그들은 그들이고, 너는 너다

'A是A, B是B' 문형으로 'A는 A이고, B는 B이다', 다시 말해서 'A'와 'B'는 서로 아무런 관계가 없거나 전혀 다른 존재임을 강조하는 표현 형식이다.

(1) 兆林摆了摆手, 对我说:"你也别劝我, 从今以后, 他是他, 我是我, 我没他这么个儿子, 他也没我这个爸爸了。"

(2) 我们的出身和家庭不太一样, 她第一次来过我家之后认为我们俩不合适, 地位太悬殊, 我说:"家是家, 我是我。" 确实, 我并没有什么优越感。

(3) 看见姐夫递过来的钱, 我忙说:"姐夫, 我姐姐已经给我五百了。" 姐夫笑着说:"拿着吧, 她的是她的, 我的是我的。"

  你犯不着fàn bu zháo因为他们就把个好端端的铁饭碗扔了呀 :
~할 만한 가치가 없다, ~할 필요가 없다

(1) 我劝他说:"他打你, 也是为你好, 他毕竟是你的父亲, 你根本犯不着跟他作对。"

(2) 柳霞说:"我没有教育好孩子, 是我的责任。你要说, 就说我; 要骂, 就骂我。孩子有什么责任? 犯不着对他生这么大气。"

  你犯不着因为他们就把个好端端的铁饭碗tiěfànwǎn扔了呀 :
안정되어 해고될 염려가 없는 직장, 평생직장, 철밥통

철로 만든 밥공기는 깨어질 염려가 없다는 점에서 유래한 표현이며, 현재는 일단 취직하기만 하면 열심히 일하지 않더라도 해고될 염려가 없는 좋지 않은 사회현상을 지칭한다.

(1) 父母都愿意自己的孩子进国营企业, 认为端上个铁饭碗, 一辈子都不用发愁了。

(2) 我们在办公室的工作真是太没有意思了, 也想到外面去闯一闯, 可又觉得丢掉手里的铁饭碗怪可惜的。

Point & Note

4-27

⑮ 你知道我不会来事儿 huì láishìr : 다른 사람에게 환심 사는 법을 알다, 비위를 잘 맞추다

'来事儿'은 '사람과 사람 사이의 관계를 처리하다'는 뜻을 나타낸다. 앞에 '会' 또는 '不会'와 결합하여 그런 행동을 '잘하다' 혹은 '못하다'는 의미로 쓰인다.

(1) 梅芬很听话，也很会来事儿，什么事都顺着奶奶，所以奶奶最喜欢她，总偷偷地给她好东西吃。

(2) 她埋怨我在领导面前不会来事儿，所以有什么好事也到不了我手里。

⑯ 不像那些马屁精 mǎpìjīng **会说话** : 남에게 아첨하는 사람. 아부꾼

'马屁'는 원래 '말의 엉덩이'를 뜻하지만, '拍马屁'라는 숙어에서도 알 수 있듯이 '아부, 아첨'이라는 의미를 나타낸다. 여기에 '귀신'을 뜻하는 '精'이 붙어서 '아첨을 잘하는 인간'을 나타내게 되었다.

(1) 林经理身边那几个马屁精专拣他爱听的说，我们向他反映实际情况，他倒认为我们是小题大作，根本不相信我们说的。

(2) 小刘是我们这儿出了名的马屁精，拍马屁的水平很高，那些头头儿让他拍舒服了，自然少不了他的好处。

⑰ 不像那些马屁精会说话 huì shuōhuà : 말을 그럴듯하게 잘 하다

조동사 '会'는 다양한 의미로 쓰이지만, '~하는 것이 뛰어나다'라는 뜻도 있으며, 이 경우 '会'의 앞에 '很, 真' 등과 같은 부사를 사용하여 수식할 수도 있다.

(1) 他觉得自己比大哥长得漂亮，比大哥聪明，比大哥会说话，这样的好事就应该是他的。

(2) 大姐说"志芳，你不太会说话，万一哪句没说对，奶奶的气就更大了，还是我去吧！"

(3) 吴平不是一个很会说话的人，但是他做得很好。

⑱ 所以头儿的眼里 yǎn li **根本没有** méiyǒu **我** : 다른 사람을 업신여기다, 안중에 없다

'眼里+(没)有+사람' 문형으로 쓰여서 어떤 사람을 무시하거나 안중에 두지 않는다는 뜻을 나타낸다.

15 我已经打定主意了　199

핵심정리

🔊 4-28

(1) 妈妈抓住我, 说:"这么重要的事你都不跟我们商量商量, 你的眼里还有没有父母?"

(2) 他在比赛中获奖以后, 更得意了, 眼睛里再也没有别人, 连老师他都有点儿看不起了。

19 我多卖力气 mài lìqi 也白搭 : 전심전력을 쏟다, 있는 힘을 다하다

'卖力气'는 원래 '노동력을 팔아서 생활하다'는 뜻인데, 몸을 아끼지 않고 열심히 노력하다는 뜻으로 쓰이게 되었다.

(1) 妈妈不满地说:"你看你累得这个样子, 给别人干活, 比给自己干还卖力气。"

(2) 自中秋后, 他一天也没闲着, 有时候累得都没力气上床了, 他是为儿子, 所以才卖这么大的力气。

20 还净吃哑巴亏 chī yǎbakuī : 손해를 보고도 가만히 있다

'吃亏'는 '손해를 보다', '哑巴'는 '벙어리'라는 뜻을 의미한다. 직역하면 '벙어리의 손해를 입다'가 되는데, '손해를 보고도 벙어리 냉가슴 앓는 상황'을 나타내게 되었다.

(1) 当初他借钱的时候, 我没好意思让他写借条, 心想, 都是朋友, 不会有问题, 没想到现在他不承认借钱的事, 我手里又什么凭据也没有, 吃了这么个哑巴亏。

(2) 阿昌太爱财了, 听信了骗子的花言巧语, 被骗走了一大笔钱, 等骗子走了, 他才明白过来, 可已经晚了, 吃了个哑巴亏, 他差点被气疯了。

21 不出 bù chū 我所料 suǒ liào : ~의 예상을 뛰어넘지 못하다, ~의 예상대로 되다

'대명사+所+동사'는 동사 뒤에 '的'를 덧붙이지 않더라도 명사의 역할을 대신할 수 있다. 여기에서는 '不出'와 결합하여 '내가 예상한 것'에서 벗어나지 않는다는 뜻을 나타낸다.

(1) 果然不出老太太所料, 到了下午, 孩子的头不那么热了, 还起来吃了一小块西瓜。

(2) 最后总算问清楚了, 不出所料, 这件事跟大海确实有关系。

(3) 听到这个消息, 李叔叔的态度正如我们所料, 嘴都快气歪了。

Point & Note

🔊 4-29

22 家里就**炸开了锅**zhàkāile guō : 쑥대밭이 되다, 큰 소동이 벌어지다

놀라거나 화가 나서 큰 소리로 소란스러워지는 상황을 '솥이 폭발하여 터지는 것'에 비유한 표현이다.

(1) 到过年的前一天, 队长宣布说, 要过一个新式的春节, 过年不放假了。大家一听都**炸开了锅**, 有的干脆大骂起来。

(2) 他把车站发生的事说了一遍, 几个人一听就**炸开了锅**, 嚷嚷着要去给他报仇。

23 **再怎么说**zài zěnme shuō, 你也应该先跟家里商量商量啊 :
어찌 되었든 간에, 아무리 그렇다고 하더라도

(1) 我安慰她说: "其实, 就算夏青听到什么也不会怎么样。**再怎么说**你也是她妈, 生她养她的妈。"

(2) 老齐说: "我的话他还是会听的, **再怎么说**, 我也是他的师傅, 我了解他的脾气。"

(3) 我知道他有他的难处, 可**再怎么说**, 他也不能连句话也不说啊。

24 我这**心里**xīn li 也直**打鼓**dǎ gǔ : 마음이 두근 두근거리다, 두려워서 떨리다

걱정이나 두려움, 불안 등의 이유로 가슴이 북을 치듯이 두 근 반 세 근 반 떨리는 모양을 비유한 표현이다.

(1) 我这是头一回去一个大教授的家, 到了门口, 我这**心里**还在**打鼓**, 是进去还是不进去呢, 最后心一横, 伸手敲了几下门。

(2) 工会主席说最好找一家茶馆, 一边喝茶一边谈。宝庆不明白这个平时理也不理他的人到底想干什么, **心里**直**打鼓**, 怕是没好事儿。

연습문제

1 밑줄 친 표현의 뜻을 생각하면서 읽어보세요.

(1) 出国以前她把能卖的东西都卖了，可那所房子她没有卖，她得给自己<u>留条后路</u>，万一在国外混不下去，她回来就不至于连个落脚的地方都没有了。

(2) 那人把一叠钱递给他，说：“刚从银行取出来的，你再数数。”小张觉得要是一张一张地数，有点儿不相信对方的意思，就没数，等回到家，他发现少了五张一百的，可现在找到人家也说不清啊，辛苦半天没赚到钱，<u>吃了个哑巴亏</u>。

(3) 老张说：“那条项链很值钱，丢了也确实很可惜，可<u>再怎么说</u>，那也只是个东西，你不能为了一个东西就打人哪！”

2 보기에서 적당한 단어를 찾아 빈칸에 써보세요.

<보기>　犯不着　　有油水儿　　会说话　　铁饭碗　　卖力气　　炸开了锅　　问个究竟
　　　　脑子发热　　嘀嘀咕咕　　打定主意　　不出我所料　　前怕狼, 后怕虎

(1) _____，那个纸条就是张小姐写的，这是她亲口告诉我的。

(2) 爸爸笑着说：“你别信他的，这都是他_____说的话，明天他就会忘了。”

(3) 庆生看见他一个人回来了，很是纳闷儿，想过去_____，又怕哪句话没说好惹他不高兴，只好把话咽下了。

(4) 听说他们的代表被抓起来了，他们顿时_____，全都站起来要冲出去。

(5) 老白已经四十多岁了，看起来还挺精神，他很_____，遇到邻居因为一些小事打架吵嘴，他几句话就能把大事化小，小事化无。

(6) 局长走进会场的时候，杨队长他们正_____地低声交谈着什么，看见局长来了，大家不约而同地都不说了。

(7) 张老师说"干什么事都得动动脑筋，光_____不讲究方法，永远做不好。"

(8) 冬儿离开家以后，_____今后不再回家，所以这三年里她只给家里写了三封信。

(9) 人们都夸大哥是个做事谨慎的人，可是大嫂却总是说大哥干起事来_____，不像个男子汉。

(10) 他就是随便说说，开个玩笑，你_____这么生气。

(11) "上级让老王去那儿当厂长，他为什么不去啊？""你们怎么那么傻？在这儿当主任多_____啊，看看他家里就知道他有多少钱了。"

(12) 妈妈劝我说"你的工资是不高，可你的工作是个_____啊，有了它，你什么都不用发愁了。"

3 주어진 표현으로 대화를 완성하세요.

(1) A：你说，我妹妹是不是还恨我呢？我那天真不该那么说她。
    B：她不会恨你的，_____。(再怎么说)

(2) 女儿：妈妈，都快七点了，晚饭好了没有？
    妈妈：别着急，_____。(说话就)

(3) A：嘿，你看，小丽来了，快过去跟她说呀！
    B：不行啊，_____。(心里打鼓)

(4) A：你昨天一句话也没说，是不是不同意我们的做法啊？
    B：没错，_____。(对……有看法)

(5) A：我哥哥坚决反对我跟小张交朋友，嫂子，你的意见肯定跟我哥哥一样，两口子嘛！
    B：你说错了，在这件事上，_____。(A是A，B是B)

(6) 爸爸：你看你大哥，越念书越聪明，你怎么越念越糊涂啊？
    儿子：_____。(A是A，B是B)

(7) A：你看，老张看见咱们就跟不认识似的，一句话也不说。
    B：_____。(眼里没有人)

(8) A：你不是说跟我们去吗？怎么又变主意了？
    B：我是很想去，可我回家一说，_____。(炸开了锅)

16 那些菜真不敢恭维

(大龙下班后回到家,看见爱人红霞正在厨房做饭)

大龙：饭还没做好呢吧？你看我能帮你干点儿什么？

红霞：我可不敢让你帮忙，你就会帮倒忙。晚上咱们吃面条，这就好了。

大龙：吃炸酱面？太好了！今天中午我就吃了个半饱，早饿了。

红霞：在哪儿吃的？怎么会没吃饱呢？

大龙：我不是当主任了吗？小张他们几个就打我的主意，非要我请客吃西餐。所以今天中午我们就找了个西餐厅，吃了一顿。

红霞：西餐？不错呀。吃什么了？

大龙：要我说，西餐就是样子货，摆得倒挺好看，又是刀又是叉的，可那些菜的味道真不敢恭维，还法国大菜呢！有的连炒也不炒，就吃生的，牛肉烤得也是半生不熟的，一端上来，我们几个大眼儿瞪小眼儿，谁都不敢吃，结果钱没少花，却饿着肚子回来了。

红霞：人家就那个吃法，你们这些人哪，真是没见过世面，简直像个土包子。看你们要是出国可怎么办？总不能天天煮方便面吃吧？

大龙：我可不出国，说一千道一万，还是咱们中国菜好吃，要不怎么来咱们中国的外国人那么多呢？

红霞：这是哪儿跟哪儿啊，难道人家大老远地来中国就是为了吃？难道咱们中国没有别的，只有吃的？

大龙：开个玩笑嘛。对了，这个礼拜天小毛他们来，怎么招待他们呀？

红霞：你说呢？

大龙：我听你的，到时候该干什么你说一声，我来给你当跑腿儿的。

红霞：你这个甩手掌柜日子过得真舒服，家里什么事都要我操心。真羡慕你姐姐找了个好丈夫，看你姐夫，家里大事小事都能拿得起来，在外边也吃香的喝辣的，什么好事都落不下。你姐姐多省心哪，她比我大三岁，可看上去得比我小好几岁。

大龙：得了吧，一个大男人回家就围着锅台转，让人笑掉大牙。再说，我工作多忙啊！

红霞：是你太懒，别老拿工作忙当挡箭牌！

大龙：你那么能干，我想干，也插不上手啊。你知道吗？我老跟别人夸你是个百里挑一的贤妻良母，我也觉得我很有福气。

红霞：你就会给我戴高帽。其实，你也别夸我，在教育儿子上你别跟我唱对台戏就行，你看你昨天对儿子的那个样子，哪儿能那么骂孩子呀！

大龙：我昨天是有点过火儿了，不过，小凡这孩子翅膀硬了，真是越来越不听话，我这一片好心全让他当成驴肝肺了。

红霞：你的态度和方法太成问题。我知道你有时候工作不顺，可不能拿孩子当出气筒啊。你得好好改改你的家长作风，孩子大了，有自己的主意了，还能什么都听你的？

大龙：改，我正在努力改呢。

단어 및 숙어

 4-31

1 炸酱面 [zhá jiàng miàn] 자장면
2 顿 [dùn] 식사의 횟수를 헤아리는 양사, 끼
3 刀叉 [dāochā] 나이프와 포크
4 半生不熟 [bàn shēng bù shóu] 음식 등이 덜 익다
5 方便面 [fāngbiànmiàn] 인스턴트라면
6 礼拜天 [lǐbài tiān] 일요일. '星期天'과 같은 말
7 跑腿儿 [pǎo tuǐr] 심부름하다
8 操心 [cāo//xīn] 걱정하다. 신경을 쓰다
9 锅台 [guōtái] 부뚜막
10 百里挑一 [bǎi lǐ tiāo yī] 백에서 하나를 고르다. 매우 드물다
11 贤妻良母 [xián qī liáng mǔ] 현모양처
12 过火儿 [guò huǒr] 너무 지나치다, 도를 넘다

고사성어를 이용한 광고문 ⑫

穿流不息 (의복 및 장신구 광고)

행인이나 차의 행렬이 흐르는 물처럼 끊이지 않다는 '川流不息 chuān liú bù xī'의 응용 표현

핵심정리

Point & Note

4-32

1 你就会**帮倒忙** bāng dàománg : 도우려는 행위가 오히려 방해가 되다

겉으로는 돕는 것처럼 보이지만 실제로는 도움은커녕 오히려 방해가 되는 경우를 일컫는다.

(1) 听说老张要盖房子, 我也要去帮忙, 可他们不让我去, 说我什么也不会做, 去了人家还要照顾我, 纯粹是给人家帮倒忙。

(2) 李老师搬家的时候几乎全班同学都去帮忙了, 结果摔了三个碗和一个花瓶, 还把李老师的眼镜不知道弄哪儿去了, 帮了个倒忙。

2 小张他们几个就**打** dǎ 我的**主意** zhǔyi : ~를 노리다, ~에 대하여 대책을 마련하다

'打+사람/물건+的+主意' 문형으로 쓰여서 어떤 사람이나 사물에 대하여 생각이나 대책 등을 준비하다라는 뜻을 나타낸다.

(1) 很快, 卖电视的那点儿钱也花完了, 他又开始打那台洗衣机的主意, 有一天趁家里没人, 他把洗衣机卖了一百二十块。

(2) 小郑问: "那个叫惠芳的姑娘长得不错, 有没有男朋友? 帮忙给我介绍介绍?" 我笑着说: "你快别打人家的主意了, 人家都结婚两三年了。"

3 西餐就是**样子货** yàngzihuò : 겉만 그럴싸한 물건, 아름답기만 하고 쓸모는 없는 상품

겉모습이나 디자인은 그럴싸하지만 실제로 사용하기에는 그다지 좋지 않은 물건을 지칭한다. 형식에만 집착하고 실질적으로 발생할 효과에 대해서는 전혀 고려하지 않는 상황에 대한 비유로도 쓰인다.

(1) 我买的这把刀看上去挺亮, 很精致, 可切菜、切肉一点儿也不好用, 纯粹是个样子货。

(2) 附近那家饭店名气挺大, 做出来的菜特别好看, 跟艺术品似的, 可都是样子货, 味道不怎么样。

4 可那些菜的味道真**不敢恭维** bù gǎn gōngwei : 아부를 하기도 꺼려지다

'恭维'는 '아부를 하다, 아첨을 떨다'라는 뜻이다. 본문에서는 '不敢'과 결합하여 아부를 하고 싶어도 하지 못할 정도로 칭찬거리가 없다는 뜻을 나타낸다.

 16 那些菜真不敢恭维 **207**

핵심정리

 4-33

(1) 歌厅里一个老板模样的男人正在唱一首流行歌, 那歌唱得让人 不敢恭维, 可竟然还有不少人给他鼓掌。

(2) 郑实已经出版了好几本小说了, 很受欢迎, 可说实在的, 他的字写得真 不敢恭维, 还不如我那八岁的外甥写得好看呢。

5 还 hái 法国大菜呢 ne : 그래도 ~라고 할 수 있나? ~라고 하기 창피할 정도다

어떤 사람이나 일에 대하여 화자가 상당한 기대를 가지고 있었는데, 실제로 접해보니 그렇지 않다는 것을 깨달았을 때, 자신의 기대에 대한 배신감에서 나오는 불만족스러움을 나타내는 표현이다.

(1) 我告诉爱琳我不能帮她说假话骗别人, 爱琳听了以后, 撇了撇嘴说: "还好朋友呢, 这点儿忙都不帮, 我去找别人。"

(2) 没过两天, 洗衣机又不转了, 德钢气得踢了一脚洗衣机, 说: "还全自动呢, 简直就是全不动！真是骗人的玩意儿！"

(3) 周明指着报纸说: "比来比去, 还是这种汽车不错, 以后就买它吧。" 艳红说: "还汽车呢, 数数你钱包里有几个钱, 买个汽车轱辘还差不多。"

6 我们几个大眼儿瞪小眼儿 dàyǎnr dèng xiǎoyǎnr : 눈만 멀뚱멀뚱거리며 서로 쳐다보다

너무 놀라거나 당황하여 서로 상대방의 얼굴만 쳐다보며 어찌할 바를 모르는 상태를 표현한 것이며, '瞪'은 '望' 혹은 '看'으로 바꾸어 써도 된다.

(1) 莫虎说: "谁去山下面去找找？我出钱, 一人一百块。" 人们你看我, 我看你, 大眼儿瞪小眼儿, 没人敢下去, 因为谁都不想为这几个钱去冒这个险。

(2) 看见父母吃惊的样子, 他拿起那本书说: "这都是科学卫生知识, 干吗大眼儿瞪小眼儿的？了解男女之间的性心理有什么见不得人的？这本书是国家出版社正式出版的。"

(3) 他们几个大眼儿瞪小眼儿, 好像看呆了, 谁也不敢上前帮他。

Point & Note

 真是没见jiàn过世面shìmiàn: 세상을 경험하다, 견문을 넓히다

'세상에 나가서 여러 가지 일을 겪어가면서 견식을 넓히다'라는 뜻이다.

(1) 王先生对我们说, 年轻人应该出去闯一闯, 见见世面, 不能只是死啃书本。

(2) 老太太一辈子没出过小城, 没见过什么世面, 所以看见这两个外国人进来, 慌得不知道做什么了。

(3) 林先生是见过世面的人, 可遇到这种情景还是第一次, 所以心里有点儿紧张, 但脸上并没有表现出来, 还是那么平静。

 简直像个土包子tǔbāozi: 촌뜨기

시대에 뒤떨어진 사람이나 시골에서 막 올라왔음을 금방 알 수 있는 사람에 대하여 놀리는 말로 많이 쓰이지만, 반대로 농민이 스스로 자기 자신의 직업에 대하여 자부심을 느끼고 있다는 점을 강조하기 위하여 사용하는 경우도 있다.

(1) 用马平的话说, 小吴尽管进城好几年了, 可基本上还是个"土包子", 要不, 他这么大个人了, 怎么看见女孩子还脸红呢!

(2) 那些穿着时髦的女同学都背后嘲笑她, 说她是个土包子, 不懂得打扮。

(3) 小丽一看见我, 赶快把我拉到没人的地方, 说: "你这个土包子, 参加这种晚会你怎么就穿这身衣服？"

 说一千道一万shuō yìqiān dào yíwàn, 还是咱们中国菜好吃: 어찌되었든 간에, 뭐니 뭐니 해도, 결론적으로 말하자면

(1) 经过这件事, 我们算是明白了: 说一千道一万, 老师就是学生的上级, 就得管我们。

(2) 我们一边喝酒一边感叹: 说一千道一万, 自己得有本事, 靠别人是靠不住的。

핵심정리

🔊 4-35

这是哪儿跟哪儿啊 zhè shì nǎr gēn nǎr a : 이게 왠 자다가 봉창 두드리는 소리인가? 이게 도대체 어떻게 된 일인가?

화자가 생각하기에 어떤 사람이 한 행위나 말 혹은 특정한 사건 자체가 전혀 이치에 맞지 않아 도저히 이해할 수 없다는 뜻을 나타낸다.

(1) 二嫂说：“你说的那个'八九十枝花'，就是在骂我！”他说：“那是一句诗，怎么是我骂你呢？”二嫂说：“你知道我生了七个姑娘，就想要个儿子，你骂我再生还是姑娘，'八九十枝花'嘛！”他说：“这都哪儿跟哪儿啊！”围观的人听了都大笑起来。

(2) 等老刘气哼哼地走了以后，小何说：“这是哪儿跟哪儿啊！我刚从外面回来，什么也不知道就挨了一顿骂！”

(3) 天祥一进门就对奶奶说：“太可惜了，奶奶，您没看见她。”奶奶抬起头，“你这是哪儿跟哪儿啊？我没看见谁就可惜了？”

你这个甩手掌柜 shuǎishǒu zhǎngguì 日子过得真舒服 : 한량, 아무 일도 하지 않는 주인 혹은 남편

'甩手'는 '일을 내팽개쳐 두다'라는 뜻을 나타낸다. '掌柜'와 결합하여 '해야 할 일을 하지 않는 책임자, 주인, 남편' 등을 의미한다.

(1) 因为知道大哥是甩手掌柜，所以慢慢儿我们有什么事就都不问他，直接问大嫂了。

(2) 听到大伙儿笑他在家没有地位，老张并不生气，说：“什么事都不用操心，当个甩手掌柜多省心啊。”

家里大事小事都能拿得起来 ná de qǐlái : 책임질 수 있다, 담당할 수 있다

'拿得起来'에는 '(물건 등을) 들 수 있다'와 '책임질 수 있다'의 두 가지 뜻이 있는데, 본문에서는 후자의 뜻으로 쓰였다.

(1) 表哥才十九岁，可对农活已经懂得很多了，不论是播种，还是收割，都拿得起来，而且干得不错。

(2) 老院长说，希望我们年轻的学员，十八般武艺都拿得起来，能拉也能唱，没有小生就唱小生，没有须生就唱须生，这样才能算合格。

Point & Note

4-36

⑬ **在外边也吃香的喝辣的** chī xiāng de hē là de : 호의호식하다, 이익을 얻다

원래는 '맛있는 요리를 먹고 좋은 술을 마시다' 라는 뜻을 나타내는데, '편안한 생활을 하다', '돈벌이를 잘 하여 걱정없이 살다' 라는 의미로 쓰인다.

(1) 光北说：“你们在城里吃香的喝辣的，哪儿知道我们在乡下过的苦日子。”
(2) 他妹妹嫁给县长以后，他跟着吃香的喝辣的，还有了个不错的工作。

⑭ **让人笑掉大牙** xiào diào dà yá : 박장대소하다

이가 빠질 정도로 웃음이 그치지 않는 상태를 형용한다. '笑掉门牙' 라고 표현하기도 한다.

(1) 李大姐说：“你要是拿这样的礼物去，恐怕要让人家笑掉大牙的。”
(2) 他觉得要是穿着这样的布鞋去办公室，同事们一定会笑掉大牙的。
(3) 小张说：“你看你这一封信里不下十个错别字，要是这样寄给人家，不让人家笑掉大牙才怪呢。”

⑮ **别老拿工作忙当挡箭牌** dǎngjiànpái : 변명, 핑계, 구실

원래는 '화살을 막는 방패' 라는 뜻인데, 의미가 확장되어 책임 회피의 '구실, 핑계' 혹은 뒤를 봐주는 '후원자' 등의 뜻으로 쓰인다. 본문에서는 전자의 뜻으로 쓰였다.

(1) 他不喜欢热闹，朋友拉他出去打牌、喝酒，他总是拿孩子小，走不开当挡箭牌，躲在家里看书。
(2) 工作没做好，老张就拿客观条件不好当挡箭牌，从不承认自己的工作能力不够。
(3) 小坡看爸爸要打他，赶快跑到奶奶身后，拿奶奶当挡箭牌，爸爸只好住了手。

⑯ **我想干，也插不上手** chā bu shàng shǒu 啊 : 끼어들 수 없다, 참견할 수 없다

(1) 妈妈整天地忙，我老想帮助妈妈，可是插不上手，就只好等着妈妈，等到她忙完了事，我才去睡。

핵심정리

🔊 4-37

(2) 爸爸没工夫管家里的人，他忙着筹备奶奶的八十大寿，写请帖，安排饭店，天顺插不上手，干脆去找朋友玩儿去了。

17 你就会给我**戴高帽** dài gāo mào : 부추기다, 치켜세우다, 비행기를 태우다

'高帽'는 원래 '종이로 만든 기다란 원통형의 모자'라는 뜻인데, '아부하는 말'을 나타내게 되었다.

(1) 老孙教我说："那个刘处长，最喜欢别人给他戴高帽，你去了以后就夸他有能力，水平高，这是他最爱听的，趁他高兴你再说你的事。"

(2) 齐放身边那几个人，一个劲儿地给他戴高帽，又一杯接一杯地给他敬酒，没一会儿他就醉了。

(3) 大姐说："什么'善解人意'、'心地善良'，你别给我戴高帽了，你一张口我就知道你要求我办事，有什么你就说吧。"

18 在教育儿子上你别跟我**唱对台戏** chàng duìtáixì **就行** : 반대되는 행동이나 언동으로 대항하다

중국의 전통 연극에서 유래한 표현으로 '演对台戏'라고 표현한다.

(1) 老袁说："上级规定不能请假去旅行，我要是同意你去，那不是跟上级唱对台戏吗？"

(2) 知道班长要组织全班同学去爬山，他就故意跟班长唱对台戏，要带着一帮人去游泳。

19 小凡这孩子**翅膀硬了** chìbǎng yìng le : 머리가 굵어지다, 독립할 때가 되다

'새끼새의 날개가 굳어지다'라는 뜻을 가지고 있으며, '혼자서 제 구실을 할 수 있게 되다' 혹은 '자립할 수 있게 되다'라는 뜻으로 쓰인다.

(1) 大妈说："这几个孩子，翅膀硬了，管不了了，我真是拿他们没办法。"

(2) 这些人开始的时候都在大公司打工，慢慢儿积累经验，翅膀硬了以后就自己去开公司。

Point & Note

🔊 4-38

⑳ 我这一片好心hǎoxīn全让他当成驴肝肺dàngchénglǘgānfèi了: 좋은 마음이 아무 쓸모없게 되었다

'驴肝肺'는 '당나귀의 간과 폐'라는 뜻이다. 당나귀의 간과 폐는 사람이 먹을 수 없기 때문에 중국에서는 '아무런 쓸모없는 물건'의 대명사로 쓰인다.

(1) 表妹回来以后很不满, 说:"赵姨是不是以为我嫁不出去呀？干吗老要给我介绍男朋友？"我说:"赵姨多热心啊, 跑前跑后地给你帮忙, 你怎么把人家的好心当成驴肝肺了？"

(2) 听见我说衣服没洗干净, 妈妈说:"我这好心倒成了驴肝肺了, 好吧, 以后你的衣服你自己洗。"

㉑ 你的态度和方法太成问题chéng wèntí: 문제가 되다, 곤란한 사태로 발전하다

(1) 人员和场地我可以想办法, 没有问题, 现在最成问题的是钱, 上哪儿借那么多钱啊？

(2) 这个人在和别人交往上很成问题, 他从来都是只想着他自己, 什么事都只为自己打算。

(3) 老王说:"就去我家吧, 吃和住都不成问题。"

㉒ 可不能拿孩子当出气筒chūqìtǒng啊: 화풀이 대상, 분풀이 상대

'出气'는 '울분을 풀다'라는 의미를 뜻하는데, 사람을 상징하는 '筒'과 결합하면 '울분을 푸는 상대, 괴롭힘을 당하는 사람'을 뜻하게 된다.

(1) 刘四在外面受了气, 回到家就打小刚, 把小刚当出气筒。

(2) 他在家里生了一肚子气, 在经理那儿又挨了批, 所以在办公室对我们又叫又嚷, 我们几个成了他的出气筒了。

㉓ 你得好好改改你的家长作风jiāzhǎng zuòfēng: 위압적인 태도, 독선적인 행태

집안에서 가장이 한 마디 하면 그것으로 모든 것이 결정되어야 하고 다른 가족들은 모두 그에 복종해야 한다고 생각하는 가장의 비민주적인 태도를 일컫는 말이다.

핵심정리

Point & Note

 4-39

(1) 老张也许是当官的时间长了, 大家都顺着他, 所以 家长作风 越来越厉害, 年轻的同事都对他很不满。

(2) 王校长在会上说, 我们国家有尊师的传统, 但老师跟学生是平等的, 老师不能有 家长作风, 要充分尊重学生。

 饭还没 hái méi 做好呢吧 ne ba : 아직 ~하지 않은 거지?

'还没……呢'는 수량이 부족하거나 시간적으로 아직 이르다는 느낌을 표현하며, 문미의 '吧'는 '화자의 추측에 대하여 상대방의 동의를 구하는 어기조사'이다.

(1) 他跟孩子们说: "还没吃饭呢吧, 一起随便吃点什么吧。"

1 보기에서 적당한 단어를 찾아 빈칸에 써보세요.

〈보기〉 出气筒　挡箭牌　样子货　土包子　家长作风　见过世面　笑掉大牙
甩手掌柜　翅膀硬了　大眼儿瞪小眼儿

(1) 奶奶不同意我当模特,说:"一个女孩子家穿那么少,在台子上走来走去,多难看哪!这要是让亲戚朋友知道了,还不得＿＿＿＿＿＿!"

(2) 一个朋友告诉我说:"一些小店里卖的皮鞋非常便宜,鞋的外表跟大商店里卖的看上去差不多,不过,谁买谁上当,那都是些＿＿＿＿＿＿,穿不到一个月就得扔。"

(3) 这次选举李德平的票数很少,我想是因为大家都很不满意他的＿＿＿＿＿＿,平时一起干什么事都得听他的,他错了也不许我们提意见,你说,哪有这样的事啊?

(4) 还没说话他的脸先红了,他说:"我是从小地方来的,没＿＿＿＿＿＿,有说错的地方请大家多指点。"

(5) 刘大妈看了看表说:"都快十点了,小刚怎么还不回来?跟他说过多少次了,别这么晚回来,他就是不听。"刘大爷说"这孩子,＿＿＿＿＿＿,越来越不听话了。"

(6) 听见老张说又要去打牌,老张的爱人不高兴了,说:"你真是个＿＿＿＿＿＿,家里什么事都不管,孩子你也不管,就知道打牌,以后你就天天打牌吧,连班也别上了。"

(7) 他们当时只是吓唬吓唬大海,没想到大海真的来了,而且还带来了几个强壮的小伙子,他们几个＿＿＿＿＿＿,一时不知道该怎么办了。

(8) 以前,她老是拿妈妈身体不好需要人照顾当＿＿＿＿＿＿,不愿意结婚,可现在妈妈不在了,她该怎么说呢?

(9) 我悄悄地问小乔:"这些瓶瓶罐罐的都是做什么用的?"小乔笑着说:"这些都是化妆品,各有各的用途,你真是个＿＿＿＿＿＿,连这个也不知道!"

(10) 大哥因为谈恋爱的事不顺利,整天沉着脸,还常常拿我和妹妹当＿＿＿＿＿＿,好几回妹妹都被气哭了。

2 주어진 표현으로 대화를 완성하세요.

(1) A：我们都知道你是个热心人，把朋友的事当成自己的事，有人说你就是个活雷锋。
　　B：得了，_____，有什么事就说吧。(戴高帽)

(2) A：昨天我有事，没去看比赛，结果怎么样？你们进入前三名了吧？
　　B：_____，连前六名都没进。(还A呢)

(3) 妻子：你今天看见隔壁马兰了吧？她穿上那套衣服以后，看上去年轻了五岁，是不是？
　　丈夫：她呀，_____。(不敢恭维)

(4) A：明天一早就出发，最好今天就把行李准备好。你准备得怎么样了？要不要我帮帮你？
　　B：算了算了，还是我自己来吧，_____。(帮倒忙)

(5) 妻子：以前你挺愿意陪我逛商店的，现在怎么求你你都不去，是不是你嫌我老了？
　　丈夫：哎哟，_____，我实在是没有时间哪。(哪儿跟哪儿啊)

(6) A：我也早就想帮他介绍个女朋友，看来看去，我觉得你姐姐跟他挺般配。
　　B：不行，我姐姐得找个知识分子，你_____。(打A的主意)

(7) A：你们学校的小张老师怎么样？听说他是教数学的？
　　B：对，他是教数学的，可_____。(拿得起来)

(8) A：小丽今年刚十四岁，又要上学，又要照顾奶奶，真不容易啊。
　　B：可不，这孩子真能干，_____。(拿得起来)

(9) A：实际上，技术和设备都好说，关键是有没有合适的人和足够的钱。
　　B：你放心，_____。(成问题)

(10) A：经理说的那个计划不合理的地方太多了，我这个计划比他的好，我去跟他谈谈。
　　B：你最好别去，_____。(唱对台戏)

17 此一时彼一时

(张强跟好朋友云飞在谈论足球比赛)

张强：明天就比赛了，这回北安队在家门口儿赛，准能<u>打</u>个<u>翻身仗</u>。

云飞：我看够<u>呛</u>，他们的水平<u>在那儿摆着呢</u>，跟别的队差得太远了，不是<u>一星半点儿</u>，这水平不是说上去就上去的。你也看过他们训练，<u>三天打鱼，两天晒网</u>的，一点儿都不认真，队员的基本功也不好，不谦虚地说，有的还不如我踢得好呢。他们<u>哪儿是人家的对手</u>啊。就说上次吧，一开场就<u>栽</u>了个大<u>跟头</u>，连<u>半决赛</u>都没进就<u>打道回府</u>了，这样的队能有什么大<u>出息</u>！

张强：<u>此一时彼一时</u>，也许这次就能<u>爆</u>出个<u>冷门</u>呢，他们可有大球星啊。

云飞：我看没什么戏，他们队员之间的配合太差劲，要是教练聪明，就应该在这上面好好<u>做</u>做<u>文章</u>。我倒觉得东山队很可能会成为一匹<u>黑马</u>。

张强：这个队技术倒是不错，但愿这次他们别又在赛场上<u>大打出手</u>，上次他们闹得真是太<u>出格</u>了。没想到，你会看好这样的球队。

云飞：他们今年花大价钱一下子进了三个<u>外援</u>，都是在世界上小有名气的。他们早就<u>放出风儿来</u>说，要<u>给</u>别的队点儿<u>颜色看看</u>，<u>报</u>上次的<u>一箭之仇</u>。

张强：<u>放空炮</u>谁不会呀？要有真本事就到球场上去<u>见个高低</u>。

云飞：那倒是，<u>鹿死谁手</u>，明天就能<u>见分晓</u>了。

张强：哎，你明天上我家来吧，俩人一块儿看热闹，一个人没意思。

云飞：我可不敢去了，上次去你家看球，你姐姐把<u>脸拉</u>得<u>那叫长</u>，我坐在那儿难受得要死，多精彩的球赛也看不痛快。我还是<u>踏踏实实</u>地在家看吧，<u>看别人</u>的<u>脸色</u>太难受。

张强：你别<u>多心</u>，她不是对你。你不知道，我姐是个<u>铁杆儿</u>的电视剧迷，那次为了看球，我给她说了一大车好话，她就是<u>不买</u>我<u>的账</u>，后来我们俩只好打赌，结果，她不走运，输了，没看上那个什么电视剧，你想她的脸色能好看吗？就因为我们俩老为了看电视打架，我妈<u>一气</u>之下又买了个小的，让我们各看各的，<u>井水不犯河水</u>，现在我可以痛痛快快地想看什么就看什么了。

云飞：真的？那太好了。其实我要想在家看球，也费劲着呢，我妈也是<u>逢</u>电视剧必看，我和我爸我们这俩球迷常常<u>败在</u>我妈<u>的手下</u>，我们<u>抢</u>不过她。

단어 및 숙어

1. 戗[qiàng] ① (방향이) 반대이다. 역이다 ② (의견 등이) 충돌하다
2. 谦虚[qiānxū] 겸손하다. 겸허하다
3. 半决赛[bàn juésài] 준결승
4. 出息[chūxi] 전망. 비전
5. 黑马[hēimǎ] 다크호스
6. 出格[chūgé] (언어나 행동이 보통 사람들과) 다르다. 특별하다. 독특하다. (일반적인 규범이나 상규에서) 벗어나다
7. 外援[wàiyuán] (축구나 야구와 같은 프로 운동 경기 등에서의) 외국인 용병
8. 放空炮[fàng kōngpào] 큰소리치다. 호언장담하다
9. 鹿死谁手[lù sǐ shéi shǒu] 원래는 '천하는 누구의 수중에 들어갈 것인가'라는 뜻. 지금은 주로 운동 경기에서 많이 사용되어 '승자는 누가 될 것인가'라는 뜻으로 쓰인다.
10. 踏实[tāshi] 착실하다. 진지하다. 침착하다
11. 多心[duō//xīn] 의심하다. 쓸데없는 걱정을 하다
12. 铁杆儿[tiěgǎnr] 흔들리지 않는. 완고한. 철저한. 틀림없는. 확실한
    ※ 운동 경기와 관련된 분야에서는 '골수'라는 뜻을 나타낸다.
    예 铁杆儿球迷 골수축구팬
13. 打赌[dǎ dǔ] : 내기하다. 도박하다
14. 一气[yíqì] 단숨에. 숨도 쉬지 않고
15. 逢[féng] 우연히 만나다. 마주치다
16. 抢[qiǎng] 빼앗다. 약탈하다

고사성어를 이용한 광고문 ⑬

首屈一纸 (제지 광고)

첫째(로 손꼽다). 으뜸. 제일이라는 **'首屈一指** shǒu qū yì zhǐ'의 응용 표현

핵심정리

1. 准能打 dǎ 个翻身仗 fānshēnzhàng : 달라진 시합(싸움)을 벌이다

'翻身'은 원래 '좋지 않던 상황을 극복하거나 낙후된 부분을 만회하다' 라는 뜻이다. 본문에서는 '打仗'과 결합하여 축구에서 '예전과는 달라진 시합을 하다' 라는 뜻으로 쓰였다.

(1) 我们厂前几年一直不景气, 都快关门了, 可王厂长来以后, 开发了个新产品, 不到一年就打了个翻身仗, 工人们心里高兴, 干起活来都不知道累了。

(2) 虽然上次比赛成绩不太理想, 但他们没有失去信心, 现在他们每天都刻苦地训练, 要在今年的运动会上打个翻身仗。

2. 水平在那儿摆着呢 zài nàr bǎizhe ne : 뻔하다, 눈에 보인다

직역하면 '어떤 상황이 바로 눈앞에 분명히 펼쳐져 있다' 는 뜻인데, '눈앞에 보이는 것처럼 확실하게 알 수 있다' 는 의미로 쓰인다.

(1) 不用我多说, 事实在那儿摆着呢 : 没有大伙儿的支持, 什么也干不成。

(2) 道理在那儿摆着呢 : 你不去争取, 机会就是别人的, 你还有什么可考虑的。

3. 不是一星半点儿 yīxīngbàndiǎnr : 아주 조금, 약간

'一星'과 '半点儿'은 모두 수량이 아주 적음을 나타내는 단어인데, 함께 쓰이면 극히 미미한 양임을 더욱 강조하고 있다.

(1) 我对卖东西的人说: "要是差一星半点儿我就不回来找你了, 可我买三斤苹果, 你竟然少给我半斤, 这也太不像话了。"

(2) 几个人认真地把教室打扫了一遍, 现在桌子上、地上都干干净净的, 连一星半点儿的尘土也没有了。

4. 三天打鱼, 两天晒网 sān tiān dǎ yú, liǎng tiān shài wǎng : 작심삼일, 며칠 해보고 금방 포기하다

직역하면 '사흘은 고기를 잡고 이틀은 그물을 말린다' 는 뜻으로, 공부나 일을 함에 있어서 인내심이 없는 것을 비유적으로 나타낸 말이다.

Point & Note

🔵 5-04

(1) 赵老师对他说:"打太极拳重要的是坚持,得天天打,不能三天打鱼,两天晒网,你要是不能坚持,不如不学。"

(2) 小王开始那几年还好,天天按时来办公室上班,可后来就不行了,上班是三天打鱼,两天晒网,还到处骗钱。

5. 他们哪儿是 nǎr shì 人家的对手 de duìshǒu 啊 : 어디가 ~의 적수라고? 전혀 ~의 상대가 아니다

반어법의 표현이다. '어디가 ~의 적수이냐?' 라는 말은 결국 '전혀 ~의 라이벌이 아니다' 를 역설적으로 강조하고 있는 것이다.

(1) 他从七八岁就开始练游泳了,还参加过全国的比赛呢,我哪儿是他的对手啊?

(2) 云芳的个子小,力气弱,要说动手打架,她不是马大姐的对手。但是,她的嘴厉害,马大姐一句话没说完,她十句话都出来了。

6. 一开场就栽 zāi 了个大跟头 gēntou : 실패하다, 망치다

원래 '쓰러지다, 곤두박질치다' 라는 뜻이며, 의미가 확장되어 '실패하다, 추태를 드러내다' 등의 뜻으로 쓰인다.

(1) 他平时太骄傲,谁的话也听不进去,所以他这回栽这么大的跟头,一点儿也不奇怪。

(2) 虽然说事情并不大,只是损失了一点钱,可老张还是觉得栽了个跟头,在朋友们的面前丢了面子。

7. 连半决赛都没进就打道回府 dǎdào huí fǔ 了 : 짐을 싸다, 집으로 되돌아가다

'打道' 는 옛날 관리가 행차할 때 일반인의 통행을 금하여 길을 치우던 행위를 나타내고, '回府' 는 높은 직위의 관리가 '귀가하다' 는 뜻을 나타낸다. 이 두 단어가 함께 쓰여서 팀이 경기에 져서 짐정리를 하여 '집으로 돌아가다' 라는 뜻을 더욱 강조한다.

(1) 过年过节的时候,妈妈都叫爸爸去看望一下亲友,爸爸就带上礼物去,可每次都是没有多大一会儿,他便打道回府。我妈妈总是说:"哟!怎么这么快就回来了?"

핵심정리

🔊 5-05

(2) 新萍想起一份资料忘在办公室,就去办公室取。来到办公楼一层才发现电梯在检修,停止使用,新萍就打道回府了,因为她的办公室在十九层呢。

⑧ 此一时彼一时 cǐ yìshí bǐ yìshí : 그때는 그때고, 지금은 지금이다

예전과 지금은 상황이 많이 달라졌다는 것을 나타낸다.

(1) 江丽摇了摇头说:"你那些观点在十年前也许有人赞同,可此一时彼一时,现在的人,更重视自己,把自己放在第一位。"

(2) 老刘的爱人不同意:"前几天你还骂人家呢,现在又去求人家帮忙,怎么张得开口啊?"老刘笑着说:"此一时彼一时嘛,当初骂他是对的,现在求他也没什么不可以。"

⑨ 也许这次就能爆bào**出个冷门**lěngmén**呢** : 이변이 발생하다, 의외의 결과가 나오다

주로 시합 등에서 일반적인 예상과는 전혀 다른 결과가 발생하거나, 약팀이 강팀을 이기는 파란이 발생한 경우에 주로 쓰이는 표현이다.

(1) 这次比赛爆了不少冷门,其中最大的冷门就是去年的冠军今年竟然被新手打败了,这可是赛前谁也没想到的。

(2) 选举结果大出人们的预料,得票最多的不是厂长和书记,而是工会主席老孟,这可以说是爆了个冷门。

⑩ 就应该在这上面好好做做文章zuò wénzhāng : 방법을 강구하다, 아이디어를 내다

어떤 일에 대하여 이렇게 저렇게 논의하다, 방법을 강구하다

(1) 老工程师说:"根据咱们厂的具体情况,我觉得咱们应该在投资少见效快的项目上多做做文章。"

(2) 不少企业在管理水平上还很不够,存在很多不完善的地方,应该在这方面多做做文章。

Point & Note

5-06

트집을 잡다, 문제로 삼다

(3) 可是, 有一些人拿少数工人的罢工闹事大做文章, 他们的目的就是要搞垮我们。

(4) 他知道, 如果今天他去吃这顿饭, 肯定会有人拿这件事来做文章, 说他只知吃喝。

11 但愿这次他们别又在赛场上大打出手 dà dǎ chū shǒu : 서로 치고 받다, 난투를 벌이다

주로 집단 또는 단체의 내부에서 발생하는 난투극을 지칭한다.

(1) 因为人太多了, 结果除了头几排的人以外, 后面的人根本看不见台上的演出, 于是都往前挤, 跟前面的人争吵, 最后竟然大打出手, 闹得戏演不下去了。

(2) 看到那几个人对一对老人大打出手, 旁边的人都气得不得了。

12 他们早就放出风儿来 fàngchū fēngr lai 说 : 정보나 소문을 일부러 흘리다

원래 '바람을 통하게 하다' 라는 뜻에서, '소문이나 유언비어, 정보 등을 흘리다' 는 뜻으로 쓰이게 되었다.

(1) 曹家的人早就放出风儿来说, 他们家有亲戚在公安局工作, 他们谁也不怕。

(2) 办公室的人放出风儿来说, 虽然现在还没有正式文件, 但是钱是肯定要涨的, 只是早晚的问题。

13 要给 gěi 别的队点儿颜色看 yánsè kàn 看 : 본때를 보이다, 혼을 내다

'给+사람+颜色+看' 문형으로 쓰여서 '누구에게 본때를 보이다, 누구에게 매서운 맛을 보이다' 등의 뜻을 나타낸다.

(1) 小王说:"看来小崔是成心找咱们的麻烦, 跟咱们作对, 我现在就去找他, 给他点颜色看看！"

(2) 他嘿嘿一笑, 说:"开除吴顺, 就是要给他们一点颜色看看, 让他们知道到底谁厉害。"

핵심정리

 5-07

⑭ 报 bào 上次的一箭之仇 yí jiàn zhī chóu : 복수하다

직역하면 '화살 한 대로 원수를 갚다'라는 뜻으로, '복수하다'를 의미한다.

(1) 乔师傅吃过晚饭就把王老师拉来,要跟他下两盘棋,说是报前两天连输两盘的一箭之仇。

(2) 他一上台就免去了老杨的职,报了儿子被开除的一箭之仇,这件事在全公司引起了不小的震动。

⑮ 要有真本事就到球场上去见个高低 jiàn ge gāodī : 우열을 가리다, 실력을 가늠하다

'高低'는 '우열, (실력의) 위 아래'라는 뜻인데, 동사 '见'과 함께 쓰여 '승부를 겨루다, 우열을 가리다'라는 뜻을 나타낸다. '见'과 '高低' 사이에 '个'를 삽입하면 '우열을 한 번 겨루어 보다' 정도의 의미가 된다.

(1) 听见有人说这场比赛不公平,他站起来,大声说:"谁说不公平,咱们就到外面去见个高低。"

(2) 赛完这一场球后,两个队又约好后天下午三点,到学校操场去再见个高低。

⑯ 明天就能见分晓 jiàn fēnxiǎo 了 : 결과가 명백해지다, 판가름이 나다

'分晓'는 '어떤 일의 상세한 결과'라는 뜻을 나타내며, 대부분 동사 '见'과 함께 쓰인다.

(1) 叶新说:"你再耐心等几天,小张不是说了,这几天就见分晓了,到时候再走也不迟。"

(2) 我对他说:"我现在不想和你吵,到底咱们俩谁对,要不了多久就能见分晓了。"

⑰ 你姐姐把脸拉 liǎn lā 得那叫长 cháng : (신경질 혹은 화가 나서) 얼굴빛이 붉으락푸르락하다

'화나다'라는 뜻의 '拉长脸'을 응용하여, '拉长方脸儿 lā chángfāngliǎnr'으로 표현 한다.

(1) 看见桌子上没有酒,这位先生不乐意了,拉长脸,坐在一边,一句话也不说。

Point & Note

(2) 听哥哥说得越来越不像话，老二把脸拉得长长的，没出声，可他的媳妇听不下去了。

18 你姐姐把脸拉得那叫 nà jiào 长：상당히, 대단히, 굉장히

'那叫+형용사' 문형으로 쓰여서 형용사의 정도가 아주 대단함을 나타낸다.

(1) 张军头一个爬上了墙头，走得那叫一个稳，就像个高空走钢丝的演员，下面的孩子都给他鼓起掌来。

(2) 我在那儿住了一个月，那叫热，热得我吃不下饭，睡不着觉。

(3) 赵师傅说："累了一天，回到家，叫老伴儿炒点儿下酒菜，听着京戏喝二两，那叫美。"

19 看 kàn 别人的脸色 de liǎnsè 太难受：안색을 살피다, 눈치를 보다

'看+사람+的+脸色' 문형으로 쓰여서 ~의 눈치를 살피다라는 뜻을 나타낸다.

(1) 小沪说："那你打算怎么写？"苗青青说："自然看主任脸色行事了，主任说对，咱们就往对写，主任说错，咱们就往错写。"

(2) 到了吃饭的时候，姐弟俩更得看着舅妈的脸色伸筷子，那筷子决不敢伸向有肉的盘子。

(3) 很快他们都学会了看老板的脸色说话，老板说好他们就说不坏，老板说不好他们就说糟糕透了。

20 她就是不买 bù mǎi 我的账 de zhàng：~의 권위를 인정하지 않다, ~를 따르지 않다

'不买+A+的+账' 문형으로 쓰여서 'A의 장점, 능력, 권위 등을 인정하지 않다' 또는 'A에게 복종하지 않다' 라는 뜻을 나타낸다. 긍정형인 '买账'은 실생활에서는 잘 쓰이지 않는다.

(1) 三个男人，谁都认为自己选中的地方值得去，喝啤酒喝得面红耳赤，谁都不买谁的账，最后只好各走各的。

(2) 他经常在我面前吹嘘，如何如何"有办法"，就等着我向他求告，到时候，他就会摆出各式各样的面孔，说出各式各样的话来取笑我。可是我偏偏不买他的账。

핵심정리

Point & Note

(3) 哥哥责备妹妹，怪她不把肉放到冰箱里。谁知妹妹一点儿<u>不买他的账</u>，把责任都推给了嫂子，说嫂子是最后走的。

21 井水不犯河水 jǐngshuǐ bú fàn héshuǐ : 서로의 영역을 침범하지 않다

직역하면 '우물물은 강물을 침범하지 않는다'는 뜻이며, 각자 한계를 분명히 하여 서로 범하지 않는다는 뜻으로 쓰이는 속담이다. '井水河水两不犯'으로 쓰기도 한다.

(1) 卓林说："你难道不知道他们吵架是为你？"水莲说："这就更奇怪了，我跟他们<u>井水不犯河水</u>，干吗要把我缠进去？"

(2) 这些人很抱团儿，李三惹不起他们，他们也不妨碍李三的事，所以双方<u>井水不犯河水</u>，倒也一直相安无事。

22 我和我爸我们这俩球迷常常败在 bài zài 我妈的手下 deshǒuxià : ~에게 지다, ~에게 패하다

'败在+사람+的手下' 문형으로 쓰여서 '~의 손에 패하다'라는 뜻을 나타낸다.

(1) 李将军说："我们不是败在罗贵手里，他没有什么军事头脑，我们实际上是<u>败在</u>他的两位大将<u>手下</u>了。"

(2) 我打了那么多场比赛，没想到今天竟然<u>败在</u>一个孩子<u>的手下</u>，这让我很不甘心。

연습문제

1 밑줄 친 표현의 뜻을 생각하면서 읽어보세요.

(1) 下过雨以后,你再来看看我们的葡萄园吧,<u>那叫好看</u>!白的像白玛瑙,红的像红宝石,紫的像紫水晶,黑的像黑玉。

(2) 妻子非让我直接去找那家幼儿园的园长,我只好说:"好吧,我去找人家说说看吧,不过,我也不是什么领导、大干部,谁知道人家会不会<u>买我的账</u>,你也别抱太大的希望。"

(3) 我们进行了两次实验都失败了,一直反对我们搞实验的张副厂长昨天拿这两次<u>失败大做文章</u>,说我们是在浪费时间浪费钱,要我们马上停止实验。

(4) 林长清笑着说:"那年咱们一块儿喝酒,你把李老师大骂了一顿,说以后永远不见李老师!你还记得吗?现在你倒夸上李老师了。"小高被他说得有点儿不好意思,说:"<u>此一时彼一时</u>啊,当初要不是李老师严格要求我,我哪能有今天。"

(5) 马主任来了没几天,他就被调出了会计室,他知道,以前因为钱的事他得罪过马主任,马主任肯定要<u>报这一箭之仇</u>,所以并不感到很突然。

2 보기에서 적당한 단어를 찾아 빈칸에 써보세요.

〈보기〉 见分晓　　放空炮　　放出风儿　　一星半点儿　　大打出手　　鹿死谁手
　　　　打道回府　　井水不犯河水

(1) 韩冬对明明说:"你在这儿等着,我现在就去给你买遥控车,这次决不_____。"

(2) 小东和强强商量如何报仇,没想到说的话都被外面的爱社偷听到了,爱社气得不得了,跑进屋来向他们俩_____,虽然小东他们是两个人,但却打不过粗壮的爱社。

(3) 他们商量了半天,决定去小吃城吃点儿东西,下了楼,来到汽车站,不知道怎么回事,等车的人得六七十人,杨阳一看这么多人,就想_____了,说,挤一身汗去吃小吃,还不如回去煮方便面吃呢。

(4) 兄弟两个人为了那块地闹翻了，决定分家，几天以后，一堵墙把院子一分为二，两个人_____，各过各的了。

(5) 我们在给病人做手术的时候，必须全神贯注，不能有_____的马虎，因为病人的生命就在我们的手上。

(6) 小顺说："三班的鞭炮都买来了，这次他们班赢定了，咱们班是完了。"张峰说："还有十分钟，_____还难说呢，我看他们是高兴得太早了。"

(7) 事情进展得差不多了，要不了多久就能_____了。

(8) 听说我们要去总公司反映情况，王厂长就_____说，他谁也不怕，总公司的领导都认识他，都是他的朋友。

3 주어진 표현으로 대화를 완성하세요.

(1) A：这首乐曲不是练了很长时间了吗？小赵怎么还是老弹错？
　　B：他呀，_____。(三天打鱼，两天晒网)

(2) A：你知道吗？青年队把国家队打败了！
　　B：真的？_____。(爆冷门)

(3) A：你估计咱们班能不能赢？
　　B：我看比较困难，_____。(不是A的对手)

(4) A：他网球打得怎么样？
　　B：不错，昨天我跟他打了两局，_____。(败在A的手下)

(5) A：你舅舅家就在城里，你怎么不住在舅舅家，非要自己租房住？是不是他对你不好？
　　B：舅舅对我很好，可是舅妈很厉害，_____。(看A的脸色)

(6) 妈妈：你跟他们说以后每个月要多交点儿饭费，他们怎么说？
　　爸爸：他们_____，什么也没说。(拉长脸)

(7) 弟弟：哥哥，小刚他们老骂我，说我是个大笨蛋，什么也不会。
哥哥：好啊，他们敢骂你？你等着，_____。(给A颜色看)

(8) A：你去告诉大刘，让他把罚款赶快交来。
B：还是你去吧，我去也是白去，_____。(不买A的账)

18 老坐着不动可不是事儿

(老赵正在跟邻居老高聊天儿)

老赵：老高，一看你拿酒瓶就知道你有高兴的事，对不对？是不是你的股票又涨了？

老高：真让你说着了！怎么样，晚上咱们老哥儿俩一块儿喝两杯？

老赵：好啊，送上门来的酒还能不喝？你现在行啊！炒股高手，大名远扬，你不知道，一提起你大伙儿都竖大拇指。什么时候你也教教我。

老高：别开玩笑了！你忘了我出洋相的时候了？我这都是瞎猫碰死耗子碰上的。说起来可笑，昨天一个小伙子追着我，大爷长大爷短的，非说要跟我取取经，我哪儿有什么经啊？他要问喝酒有什么"经"，我这个老酒鬼倒能给他说两句。

老赵：是啊，喝酒当然有"酒经（精）"了。哎，说到这儿，我想劝你两句，你的心脏不好，酒还是少喝点儿吧，喝酒对心脏没有好处，你老伴儿一说起你的病就急得不得了。

老高：我老伴儿这个人哪，听见风就是雨，医生的话不能都信。前两天我和大民出去赶上了雨，淋得落汤鸡似的，大民回来感冒好几天，我呢，什么事也没有。我的身体我知道，离上西天还早着呢。跟你说吧，这酒能治病，我要是不喝酒了，病就该都来了。

老赵：你呀，净跟人家医生唱反调。不过，你还是少喝点儿吧，还有，你成天老坐着不动可不是事儿，瞧你这将军肚，得多运动了。我们正学老年健身操呢，有专门的老师教，你也来吧。

老高：我这笨手笨脚的去学那个操，那不是赶着鸭子上架吗？

老赵：一点儿也不难，跟扭秧歌差不多。我记得，以前你扭秧歌可是全地区数得着的哟。

老高：别翻三十年前的老皇历了，现在老了，手脚不听使唤了，要是跳不好，砸了你们的牌子怎么办？再说我这么胖，跳起来得多难看呢。

老赵：那怕什么？锻炼身体嘛，又不是去表演。你没看见有几个小脚老太太也在学呢吗？你怎么也比她们强吧？

老高：行，那我就去试试，省得在家听我老伴儿唠叨。

老赵：不过，咱们丑话说在前头，你不能半路开小差，得坚持到底。

老高：没问题。哎，老王去吗？他去我就不去了，我怕碰上那个事儿妈，唠唠叨叨地烦人。

老赵：他爱说什么就说什么，你别听不就行了？你这个死脑筋。

老高：我死脑筋？昨天我还听你们家老二说你是个铁公鸡，他结婚你都舍不得花钱，你那钱留着干吗？

老赵：我给了他两万，还嫌少？我又没有摇钱树，要多少钱有多少钱，唉，提起这事我就生气，儿子结婚我是得花点儿钱，可他们一张口就要几万几万的，我哪儿有啊。

老高：现在的孩子口气都大着呢，小小年纪花起钱来跟流水似的，你甭跟他们生气。

老赵：我和老伴儿商量好了，他们爱怎么闹就怎么闹，由他去，他们的事我们不管，也管不了，我们自己的身体要紧。

老高：这就对了！

단어 및 숙어

1 股票 [gǔpiào] 주식. 증권
2 高手 [gāo shǒu] 고수. 명인
3 取经 [qǔ jīng] (다른 사람이나 회사 등에서) 경험을 배워오다
4 酒鬼 [jiǔguǐ] 술고래
5 笨手笨脚 [bèn shǒu bèn jiǎo] : 동작이 느리고 더디다. 혹은 손재주가 없다
6 秧歌 [yānggē] 양꺼, 앙가. 중국 북방 농촌 지역에서 널리 행해지는 민간 가무의 일종. 농촌에서 모내기할 때 부르는 민요 등에서 유래하였지만 지금은 주로 명절 혹은 축하 행사에서 징이나 북 장단에 맞추어 노래하며 춤추는 형태로 정착하였다. 동사는 '扭(秧歌)'를 사용하는데 '양꺼에 맞추어 춤을 추다' 라는 뜻을 나타낸다.
7 小脚 [xiǎojiǎo] 전족
8 经 [jīng] 경전. (어떤 분야의 권위 있는) 참고서. 비결
9 唠叨 [lāodao] 잔소리하다

고사성어를 이용한 광고문 ⑭

洗出望外 (샴푸 광고)
뜻밖의 기쁨을 뜻하는 '**喜出望外** xǐ chū wàng wài'의 응용 표현

핵심정리

1. 送上门 sòng shàng mén 来的酒还能不喝 : 굴러들어오다, 가져다주다

'送上门'에는 '(물건 등을) 집 앞까지 가져다주다'와 '(사람이나 물건 등이) 스스로 알아서 찾아오다'라는 두 가지 뜻이 있다. 여기에서는 후자의 뜻으로 쓰여서 '제 발로 굴러들어오다'라는 의미를 나타내고 있다.

(1) 有战士来报告说, 敌人已经过了县城, 往东来了。老罗说：“他们来得正好, 我正愁找不到他们的主力, 他们自己倒送上门来了。”

(2) 我对小丽说：“他一直对你不怀好意, 你现在去找他, 那不是把自己送上门去了吗？”

(3) 听说明天是丽丽的生日, 小张对我说：“你不是想让丽丽对你有个好印象吗？这可是送上门来的好机会啊, 你买个她喜欢的礼物送给她, 她不就喜欢你了吗？”

2. 你忘了我出洋相 chū yángxiàng 的时候了 : 망측한 꼴을 드러내다, 웃음거리가 되다, 망신을 당하다

'洋相'은 '우스운 꼴, 추태'라는 의미를 뜻한다.

(1) 记得第一次上台表演的时候, 我一紧张把歌词忘了, 站在舞台中间怎么也想不起来, 真是出了个大洋相。

(2) 舞蹈队还缺一个人, 有人就提议让李大嫂参加, 李大嫂说：“瞧我这身材, 哪像是跳舞的呀？你们别出我的洋相了, 快换别人吧。”

3. 我这都是瞎猫碰死耗子 xiā māo pèng sǐ hàozi 碰上的 : 눈먼 고양이가 죽은 쥐와 부딪히다, 소경이 문고리를 잡다

예상하지 못한 재수 좋은 일이 생기다의 뜻을 나타내며, 뒤에 종종 '好运气'가 따라붙기도 한다.

(1) 石萌萌挺谦虚, 说：“我哪是什么作家啊, 那篇小说能登出来完全是瞎猫碰着了死耗子, 我自己是什么水平我自己知道。”

(2) 他想, 必须得出去活动, 不能老闷在屋子里瞎想, 只要出去乱碰, 就是瞎猫也会碰着死老鼠, 那么多公司、工厂, 不愁找不到个工作。

Point & Note

5-13

 大爷长cháng大爷短duǎn的，非说要跟我取取经 : 어이구 할아버지

'A长A短' 문형으로 쓰이며, 이때 'A'에는 일반적으로 호칭이 오게 된다. 잘 알지 못하거나 친하지 않은 사람에게 친한 척하면서 다가서기 위하여 이와 같이 표현한다.

(1) 卖东西的女孩一看见我，马上大姐长大姐短地忙着给我介绍，我看她那么热情，不好意思什么也不买就走。

(2) 孩子们来了以后，围在老人身边，爷爷长爷爷短的，把老人乐得合不上嘴。

(3) 楚大妈说："小戴医生医术好，人也好，每次看见我都大妈长大妈短的，比亲闺女还亲。"

 我老伴儿这个人哪，听见风就是雨tīngjian fēng jiùshi yǔ : 소문을 다 믿어버리다

직역하면 '바람 소리를 듣고 금방 비가 올 것이라고 생각하다'는 뜻인데, '무슨 일이든지 깊이 생각하지 않고 성급하게 결론을 내려버린다'는 의미로 쓰인다. '听风' 자체에 '소문을 듣다'는 뜻이 있다는 것을 기억하자.

(1) 王新英说："她也叫桂芬？那一定是我的姐姐了，我找妈妈和姐姐，她找妈妈和弟弟，没错，就是我姐姐！"海燕说："新英，沉住了气！这是一项细致、复杂的工作，不能听见风就是雨！还需要做调查。"

(2) 听说工厂要关门，人们都嚷嚷起来，还传出了女人的哭声，老张站起来说："你们怎么听见风就是雨啊？谁说工厂要关门？我这个主任怎么都不知道？"

 淋得落汤鸡luòtāngjī似的 : 물에 빠진 생쥐

온몸이 흠뻑 젖은 모습이 마치 뜨거운 물에 빠진 닭처럼 보인다는 데서 유래한 표현이다.

(1) 那天晚上，刚下车，就下起了雨，我们俩谁都没带伞，结果到了家跟落汤鸡似的。

(2) 我出门遇上了一场雨，淋成了个落汤鸡，回来就有些发烧，在家躺了三四天才好。

(3) 有一天，小伙子正在楼底下等人，一盆水从天而降，把他浇成了个落汤鸡。

핵심정리

5-14

 离上西天shàng xītiān还早着呢 : 저승으로 가다, 저 세상으로 가다

'西天'은 '극락, 서방정토'라는 뜻이다. '극락으로 올라간다(上西天)'는 것은 결국 '죽음'의 완곡한 표현으로, 우리말의 '극락왕생하다' 정도로 해석할 수 있다.

(1) 如果老福在这里，几分钟内那只鸡就会上西天去，可我拿着刀，就是不敢动手。

(2) 张诚知道，自己这一拳下去，就能送他上西天，就能报了杀父之仇，可他脑子里又出现了十年前的一幕，他放下了拳头。

 你呀, 净跟人家医生唱反调chàng fǎndiào : 이의를 제창하다, 반대로 나가다, 엇나가다

공공연하게 상반된 의견이나 행동을 취한다는 뜻을 나타낸다. 직역하면 다른 사람들과는 '반대되는 멜로디(反调)를 노래한다(唱)'는 뜻이 되므로 불협화음을 일으키게 되는 것은 어쩌면 당연할 지도 모르겠다.

(1) 刘先生口音很重，学生都不愿意上他的课，再加上他老跟学校唱反调，所以校长就想把他调走。

(2) 我劝他改改脾气，别老和大伙儿唱反调，弄得大伙儿都讨厌他。

 你成天老坐着不动可不是事儿bú shì shìr : 문제를 해결할 수 있는 적절한 방법이 아니다

(1) 马小锐听同学说，老师说了，如果再不去上课，学校就要给他处分，他也觉得这么下去不是事儿，他明天必须上学。

(2) 赵卫说："老这么东躲西藏的也不是事儿啊，咱们得找个办法出去。"

(3) 两个人谁都不爱做饭，就天天去饭馆吃，刚过半个月，俩人的工资就花得差不多了，这时俩人才觉出老这么出去吃不是事儿，得有一个人做饭，可谁做呢？

 瞧你这将军肚jiāngjūn dù, 得多运动了 : 사장님 배, 배불뚝이

툭 튀어나온 남성의 배를 농담 삼아 지칭하는 표현이다.

Point & Note

🔘 5-15

(1) 我们见面后，发现老马变化最大，刚四十出头，将军肚就挺起来了。

(2) 午饭过后，老张端着茶杯，挺着他的将军肚，走进了办公室。

⑪ 那不是赶着鸭子上架 gǎnzhe yāzi shàng jià 吗：억지춘향, 하기 싫은 일을 억지로 시켜서 곤경에 빠뜨리다

'오리를 뒤쫓아서 장대 위로 올라가게 하다'라는 뜻이며, 어떤 사람이 잘하지 못하거나 하기 싫어하는 일을 억지로 시켜서 그 사람을 곤경에 빠뜨리는 경우를 비유한 표현이다.

(1) 妈妈在旁边说："你爸爸平时唱歌都唱不好，哪儿上得了台呀，你们别赶鸭子上架了。"

(2) 我们都跑过去，把张老师和他爱人推到中间，非要他们俩表演一段蒙古舞蹈，张老师笑着说："你们可真会赶鸭子上架啊。"

⑫ 以前你扭秧歌可是全地区数得着 shǔ de zháo 的哟：손꼽히다, 유명하다, ~안에 들다

'동사+得着'는 여러 가지 장애에도 불구하고 동사의 동작이 결국 달성된다는 뜻을 나타낸다. 본문에서는 동사 '数'와 함께 쓰여 '손꼽아서 헤아린다면 그 안에 포함된다, 특정한 기준을 뛰어넘었다'는 의미로 쓰였다.

(1) 牛老头是我们这个县城数得着的人物，他开过酒馆、茶庄、加工厂，赚了不少钱。

(2) 我们厂在全国也是数得着的，我们的产品现在已经出口到了二十多个国家。

(3) 这姑娘从小就爱踢足球，在我们这儿是数得着的好苗子，十几岁就进了国家队。

⑬ 别翻三十年前的老皇历了 lǎohuángli：시대에 뒤지는 방법, 지나간 과거의 일 또는 경력

원래 '작년 달력'이라는 뜻을 나타내는데, 이미 통용되지 않는 것에 대한 통칭으로 사용된다.

(1) 他不愿意说起他在战场上的英雄事迹，说那都是老皇历了，都过去了。

핵심정리

🔘 5-16

(2) 小英说："奶奶，都什么年代了，您还翻您的 老皇历，现在连电脑红娘都有了。"

⑭ 现在老了，手脚不听使唤 bù tīng shǐhuan 了 : 말을 듣지 않다, 생각대로 되지 않다, 통제가 되지 않다

'使唤'은 다른 사람을 심부름 시킨다는 뜻을 의미한다. '不听'의 목적어로 쓰여서 어떤 사물이나 사람의 신체 기관이 마음먹은 대로 움직여지지 않는 경우를 일컫는다.

(1) 保庆的手有点儿发抖，他想说点什么，可是舌头 不听使唤，说不出话来。

(2) 卫大嫂说："骑三轮车跟骑自行车不是一个劲儿，特别是车把 不听使唤！看着人家骑挺容易，可我一上去呀，一下子就朝着墙撞去了！"

(3) 听见警报响了，二奶奶坐在椅子上，想站起来，可是腿软得 不听使唤 了，怎么站也站不起来。

⑮ 要是跳不好，砸 zá 了你们的 牌子 páizi 怎么办？ : 명성을 더럽히다, 명예를 실추시키다

'牌子'는 원래 '간판'이라는 뜻이지만, '신용, 졸업장, 명예, 체면' 등의 뜻도 나타낸다. 결국 '간판을 부순다(砸)'는 것은 '체면이 손상되는 것'과 마찬가지로 간주된다.

(1) 厂长说："我们好不容易才创出了这个牌子，不能因为质量问题 砸 了自己的 牌子，所以这批有问题的产品全都收了回来。"

(2) 因为假酒事件，我们的好酒都卖不出去了，几十年的 牌子 就这么 砸 了。

(3) 别说名牌学校，那些普通学校对教师的要求也很高，他们都不希望由于教师水平低 砸 了自己学校的 牌子。

⑯ 不过，咱们丑话说在前头 chǒuhuà shuō zài qiántou : 싫은 소리를 미리 하다, 툭 터놓고 이야기하다

'丑话'는 듣는 이의 비위에 거슬리거나 듣고 싶어하지 않는 말이라는 뜻이며, 대부분 충고나 경고의 의미를 가지고 있다.

Point & Note

(1) 李队长站起来说:"大家都知道了,村子里最近老丢东西,现在当着大伙儿的面儿,我把**丑话说在前头**,谁要再干这种见不得人的事,让我抓住了,我就砍断他的手。"

(2) 平涛说:"咱们是一块儿长大的好朋友,不过今天我把**丑话说在前面**,建国,你要是干违法的事,可别怪我对你不客气。"

17 你不能半路**开小差** kāi xiǎochāi : 도중에 빠지다, 중간에 달아나다

원래 군인이 대오를 이탈하여 도망가는 것을 지칭하는 표현이었으나, 어떤 일을 하다가 중도에 포기하는 것을 뜻하게 되었다.

(1) 会议没什么重要内容,我借上厕所的机会**开**了**小差**,跑回宿舍睡了一觉。

(2) 平时小组讨论的时候,经常有人**开小差**,今天看见张老师来了,谁都不敢动了。

집중하지 못해서 다른 생각하다, 멍하다는 의미로 쓰이기도 한다. (74쪽 17-(3) 참고)

(3) 这种阶梯教室能坐一百多人,所以上课的时候我的脑子特别容易**开小差**,尤其是上张老师的课。

18 我怕碰上那个**事儿妈** shìrmā : 트집쟁이, 참견꾼

'事儿'에는 '문제, 귀찮은 사건, 소동' 등의 뜻이 있고, '妈'는 '그러한 일을 일으키는 사람'이라는 의미로 쓰였다. 함께 쓰이면 무슨 일이든지 사사건건 트집을 잡는 사람 혹은 쓸데없이 남의 일에 참견하는 사람을 지칭한다.

(1) 我们院子里的刘大马是个典型的**事儿妈**,什么事她都要管管,一点儿亏都不吃。

(2) 一路上,她一会儿嫌车里空气不好,一会儿嫌热,我们都特别烦她,后悔跟个**事儿妈**坐在了一起。

(3) 小齐年岁不大,可特别**事儿妈**,她要是在,绝对不让我们在办公室里吃东西。

핵심정리

19 你这个死脑筋 sǐnǎojīn : 융통성이 없다, 앞뒤가 꽉 막히다

'死'에는 '꽉 막히다, 완고하다'는 뜻이 있는데, 본문에서는 '脑筋'과 함께 쓰여 '꽉 막힌 머리'를 나타낸다.

(1) 不管大兴怎么说, 李老汉就是不让他去, 气得大兴在心里直骂爸爸是个死脑筋。

(2) 回家以后, 妻子一个劲儿地埋怨他是个死脑筋, 看见人家不高兴了也不会换个说话的方式。

20 昨天我还听你们家老二说你是个铁公鸡 tiěgōngjī : 구두쇠, 노랑이, 인색한 인간

철로 만들어진 수탉은 깃털을 뽑고 싶어도 하나도 뽑히지 않는다는 점에서 찔러도 피 한 방울 나지 않는 구두쇠를 폄하하여 일컫는 표현으로 쓰인다.

(1) 他们在背后都叫老张是铁公鸡, 因为他从来不请客, 可别人请客每回都缺不了他。

(2) 小张笑着说："他简直就是个铁公鸡, 我说了半天, 他还是一分钱也不给。"

(3) 大姐说她婆婆是个铁公鸡, 平时连个鸡蛋也舍不得吃, 这会儿让她拿一千块钱出来怎么可能呢？

21 我又没有摇钱树 yáoqiánshù : 돈줄, 물주

신화 속에 등장하는 나무로 흔들면 돈이 떨어진다고 하여 붙여진 명칭이다. 많은 돈을 대어주는 사람이나 돈이 되는 물건을 일컫는다.

(1) 女儿有了点儿名气后, 这父母俩就把女儿当成了摇钱树, 拉着女儿到处去演出, 根本不管女儿是怎么想的。

(2) 大妈羡慕地说："瞧人家时装模特, 在台上走两圈就能挣大笔的钱, 谁要是有这么个女儿, 就等于是有了一棵摇钱树啊！"

Point & Note

5-19

22 现在的孩子口气kǒuqì都大dà着呢 : 말투가 대담하다, 어투가 건방지다

(1) 小王现在跟以前可不一样了, 说到钱, 张口就是几万, 十几万, 口气大得很。

(2) 老张说: "三天完成？你的口气也太大了, 这可不是少数, 要我说, 十天也不够。"

(3) 这家公司门脸儿很小, 名字却叫"震宇", 意思是震惊宇宙, 口气真够大的, 可里面就经理和秘书两个人。

23 他们爱怎么闹就怎么闹, 由他去yóu tā qù : 그가 하고 싶은 대로 내버려두다

'由+사람' 문형으로 쓰여서 '~에게 맡기다' 혹은 '~의 마음대로 하도록 내버려두다'는 뜻을 나타낸다. '由他去' 대신 '随他去'라고 표현해도 같은 뜻이 된다.

(1) 奶奶说: "一个小孩子家, 爱穿什么就穿什么, 由他去吧, 你甭操这个心！"

(2) 李冰非要今天晚上就过去, 小棠儿也只好由他去了。

(3) "这回我是彻底下了决心, 随他去, 甭管他干什么, 我要再多一句嘴我都不姓马。"老马赌气似的说。

24 真让你说着了shuō zháole : 알아맞히다, 말하여 맞히다

'타동사+着了' 문형으로 쓰여서 소기의 목적을 달성하였음을 나타내는데, 본문에서는 말을 하여 그 말이 맞았다는 뜻으로 쓰였다.

(1) 她躺在椅子上问: "看什么看, 没看见过这么帅的包吗？" 我回答说: "被你说着了, 我还真没见过。"

25 一提起你大伙儿都竖大拇指shù dàmǔzhǐ : 엄지를 곧추세우다

중국에서도 엄지를 곧추세우는 행위는 다른 사람을 칭찬하거나 추켜세울 때 보이는 보디랭귀지이다.

(1) 能让职工竖大拇指的干部, 能让职工心服口服听指挥的干部, 无疑是个好干部。

핵심정리

Point & Note

5-20

26 前两天我和大民出去赶上了 gǎnshàng le 雨 : 재수 없이 ~를 만나다

'赶上+……'은 '재수 없이(혹은 운 좋게도) ~에 딱 마주치다'라는 뜻이다.

(1) 那晚在忙累与饥饿之后，我们还不幸赶上了大雨，且没人带伞。

27 他们爱怎么 ài zěnme 闹就怎么 jiù zěnme 闹 : ~하고 싶으면 바로 ~하라

'爱+동사(구)+就+동사(구)' 문형으로 쓰여서 문의 주어가 하고자 하는 행위를 그대로 실행한다는 뜻을 나타낸다.

(1) "你爱怎么说就怎么说，爱怎么想就怎么想吧, 反正现在我已经不爱你了！"

연습문제

1 보기에서 적당한 단어를 찾아 빈칸에 써보세요.

〈보기〉 落汤鸡　　数得着　　事儿妈　　唱反调　　由他去　　铁公鸡　　开小差
　　　　摇钱　　不听使唤　　听见风就是雨

(1) 小伙子本来在家里已经把要跟姑娘说的话练习了好几遍,可今天一看见姑娘,他的舌头就_____了,红着脸,一句也说不出来。

(2) 儿子找了个女朋友是外地的,我和他妈妈都不同意,可我们的话他根本不听,最后我们干脆也就不管了,_____,反正这是他自己的事。

(3) 我愿意她买鲜艳点儿的衣服,可她偏要买黑的,要不就买灰的,老是跟我_____,气得我不理她了。

(4) 李老师批评我说:"你怎么_____啊!也不想想那些话有没有道理就跟着跑。"

(5) 我们决定请李科长一家去大富豪酒家吃饭,大富豪酒家是我们这儿_____的高档饭店,厨师是从广州请来的。

(6) 从商店回来后爸爸悄悄地对我说"你妈妈可真是个_____,不是这个不好,就是那个不好,那么多名牌冰箱,她都不满意,下次你陪她去吧。"

(7) 这场雨来得还挺快,等我们跑回宿舍,一个个都跟_____似的,幸好包在袋子里的书没有淋湿。

(8) 镇海这是第一次跟着他们进山去,出发的时候还挺兴奋,可没过几天他开始想家了,再加上吃住都很艰苦,到了第五天他就_____,悄悄溜回了家。

(9) 你要是借钱的话,别去找他借,去了也是白去,他是个_____,一分钱都不会借给你的。

(10) 自从阿美来歌厅后,客人慢慢儿多了起来,很多人都是冲着阿美来的。刘老板看在眼里,喜在心上,他庆幸自己找到了一棵_____,只要有阿美在,就不愁没钱了。

2 주어진 표현으로 대화를 완성하세요.

(1) A：明天你可以给大伙儿表演一段舞蹈嘛，你以前不是学过吗？
　　B：不行，_____。(老皇历)

(2) 爸爸：你不能什么都顺着他，钢琴都买来了，他说不练就不练了，那哪儿行啊！
　　妈妈：唉，他要是实在不愿意学，_____。(赶鸭子上架)

(3) 小贩：小姐，您看看这条裙子，新来的，要不，小姐您再看看这条，也不错，进口的。
　　顾客：我都四十好几了，你别_____，听着不舒服。(A长A短)

(4) 儿子：这事就交给我了，不就是几十万块钱的事吗？您放心好了。
　　爸爸：哟，你年纪不大，_____。(口气大)

(5) A：我自己能照顾自己，不会给你们添麻烦的，你就让我跟你们一起去吧。
　　B：那好吧，不过_____，遇到困难可不能哭鼻子啊。(丑话说前头)

(6) A：你甭着急去租房子，没必要花那钱，咱们是好朋友，你就住我这儿，住多久都没关系。
　　B：不，不，那不行，_____。(不是事)

(7) A：张工程师，我去找个小姐过来陪你跳个舞，好不好？
　　B：别，别，我不会，_____。(出洋相)

(8) 爸爸：芳芳，这是刘师傅送来的烟和酒，我们可不能要，一会儿你替我给他送回去。
　　女儿：干吗呀？_____。(送上门)

(9) 女儿：妈妈，这个箱子满了，衣服放不进去了，怎么办哪？
　　妈妈：你呀，_____。(死脑筋)

(10) A：这批产品其实也没什么大问题，你别太认真了，要是退回去损失就太大了。
　　 B：损失再大也得退回去，要不然，_____。(砸牌子)

19 我觉得他说在点子上了

(小林一边看报纸一边自言自语,这时同事小刘走进来)

小刘:嘿,小林,你没头没脑地说什么呢?

小林:噢,是小刘啊,你来看,这儿有一篇文章,说的是北京的污染和环境保护的问题,他说应该下大力气,彻底整治北京的环境,要不北京就危险了,我觉得他说在点子上了。

小刘:没错儿,以前大伙儿的脑子里根本就没有环保这根弦,走了不少弯路。现在好了,从上到下都把环境保护当成头等大事了。

小林:要是早点儿动手,北京申办2000年奥运会就不至于输给悉尼了。这次北京申办成功,跟市政府这几年狠抓环境问题是分不开的,什么事光唱高调不行,得真干。

小刘:对,不能像以前似的说完之后就没下文了,更不能搞一阵风。

小林：你看咱们门口儿那个早市，把整条胡同弄得乱七八糟的，整治过好几回，可每回都是走过场，根本没解决问题。

小刘：这几天我看见好几个早市都撤了，马路旁边的违章建筑也拆了不少。

小林：要是那样敢情好，就怕是你前脚拆，他后脚盖。什么事嘴上说说和实际去做是两码事，说说容易，真去做就难了。

小刘：对，有的时候上边的政策挺好，可下面的人不干，常常是做做样子就完了。

小林：就像老张那样的，什么事到他们手里都没个好儿。

小刘：哎，昨天看见你和老张吵得那么厉害，我真是倒吸一口凉气，这么多年我还没见过谁敢跟他吵呢。不过，你在那么多人面前揭他的老底儿，一点儿面子也不给他留，他不恨你才怪呢，说不定哪天就给你双小鞋穿。我在旁边给你使眼色让你别说了，你看见没有？

小林：看见了，其实开始的时候我不想跟他吵，可他以为我怕他，想给我来个下马威，气得我不管三七二十一就跟他干上了，也算是替大伙儿出了一口气。

小刘：当心他们让你吃不了，兜着走。要是饭碗都砸了，看你还能说什么。

小林：我不怕他们，大不了把我开除，可是他们敢吗？说穿了，他们还是心里有鬼。

小刘：那倒是。那起"豆腐渣"工程的事到现在还没解决完呢。不过，我劝你，你跟老张吵归吵，工作可别马虎。

小林：那当然，再怎么生气，也不能拿工作当儿戏啊。

小刘：最好还是改改你这炮筒子脾气，说话讲究点儿方法。

小林：嗨，无所谓。

단어 및 숙어

1. 自言自语 [zì yán zì yǔ] 혼잣말을 하다
2. 整治 [zhěngzhì] 고치다. 수리하다
3. 弦 [xián] 원래는 악기의 현을 일컫는 말이지만 본문에서는 머릿속의 생각이나 인식 등을 나타내는 말로 쓰이고 있다.
4. 申办 [shēnbàn] (대회의 개최나 허가 등을) 신청하다
5. 狠抓 [hěnzhuā] 전력투구하다. 전력을 다하여 지도하다
6. 早市 [zǎoshì] 아침시장
7. 撤 [chè] 치우다. 철거하다
8. 违章 [wéizhāng] 규정, 법규 등을 위반하다
9. 敢情 [gǎnqing] 의심할 여지가 없다. 당연하다
10. "豆腐渣"工程 [dòufuzhā gōngchéng] 부실공사. 날림공사
11. 马虎 [mǎhu] 대충 대충하다. 적당히 하다
12. 讲究 [jiǎngjiu] 신경 쓰다. 주의하다

고사성어를 이용한 광고문 ⑮

一箭钟情 (껌 광고)
첫눈에 반하다의 '一见钟情 yí jiàn zhōng qíng'의 응용 표현

핵심정리

🔊 5-23

 你没头没脑 méi tóu méi nǎo **地说什么呢** : 두서없이, 느닷없이

'끝도 없고 시작도 없다'는 뜻에서 의미가 확장되어 '갈피를 잡을 수 없다, 뭐가 뭔지 알 수 없다'는 의미를 나타낸다.

(1) 他默默地盯着电视, 一副聚精会神的样子, 再不开口。直到吃饭时, 他才没头没脑地说了一句:"要是不曾发生过多好。"大家都不知道他指的是什么, 可又都不敢问。

(2) 他被郑师傅这没头没脑的问话弄糊涂了, 一时不知道怎么回答才好。

(3) 这孩子说话经常没头没脑, 这不, 说着说着学校的事, 忽然就转到别的上面去了, 不过我们已经习惯了。

 我觉得他说在点子上 shuō zài diǎnzi shang **了** : 요점을 파악하다, 정곡을 찌르다, 포인트를 말하다

'点子'에는 어떤 문제의 '핵심, 포인트, 요점'이라는 뜻이 있다.

(1) 每场戏唱完, 我们都愿意让老张给总结一下儿, 他说得虽然不多, 可每句话都能说在点子上, 让你心服口服。

(2) 要是不做深入的调查研究, 不了解情况, 那你的话根本不可能说在点子上。

 走 zǒu **了不少弯路** wānlù : 길을 돌아가다, 헛수고를 하다

잘못이나 실수를 범하거나 혹은 옳지 않은 방법으로 인하여 쓸데없이 힘을 낭비하는 것을 일컫는 표현으로, '走路'(길을 가다)에서 유래하였다.

(1) 他们公司刚成立一年多, 起步很晚, 但晚有晚的好处, 可以更多地借鉴别人的经验, 少走些弯路。

(2) 虽然这些人在生活的道路上走过这样那样的弯路, 但经过教育, 他们还是会成为对社会有用的人的。

 光唱高调 chàng gāodiào **不行** : 되지도 않을 소리를 하다, 큰 소리만 치다

실현 못할 이상론만을 늘어놓고 실제 실천은 하지 않는 경우를 일컫는 관용표현이다.

Point & Note

5-24

(1) 他在文章中指出,脱离实际地唱高调,说空话,没有任何用,要从小事入手,切实做好每一项工作。

(2) 老张在台上大谈学校的五年规划,有人在下面小声说:"好听的高调谁都会唱,没有具体办法、措施,一切都是空话。"

5 不能像以前似的说完之后就没下文 méi xiàwén 了 : 진척이 없다, 결과가 없다

'下文'은 '전편에 이어지는 이야기의 다음 부분, 결론, 결과'라는 뜻이며, '下文'이 없다(没)는 것은 결국 '흐지부지되다, 용두사미가 되다'라는 뜻을 나타낸다.

(1) 我们把材料整理好以后就交给了上级,可材料交上去后就没了下文,我们也不好催。

(2) 他把这件事交给儿子小马去办,小马又去托他的一个朋友,左等右等,十天都过去了,还是没有个下文,老马急,小马也急。

6 更不能搞一阵风 yí zhèn fēng : 한 때의 유행, 지속적으로 이어지지 않는 풍조

원래 '스쳐지나가는 바람'이라는 뜻인데, '한 때 유행하다가 곧 사라지는 것, 한 번 해보고 금방 그만 두는 행위, 오래 가지 않는 풍조' 등으로 쓰인다.

(1) 老张让大家先别搬东西,再等等看,说不定只是一阵风,过几天就没人管了。

(2) 晓琴干什么事都是一阵风,就拿前一段来说,她忽然念起英语来了,磁带、书买了一大堆,可没过一个星期,就全扔到一边儿去了。

7 可每回都是走过场 zǒu guòchǎng : 일을 대충하다, 건성으로 처리하다

'过场'이란 경극에서 등장인물이 무대에 등장했다가 곧바로 맞은 편 출구로 퇴장하는 것을 지칭하는 용어인데, 무슨 일이든 형식적으로 처리하거나 건성으로 어떤 일을 해치우는 행위를 일컫는다. '走过场'과 '过场'의 의미는 모두 동일하다.

(1) 我们心里都明白,说是公平竞争,其实就是走个过场,厂长的位子早就有人了。

(2) 在农村,村干部对那些政治活动并不热心,布置下来任务就采用拖的方法,实在不能拖就走过场,说到底,让全村人吃上饭是最重要的。

19 我觉得他说在点子上了 **249**

핵심정리

5-25

8 就怕是你前脚 qián jiǎo 拆, 他后脚 hòu jiǎo 盖 : 앞에서는 ~을 하고, 뒤에서는 ~을 하다

'A(사람)+前脚+동사(구)₁, B(사람)+后脚+동사(구)₂' 문형으로 쓰여서 'A'가 먼저 어떤 동작을 마치고 나면, 'B'가 바로 이어서 별개의 동작을 한다는 뜻을 나타낸다. 두 동작은 시간적인 간격없이 연속적으로 발생한다는 점이 중요하다.

(1) 昨天晚上因为太累了, 我呆了一会儿就走了, 后来丁兰告诉我, 我前脚走, 马力后脚就到了, 看见我不在, 他很失望。

(2) 那时候我们根本在家待不住, 妈妈前脚出门, 我们后脚就跑到街上去玩, 估计妈妈快下班了再回家。

9 什么事嘴上说说和实际去做是两码事 liǎng mǎ shì : 전혀 별개의 일, 아무런 관련 없는 두 가지 일

'两码事' 대신에 '两回事'라고 표현한다.

(1) 看见店里还有空的地方, 他们就在卖肉的柜台对面, 又搭起个柜台卖茶叶。过路的人都纳闷儿, 茶叶和猪肉是两码事, 怎么能在一起卖呢?

(2) 看见我接到通知高兴的样子, 大森冷冷地说: "通知你去面试和人家录取你是两码事!别高兴得太早了。"

10 常常是做做样子 zuò yàngzi 就完了 : 겉으로 시늉만 하다, 하는 척하다, 폼만 잡다

진짜로 어떤 일을 하려는 의사가 없는 경우 혹은 하는 척만 하고 진심으로 하지 않는 경우를 일컫는데, '作样子'라고 표현하기도 한다.

(1) 周伯伯的"十条家规"不是随口说说做样子的, 他与伯母不但自己模范执行, 而且对亲属们严格监督。

(2) 姐姐劝他说: "我知道你现在还恨爸爸, 可家里还有妈妈呢, 你哪怕做做样子也该回去住两天, 要不大家都会说你不懂事的。"

11 我真是倒吸一口凉气 dào xī yì kǒu liáng qì : (놀라거나 두려워서) 간담이 서늘하다

'凉气'에는 말 그대로 '차가운 공기'라는 뜻과 '놀라거나 두려운 나머지 빨아들이게 되는 숨'이라는 뜻이 있는데, 본문에서는 후자의 의미로 쓰이고 있다.

Point & Note

(1) 于立波在旁边悄悄地打量着季清, 不由地倒吸了一口凉气: "这个人的眼睛里透出一股凶劲儿, 让人看了害怕。"

(2) 大家听到这个消息都倒吸了一口凉气, 担心了很长时间的事终于发生了。

(3) 开始的时候听不太清楚, 等真听清楚了屋里的谈话内容, 秀莲顿时倒吸一口凉气, 差点儿站不住了。

12 你在那么多人面前揭jiē他的老底儿lǎodǐr : 내막을 폭로하다, 본모습을 들추어내다

'老底儿'이란 '본모습, 과거의 행각, 어떤 사람이나 사건의 내막' 등을 가리키는 단어로, '老底子'라고도 한다. '揭'는 여기에서 '폭로하다'는 뜻을 나타낸다.

(1) 连生以前在村子里做过不少荒唐事, 他很怕家乡的人到这儿来揭他的老底儿。

(2) 他心里很纳闷儿, 事情都过去二十多年了, 是谁在领导那儿揭了他的老底儿?

13 一点儿面子miànzi也不给他留liú : 체면을 세워주다

'留面子'의 도치구문으로 인정상 혹은 사정상 누군가의 체면이 손상되지 않도록 배려해 준다는 뜻이다.

(1) 李阿姨说: "孩子也有自尊心哪, 你得给他留点儿面子, 别在他同学面前说他, 有什么话等没人的时候再说。"

(2) 老麻能力挺强, 可人缘儿不太好, 因为他说话直来直去, 从来不给别人留面子, 所以得罪了不少人。

14 说不定哪天就给gěi你双小鞋穿xiǎoxié chuān : ~를 궁지로 몰아넣다

원래 '给+A(사람)+穿小鞋' 문형으로 쓰이지만, 강조하기 위하여 목적어 '穿' 앞으로 끌어낸 구문이다. 누군가에게 발에 맞지 않는 작은 신발을 신긴다는 것은 결국 그 사람을 암암리에 궁지로 몰아넣어 곤란한 지경에 처하도록 만든다는 뜻을 나타낸다.

(1) 他刚来的时候, 批评过工作不认真的小丽, 恰巧小丽是厂长的亲戚, 等他了解到这些背景时, 厂长早就给他穿了几次小鞋, 他算是获得了一次"血"的教训。

핵심정리

5-27

(2) 你要是不顺着他，或是什么地方得罪了他，他就故意给你小鞋穿，让你天天难受可还说不出来。

⑮ 想给我来个下马威 xiàmǎwēi : 위세를 보이다, 겁을 주다

옛날, 신임 벼슬아치가 임지에 도착하자 마자 부하들에게 위세를 부리던 것을 일컫는 표현으로, 지금은 주로 '처음부터 호된 맛을 보여주다' 라는 뜻으로 쓰이고 있다.

(1) 他们开始谈论起婚事，小美要热闹，朱新要节省，俩人意见不一样。小美给朱新来了一个下马威，声称要么听她的，要么就分手。

(2) 刘主任一进来就给几个年轻人来了个下马威，板着脸说：“你们老实告诉我，昨天你们干什么了？别以为我什么都不知道。”

⑯ 气得我不管三七二十一 bùguǎn sān qī èrshíyī **就跟他干上了** : 뭐가 어찌 되었던 간에, 아무 생각 없이, 앞뒤 재지 않고

(1) 胡强醒了以后，觉得很渴，起床看见小桌上放着一碗茶，他也不管三七二十一，端起来一口气就喝光了。

(2) 看见小周手里的刀，她不管三七二十一就扑了过去，一把抢过来，放回厨房里。

(3) 他不管三七二十一，把地上的杯子、瓶子什么的全都扔了出去。

⑰ 也算是替大伙儿出 chū **了一口气** yì kǒu qì : 마음속에 쌓여있던 불만이나 원한 등을 풀다, 배출하다

'出一口气'의 '一'는 생략할 수 있다.

(1) 看见来人被她骂跑了，她得意得脸都红了。她一直想要好好教训教训那个讨厌的书琴，这回算是出了口气。

(2) 小王说：“你别哭了，明天我就去替你出这口气，看他还敢不敢欺负你。”

(3) 这时他什么也不想，只想打小方一顿出口气。

Point & Note

5-28

18 当心他们让你**吃不了, 兜着走** chī bu liǎo, dōuzhe zǒu : 끝까지 책임지다

원래는 '다 먹을 수가 없어서 (보자기 등으로) 싸 가지고 가다'는 뜻이며, '혼자서 모든 책임을 감당하다'는 의미를 나타낸다.

(1) 宋生子想, 要是这个女人真的死在这儿, 警察一来, 他可就**吃不了兜着走**了。

(2) 酒醒后, 他庆幸没遇到一些有坏心的朋友, 要是他喝醉以后说的那些话被传了出去, 他就得**吃不了兜着走**了！

(3) 小浩问: "他以后不会再来找麻烦了吧？"哥哥大笑着说: "他敢？要是再来我让他**吃不了兜着走**。"

19 **大不了** dàbuliǎo 把我开除 : 기껏해야, 고작 해 봤자

'大不了'의 다음에 이어지는 내용이 화자에게 일어날 수 있는 최악의 상황이기는 하지만 화자 자신은 그것에 대해 전혀 개의치 않는다는 뜻을 의미한다.

(1) 爸爸劝道: "算了算了, 一斤豆腐值不了几个钱, 坏了就坏了, **大不了**今天晚上不吃, 让她以后注意点儿就是了！"

(2) 在去医院的路上, 他想儿子不会有什么事, **大不了**今后落下一点儿残疾, 所以一路上他很镇静。

20 **说穿了** shuōchuān le, 他们还是心里有鬼 : 까밝히다, 있는 그대로 말하다

(1) 老人说: "你看那些士兵, 那么年轻, 明天, 他们就要上前线了, **说穿了**就是排队去送死啊。"

(2) 他总是说: "父子也好, 夫妇也好, 兄弟也好, **说穿了**, 都是朋友关系, 只不过形式稍微有点儿不同罢了。"

21 他们还是**心里有鬼** xīn li yǒu guǐ : 뒤가 켕긴다, 찜찜하다, 속으로 꺼림칙하다

'鬼'는 여기에서 남에게는 밝힐 수 없는 '꺼림칙한 어떤 것'을 상징하고 있다.

핵심정리

Point & Note

5-29

(1) 我告诉他说, 小张这几天有事, 不能来, 他听了以后, 笑着说: "他有什么事啊, 他是心里有鬼, 不敢来见我。"

(2) 小丽听出了国美话里讽刺自己的意思, 心里很生气, 可没敢表现出来, 那样反而显得自己心里有鬼。

22 你跟老张吵归guī吵, 工作可别马虎 : ~으로 두다, ~으로 끝나다

'归'는 동일한 동사 사이에서 'A+归+A' 문형으로 쓰여서 비록 'A'라는 상황이 발생하기는 하였으나 그것이 실질적인 영향이나 효과를 미치지 못하고 상황이 종료된다는 뜻을 나타낸다.

(1) 肖东心想, '你跟女朋友出去旅游, 找我来替你上课, 这不是不平等吗?' 可是, 想归想, 三个星期的课肖东还是一堂不少地教了。

(2) 玉德爷爷伸手拍打着李铁说: "孩子啊, 吵架归吵架, 可到底还是一家子人, 还是得回家看看你父母。"

(3) 二婶一个人生了半天气, 可生气归生气, 看看到了做晚饭的时间了, 她还是到厨房里忙开了。

23 再怎么生气, 也不能拿ná工作当儿戏dàng érxì啊 : ~을 가지고 농담하다

'儿戏'는 '아이의 장난'이라는 뜻. 전하여 중요한 일인데도 진지하게 대처하지 않는 무책임한 행동을 지칭한다. '拿+일/사물+当+儿戏' 문형으로 쓰여서 '어떤 일이나 사물에 대하여 아이들 장난처럼 가볍게 대처하다'라는 뜻을 나타낸다.

(1) 爷爷说: "你是司机了, 可不能拿别人的性命当儿戏呀, 从今天开始不准再喝酒了。"

(2) 王校长指出, 教育是关系到国家未来的大事, 决不能拿教育当做儿戏, 教材不能说改就改, 说变就变。

연습문제

1 보기에서 적당한 단어를 찾아 빈칸에 써보세요.

> 〈보기〉 穿小鞋　下马威　一阵风　说穿了　两码事　出口气　没头没脑
> 不管三七二十一　倒吸一口凉气

(1) 他们饿了一天了,看见桌子上的吃的,_____,抓起来就往嘴里塞,哪儿还顾得上洗手啊。

(2) 第一场比赛他们就派出了最好的队员上场,想给我们来个_____,让我们在心理上先输给他们。

(3) 姐姐说她晚上睡得晚,开灯看书恐怕影响我休息,其实_____她是想一个人住这个房间,那些都是借口而已。

(4) 我很快就意识到我说错了,我所说的"朋友",是一般意义上的"朋友",和她理解的"朋友"完全是_____。

(5) 大伙儿来到办公室一看,都不禁_____,只见保险柜大开着,放在里面的钱全都不见了。

(6) 他给队长提过意见后,队长倒是不再骂人了,可那些又脏又累的活全让他去做,他知道这是队长给他_____,可他并不在乎。

(7) 大龙对妹妹说:"别哭了好不好?都怪我不好,把你的小狗弄丢了,要不然你就狠狠地打我几下儿_____,你哭狗也找不回来了。"

(8) 我们几个正围着电视看一场足球比赛,江明德推门走进来,_____地问了一句:"昨天谁洗衣服了?"我们一愣,一时没反应过来。

(9) 小姨听说宝贝女儿要考托福出国,急得跑来问妈妈怎么办,妈妈说:"你先别理她,姗姗这孩子你又不是不了解,干什么都是_____,过几天你让她考没准她都不考了。"

2 주어진 표현으로 대화를 완성하세요.

(1) A:昨天我有事,十点多就走了,你什么时候走的?一定跳到半夜吧?
　　B:哪儿啊,_____。(A前脚V,B后脚V)

(2) A：今天我不小心把她的水壶摔坏了，她回来我怎么对她说呀？
    B：不就是个水壶吗？＿＿＿＿＿＿。（大不了）

(3) A：我们最好先好好研究研究，订个计划，别着急动手。
    B：对，＿＿＿＿＿＿。（走弯路）

(4) A：你现在是个大款了，你大概忘了吧？十多年前你把我养的鸡偷走吃了。
    B：哈哈哈，老张，＿＿＿＿＿＿。（揭老底）

(5) 儿子：我们厂长今天说了，从明天开始让我负责那几台机器，哈，这回轻松喽！
    爸爸：这可不是轻松的事，＿＿＿＿＿＿。（拿……当儿戏）

(6) A：我就是跟她开个玩笑，她怎么就不高兴了呢？
    B：人家是个大姑娘了，＿＿＿＿＿＿。（留面子）

(7) A：遇到这种事要冷静，多分析分析再说话，说的时候还要注意分寸。
    B：这事没发生在你身上，＿＿＿＿＿＿。（唱高调）

(8) 丈夫：工人的素质和技术跟不上，光有先进的机器管什么用啊！
    妻子：你说了那么多话，只有这句话＿＿＿＿＿＿。（说在点子上）

(9) 弟弟：小刚要是还抢我的东西怎么办哪？
    哥哥：他要是还抢，＿＿＿＿＿＿。（吃不了兜着走）

(10) A：老张昨天不是说再也不抽烟了吗？怎么今天……
     B：他那个人，＿＿＿＿＿＿。（A归A）

(11) A：你们人不够也别找我呀，我没学过太极拳，一点儿也不会。
     B：没关系，人家来照个相就走，你＿＿＿＿＿＿。（做样子）

(12) A：你的申请怎么样了？
     B：早就交上去，可是＿＿＿＿＿＿。（没下文）

20 他给我们来了个空城计

(张海和妻子明华一边吃饭一边聊天儿)

张海：今天下午我费了九牛二虎的力气才把这个桌子弄进来。

明华：咱们这间屋子本来就小，桌子放在这儿碍手碍脚的一点儿也不方便。

张海：没办法，我得有个地方备课呀，你看这桌子还可以吧，张老师搬家不要的。

明华：说实话，不怎么样。我说你呀，可真是的，人家不要的东西，还当成个香饽饽似的往回搬，脏了吧叽的，样式也不好看。

张海：你别横挑鼻子竖挑眼了，白来的，凑合着用吧，这破屋子不值得买新的，有朝一日住上好房子再买吧。

明华：唉，咱们喝了这么多年墨水儿，到现在连个像样的家都没有，老打游击，要是能有个两居室就好了，一间当卧室，一间当书房。

张海：你老是想天上掉馅儿饼的美事，你没看见，咱们这儿有头有脸的教授不也就是两居室嘛，咱们俩算老几啊，也想要两居室？别白日做梦了，就这破房子还是求爷爷告奶奶才住上的。

明华：哎，你们几个找老王谈房子的事没有？他是不是又给你开空头支票了？

张海：大概老王听说我们要找他，就给我们来了个空城计，我们几个连他的影子也没看见，后来我好不容易找到了赵科长。

明华：他怎么说？没像上次似的跟你吹胡子瞪眼吧？

张海：这次没有。他先给我吃了个定心丸，说肯定有我们的房子，后来就是老一套了，说年轻人多克服克服啦，还说，有个地方住就不错了，不要挑三拣四的。听得出来是在说我们。

明华：他真是站着说话不腰疼，让他来咱们这儿住几天看，他就不这么说了。咱们上回就是听了他的，上了他的圈套才没分到房，这次要是还不给咱们房子，咱们也学小李，给他来个软磨硬泡。

张海：唉，每回分房大家都使出浑身解数，绞尽脑汁地找门路，托关系，有的多年的朋友为了房子撕破脸皮。想想真没劲，可又有什么法子呢，僧多粥少啊！

明华：告诉你，现在不少人都在打那几套房子的主意，咱们这次可不能掉以轻心，得盯紧点。

张海：是啊，这次要是分不上房，以后都得自己掏钱买了，一套房子十多万呢！

明华：这真是天文数字啊，咱们每个月就那点儿少得可怜的工资，一点儿外快也没有，光靠勒紧腰带，猴年马月也买不起呀。

张海：要真自己买就得跟银行贷款，有人算过，大概每个月还千把块钱。

明华：一想到借那么多钱，我这心里就沉甸甸的，欠债的日子不好过呀。

张海：你那是老观念，人家国外买房子、买车什么的，都贷款。你呀，先别想那么多了，咱们走一步说一步吧。

단어 및 숙어

 5-31

1. 备课 [bèi//kè] (교사 혹은 교수가) 수업을 준비하다
2. 凑合 [còuhe] 모으다
3. 挑三拣四 [tiāo sān jiǎn sì] 이런 저런 것 중에서 자기가 좋아하는 것만 골라내다
4. 软磨硬泡 [ruǎn mó yìng pào] 어떤 목적을 달성하기 위하여 때로는 약한 모습을 보이며 떼를 쓰고, 때로는 강경한 태도로 요구하다. 목적 달성을 위하여 온갖 수단 방법을 가리지 않는다는 뜻. '软磨'는 부드러운 태도로 '조르다', '자꾸 떼를 쓰다', '硬泡'는 강경한 태도로 '요구하다'라는 뜻.
5. 门路 [ménlu] 인맥. 연줄
6. 掉以轻心 [diào yǐ qīng xīn] 대수롭지 않게 여기다. 예사로 생각하다
7. 少得可怜 [shǎode kělián] (수량, 숫자 등이) 불쌍할 정도로 적다. 아주 적다는 것을 강조하는 표현.
8. 外快 [wàikuài] 원래 '부수입'을 뜻하는 단어였으나 지금은 주로 부당한 수단으로 얻는 수입 혹은 뇌물로 받은 돈을 지칭한다.
9. 勒紧腰带 [lēijǐn yāodài] 허리띠를 꽉 졸라매다. 본문에서는 돈을 모으기 위하여 일상생활에서 최대한 절약한다는 뜻으로 쓰였다.
10. 贷款 [dàikuǎn] 은행 등에서 대출을 받다
11. 沉甸甸 [chēndiāndian] 묵직하다
12. 老观念 [lǎo guānniàn] 낡은 사고방식. 오래된 생각

고사성어를 이용한 광고문 ⑯

一网情深 (인터넷 사이트 광고)
정이 매우 깊어지다, 애정이 갈수록 두터워지다의 '一往情深 yì wǎng qíng shēn'의 응용 표현

핵심정리

5-32

  今天下午我费了九牛二虎的力气 fèile jiǔ niú èr hǔ de lìqi **才把这个桌子弄进来** : 아주 큰 힘을 들이다, 젖 먹던 힘까지 다하다

'소 아홉 마리와 호랑이 두 마리의 힘'은 아주 강력한 힘의 상징으로 쓰인 것이다. '九牛二虎的力气' 대신 '九牛二虎之力'라고 표현하기도 한다.

(1) 我们费了九牛二虎的力气帮老张把喝醉了的小王抬进了车里, 我们三个人都累出了一身汗。

(2) 陈大哥费了九牛二虎之力, 总算挤进了人群, 看见了卖票的窗口。

  桌子放在这儿碍手碍脚 ài shǒu ài jiǎo : 거치적거리다

직역하면 '손'을 사용하기에도 불편하고, '다리'를 움직이기에도 방해가 된다는 뜻을 의미한다.

(1) 那个大柜子正摆在门口, 出来进去碍手碍脚的, 我们想把它搬到门后面, 可奶奶就是不让动。

(2) 以前我老是嫌他在厨房碍手碍脚, 就不让他帮我做饭, 结果现在他什么饭也不会做。

  说实话, 不怎么样 bù zěnme yàng : 그저 그렇다, 별로다, 그렇게 좋지는 않다

(1) 我看过他的几首诗, 说实在的不怎么样, 可不知道为什么那么多人喜欢。

(2) 李主任对我没有半点好印象, 他给我的印象更不怎么样, 我们俩是谁看谁都不顺眼。

(3) 他的这匹马, 实在不怎么样! 都说它是青马, 可其实是灰不灰白不白的颜色。

  我说你呀, 可真是的 zhēn shi de : 정말로, 어휴 참

화자가 누군가에 대하여 불만이나 비판적인 감정을 가지고 있다는 것을 전달하기 위하여 사용하는 표현이다. 그렇지만 어감이 그렇게 강하지는 않으며, '的'를 생략하는 경우도 있다.

Point & Note

🔊 5-33

(1) 妈妈走出来说："小青，你可真是的，怎么让人家站在门口啊？请你的朋友进来坐坐呀。"

(2) 奶奶一边给我们找干衣服让我们换上，一边说："你们俩也真是的，怎么不躲躲雨呢？要是冻病了可怎么办？"

(3) 高明不好意思地说："咳，真是的，我把时间记错了，让你们白等了我一天。"

5. 还当成个香饽饽 xiāng bōbo 似的往回搬 : 보물단지

'饽饽' 란 허베이성, 베이징, 티엔진 일대에서 주로 먹는 밀가루 음식의 일종이며, '香饽饽' 는 '아주 맛있는 과자' 라는 의미를 뜻한다. 일반 대중에게 환영받는 사람이나 물건, 일 등을 뜻한다.

(1) 在过去，这个工作可是个香饽饽，钱又多，又不累，一年还能有几套工作服。

(2) 你又年轻，又有学问，在那些姑娘们的眼里，就像个香饽饽，还用我给你介绍？

(3) 干你们这行的现在成了香饽饽了，抢都抢不到手，你要是愿意来我们这儿，我们还能不欢迎？

6. 脏了吧叽 zāng le bājī 的，样式也不好看 : 더러워 죽겠다

'형용사(단음절)+ 了吧叽' 문형으로 쓰이는데, 이때 '了吧叽' 는 좋지 않은 의미에서 '아주, 대단히' 라는 뜻을 나타낸다. 많이 쓰이는 단음절 형용사로는 '脏、苦、累、湿、乱、傻、臭、酸' 등이 있다.

(1) 一个人爬上树，摘了几个果子，我们尝了尝，酸了吧叽的，一点儿也不甜。

(2) 王老师说："刚下完雨，地上湿了吧叽的，今天没法儿踢球了，你们都回家吧。"

(3) 小王想，看他傻了吧叽的样子，能有什么本事，还不是靠他爸爸的关系。

핵심정리

 你别横挑鼻子竖挑眼héng tiāo bízi shù tiāo yǎn **了**: 생트집을 잡다, 눈에 불을 켜고 티를 찾다

직역하면 '코와 눈을 이리저리 후비다'는 뜻인데, '콩이요 팥이요 하며 가리다, 무슨 일이든지 결점을 찾아서 한 마디 던지다'는 의미로 쓰인다. '挑鼻子挑眼儿'이라고 표현한다.

(1) 四嫂说:"他在外面受了累、受了气,我的麻烦就大啦!一回来就横挑鼻子竖挑眼,倒好像是我做错了什么似的!"

(2) 我妈妈最怕大姑妈来,大姑妈一来就横挑鼻子竖挑眼,摆的放的都不合适,都得按她的意思重来,妈妈听着她的训斥,还不能表现出不高兴。

 有朝一日yǒu zhāo yí rì **住上好房子再买吧**: 언젠가

미래의 어느 날을 지칭한다.

(1) 他的心里在想:'有朝一日,我一定得登上台唱一回,让他们瞧瞧我也会唱戏!'

(2) 她渐渐地学会了以幻想作安慰。她老想有朝一日,她会忽然遇到一个很漂亮的青年男子,俩人一见倾心。

(3) 他想,如果有朝一日再见到她,一定把这些话告诉她。

 咱们喝hē**了这么多年墨水儿**mòshuǐr: 먹물을 마시다: 학교를 다니다, 지식이 있다

'학식이 있다'는 것을 비유적으로 표현한 말이다.

(1) 留学好几年,连什么是XO都说不上来,怪不得人家说我们洋墨水都白喝了。

(2) 别人的话我不信,只有二哥说的话我从不怀疑,因为他是喝过不少墨水的人,有一肚子的学问。

(3) 爸爸常常说大哥是墨水喝得太多喝傻了,连一些人之常情都不懂。

Point & Note

5-35

⑩ 老打游击 dǎ yóujī : 셋방살이를 하다

직역하면 '유격전을 펼치다'라는 의미인, '정처 없이 떠돌아다니다'는 것을 나타낸다.

(1) 开始两年, 他们连租房的钱都没有, 只好到处打游击, 所以手里一有钱他们就赶紧在郊区租了间平房。

(2) 前几年他们三个人常常在几个歌厅打游击, 去年认识了一个唱片公司的, 给他们出了张专辑, 才算有了点儿名气。

⑪ 你老是想天上掉馅儿饼 tiānshang diào xiànrbǐng **的美事** : 하늘에서 떡이 절로 떨어지다, 아무런 노력도 들이지 않고 이득을 취하다

'掉' 대신 '落'를 쓰기도 한다.

(1) 世界上没有天上掉馅儿饼那样的事, 你不去努力, 不去争取, 你就什么也没有。

(2) 你不要以为做生意就那么容易, 天上掉馅儿饼似的, 钱就拿到手了。

⑫ 咱们这儿有头有脸 yǒu tóu yǒu liǎn **的教授不也就是两居室嘛** : 지위나 권위가 있다, 잘 알려져 있다

(1) 我父亲是厂长, 在当地算是有头有脸的人物, 所以老师也很照顾我, 经常是别人都在背书, 我一个人溜出去玩。

(2) 二十多年前他只是个小职员, 如今可是这镇上数一数二, 有头有脸的人物, 就住在那边的那座二层小楼里。

(3) 由于工作的关系, 我认识了不少有头有脸的人。

⑬ 咱们俩算老几 suàn lǎojǐ **啊** : 잘나면 얼마나 잘났다고, 뭐라도 되나!

'老几'는 형제들 중에서 몇 번째인지를 묻는 표현이다. 반어문에 쓰이게 되면, 특정한 범위 내에서 순위를 헤아릴 때 중요하다고 여겨지는 등수에는 들지 못한다는 뜻을 나타낸다. 결국 그다지 중요한 인물이 아니라는 뜻을 나타낸다.

핵심정리

 5-36

(1) 这是我的家,我干什么都是我的自由,你算老几?你管不着!

(2) 这事你可以找政府,也可以去找派出所,不要来找我,我算老几?我管得了吗?

(3) 人家有那么大的学问,咱算老几呀!怎么敢跟人家讨论问题啊。

14　别白日做梦 bái rì zuò mèng 了 : 백일몽을 꾸다, 전혀 실현될 가능성이 없는 일을 상상하다

'做白日梦'이라고 표현하기도 한다.

(1) 他苦笑着说:"您别给我费心了,没有哪个姑娘会看上我的。我也不做那白日梦了,看我这副样子,能养得活老婆孩子吗?"

(2) 老张一听我提的条件,马上摆摆手说:"几百块钱就想租个一居室,还是在市中心?怎么可能呢?你别在这儿白日做梦了。"

15　就这破房子还是求爷爷告奶奶 qiú yéye gào nǎinai 才住上的 : 여기저기 닥치는 대로 부탁하고 다니다

어떤 목적을 위하여 여기저기를 찾아다니면서 도움을 요청하는 모습을 상징한다. 여기에서 '爷爷'와 '奶奶'는 불특정 다수를 대표하는 대명사이다.

(1) 我们俩到处求爷爷告奶奶,终于在那家工厂后面找到了一间小平房,搬了进去。

(2) 要是让亲戚朋友知道他的钱都是求爷爷告奶奶地借来的,那他就没脸再见他们了。

(3) 爸爸叹息着:"要是你有本事,考上个大学,就不用我求爷爷告奶奶地帮你找工作了。"

16　他是不是又给你开空头支票 kāi kōngtóu zhīpiào 了 : 공수표를 발행하다, 이행 못할 약속을 하다

'空头支票'는 공수표라는 뜻인데, 그런 수표를 '발행한다'는 것은 실행이 동반되지 않는 헛된 약속을 한다는 의미이다.

(1) 他的钱每个月全数交给妻子，当他暗示说要请请客的时候，妻子总是说："好好做你的科长，请客干什么？"他于是就不敢再多说什么，而只好向同事们开空头支票。他对每一个同事都说过："过几天我也请客！"可是，永远没兑现过。

(2) 关心社会的作者们提出了社会上存在的种种问题，但他们最后也不过是开了一大堆解决问题的空头支票而已。

⑰ 给我们来了个空城计 kōngchéngjì : 일부러 자리를 비우다

공성계(空城计), 즉 성을 비우는 전술. 『三国演义(삼국지)』에서 제갈공명(诸葛孔明)이 성문을 활짝 열어두어 적에게 복병이 있는 것처럼 착각하도록 하여 겁을 집어먹고 철수하게 만들었다는 고사에서 유래한 관용표현이다. 당연히 있어야 할 사람이 자리를 비우고 없는 경우를 가리킨다.

(1) 他现在很怕回家，家里老坐着些求他办事的、替别人来求情的、送礼的亲戚、朋友，让他很头疼。没办法了，他干脆把门一锁，来个空城计，和老伴住到了女儿家。

(2) 我听到老刘在门口大声地说："我说，你们这儿怎么大白天地唱起空城计来了，办公室里的人都哪儿去了？"

⑱ 没像上次似的跟你吹胡子瞪眼 chuī húzi dèng yǎn 吧 : 눈을 부릅뜨고 성을 내다, 불같이 화를 내다

사람이 화가 나면 눈을 부릅뜨게 되고, 거칠어진 숨에 수염까지 들썩거리게 된다는 점에서 유래한 표현이다.

(1) 他觉得对下属不用讲什么礼貌，所以他对他手下的人永远是吹胡子瞪眼，现在要改也改不了啦。

(2) 一看见我在纸上写的那两句话，老头子气得吹胡子瞪眼，说从此以后再也不管我了。

⑲ 他先给我吃 chī 了个定心丸 dìngxīnwán : 안심하다, 진정하다

'定心丸'은 진정제란 뜻인데, 기분이나 정서를 안정시키는 말 혹은 행동을 지칭한다. '吃定心丸'은 실제로 진정제를 먹는다기보다는 그런 약이라도 먹은 것처럼 기분이 안정된다는 의미로 쓰인다.

핵심정리

(1) 她看着手里的这封信，像吃了定心丸一样，心情一下子轻松了不少。

(2) 张经理告诉他们一切费用都由公司出，先给他们吃了颗定心丸，然后一一给他们指派了任务。

(3) 村长说，有了这些粮食，村民们就好比吃下了定心丸，世道再乱也不怕了。

20 他真是站着说话不腰疼 zhànzhe shuōhuà bù yāo téng : 남의 사정은 고려하지 않고 무책임한 말을 해대다

직역하면 '서서 이야기를 하면 허리가 아픈 것도 느껴지지 않는다' 는 뜻을 의미하는데 자신과 아무런 관련이 없거나 주어진 상황에 대하여 잘 모르면서 다른 사람의 일을 가지고 무책임한 이야기를 하기는 쉽다는 뜻을 나타낸다. 좋지 않은 뉘앙스를 가지고 있다.

(1) 表姐忿忿地说："他们老让我也穿得时髦点儿，真是站着说话不腰疼，就那么点儿钱，还有俩上学的孩子，我拿什么去时髦啊？"

(2) "大学教授去卖花，这未免有点儿不雅吧？"
"先生，您可真是站着说话不腰疼！您不知道抗日战争期间，大后方的教授，穷苦到什么程度！"

(3) 你别在这儿站着说话不腰疼了，爷爷能听我的话？不把我打出来才怪呢！

21 上 shàng 了他的圈套 quāntào 才没分到房 : 함정에 빠지다, 덫에 걸리다

'圈套' 는 새나 들짐승을 잡기 위하여 설치하는 '덫' 을 뜻한다. 동사는 '上' 대신에 '中' 을 사용하여도 괜찮다.

(1) 我知道他们会把我说的每一个字都告诉给厂长，我才不上他们的圈套呢，甭管他们说什么，我就是一句话也不说。

(2) 前几天他们还恨不得咬你两口，今天突然要请你吃饭，这里面一定有问题，你可得小心点儿，别中了他们的圈套。

(3) 我一走进瘸子的家就发觉上了瘸子的圈套。屋里有很多人，都像在等我。瘸子好好的，根本没受伤。

Point & Note

🎧 5-39

㉒ 每回分房大家都使出浑身解数 shǐchū húnshēn xièshù : 온갖 수단을 총동원하다

'浑身'은 '온몸', '解数'는 무술에 있어서의 '기술, 기량'이란 뜻을 가진다. 따라서 '使出浑身解数'를 직역하면 '온몸의 각 기관을 다 이용하여 기량을 발휘하다'가 되는데, '수단·방법을 막론하고 동원할 수 있는 모든 것을 다 동원하다'는 의미로 쓰인다.

(1) 客人来的那天, 我母亲做了好些菜, 可以说使出了浑身解数, 饭菜相当丰盛, 客人们吃得很满意。

(2) 陆建的额头上冒出了汗珠, 他使出浑身的解数, 把手里的三张牌洗得让人眼花缭乱, 可老头儿还是一下子就说出了红桃K。

(3) 他不放过任何机会, 使出浑身解数想吸引那个女孩的注意, 可人家连看都不看他一眼。

㉓ 绞尽脑汁 jiǎojìn nǎozhī **地找门路** : 온갖 지혜를 다 짜내다

직역하면 '뇌를 쥐어짜다'는 뜻인데, '없는 지혜, 있는 지혜 가리지 않고 머리에서 다 짜내다'라는 뜻을 나타낸다.

(1) 为了这个报告, 小林在家绞尽脑汁地想了三天, 最后总算写了出来。

(2) 编剧和导演们可以说绞尽脑汁了, 可他们的电影总是不对观众的胃口。

㉔ 有的多年的朋友为了房子撕破脸皮 sīpò liǎnpí : 등을 돌리다, 우정이나 관계가 깨어지다

직역하면 '상대방의 얼굴을 할퀴어 상처를 내다'는 뜻으로, 서로의 체면이나 친분 등을 철저하게 내던지고 반목하다는 의미를 나타낸다.

(1) 姐姐和她婆婆虽然也有矛盾, 但她们谁也不愿意撕破脸皮, 所以表面上还算合得来。

(2) 原来关系挺不错的邻居, 现在竟然为了鸡毛蒜皮的小事撕破脸皮, 真不值得。

(3) 有时她也想撕破脸皮把他们大骂一顿, 出出心里的气, 可这只是在脑子里一闪, 她受的教育不允许她这样做。

핵심정리

Point & Note

25 僧多粥少 sēng duō zhōu shǎo 啊 : 중은 많고 죽은 적다

사람이 많으면 자연히 각자에게 돌아오는 물건도 적거나 없다는 뜻으로, 때때로 일손은 많은데 일은 적다는 의미로도 사용된다.

(1) 进修的名额只有三个, 僧多粥少, 这让王主任很头疼, 让谁去不让谁去呢？

(2) 两个工厂合并以后, 原工厂的工人只能留下六十个, 在这种僧多粥少的情况下, 年轻的、懂技术的就占了优势。

26 猴年马月 hóu nián mǎ yuè 也买不起呀 : 어느 세월, 언제쯤이 되어서야

'원숭이 해와 말의 달'은 실제로는 존재하지 않는 시점을 의미하며, 언제가 될지 알 수 없다는 뜻을 나타내게 되었다. '驴年马月' 라고도 표현한다.

(1) 几年下来, 他们厂欠了银行两百多万元, 这么多钱, 猴年马月也还不清啊！

(2) 看我织毛衣那么慢, 小张笑着说：“就你这个速度, 猴年马月你也穿不上, 算了, 还是我帮你织吧。”

27 先别想那么多了, 咱们走一步说一步 zǒu yí bù shuō yí bù 吧 : 그 때 그 때 생각하다, 일을 단계적으로 진행시키다

사전에 미리 계획을 세워두지 않고 일의 진행 상황을 보아가면서 그때 그때 결정한다는 뜻을 나타내며, '走一步看一步' 라고 표현한다.

(1) 现在事情变化太快了, 以后的事谁也说不准, 咱们还是走一步说一步吧。

(2) 既然大家都没有个主意, 咱们就走一步说一步, 到那儿以后咱们再商量。

연습문제

1 밑줄 친 표현의 뜻을 생각하면서 읽어보세요.

(1) 继母从屋里出来，见他又喝醉了，就劝他说：＂长海，别喝那么多酒，对身体不好。＂他借着酒劲儿，瞪着眼说：＂你算老几？也配管我！你从哪儿来的回哪儿去！＂继母一下子呆住了，眼泪流了下来。

(2) 我知道老张那些话是说给我听的，我心里很生气，可想想自己只是个小秘书，要是跟他撕破脸皮地大吵一顿，只会给自己带来麻烦，所以只好装作没听见。

(3) 桂芬心里很清楚，婆婆这样横挑鼻子竖挑眼地看不惯自己，给自己气受，就是因为自己家里穷，没带来多少嫁妆。

(4) 小王一进门就说：＂马大姐，您可真是的，打扫办公室您怎么没通知我一声？这么多活儿全让您一个人干了，多不合适！＂

2 보기에서 적당한 단어를 찾아 빈칸에 써보세요.

〈보기〉 有头有脸　香饽饽　打游击　白日做梦　猴年马月　僧多粥少
　　　绞尽脑汁　吹胡子瞪眼　走一步说一步　费了九牛二虎的力气

(1) 刚建校的时候，没有那么多的教室，所以我们上课也就没有固定的地方，经常是_____，有一段时间我们就在一座破庙里上课，条件非常艰苦。

(2) 那张木床又大又重，我和姐姐连拉带推，_____才把它搬到门口，可是我们没有办法把它弄出门去。

(3) 老人看着地里已经该割的麦子发愁，孩子还小，帮不上忙，就靠自己的两只手，这么一大片的麦子_____也割不完哪！

(4) 上中学的时候，他很不引人注意，没有多少人知道他，可没想到，这几年他成了我们这儿_____的人物，走到哪儿后边都跟着一大帮人。

(5) 老张说：＂我们都知道他那样对你是不对的，可他是大经理，你想让他来给你赔礼道歉，那真是_____了。＂

(6) 去年我们打算派两个人去上海学习，结果报名要求去的有二十多人，_____，所以最后我们只好采取考试的方法。

(7) 平时他们俩关系好的时候，并不怎么理我，可一旦他们俩吵架了，我就成了_____，俩人都拼命讨好我，想把我拉到自己的一边。

(8) 眼前这个人看着很眼熟，可是我_____也想不起来在哪儿见过他。

(9) A：要不咱们再好好商量商量，也许能找到个好办法。
B：算了，_____吧，谁知道明天又有什么新变化。

(10) 没等我把话说完，他就_____地骂我不会办事，还说要炒我的鱿鱼。

2 주어진 표현으로 대화를 완성하세요.

(1) A：我跟李先生说了以后，李先生答应帮忙，还说他可以再找来几个专家。
B：太好了，现在我总算是_____。(吃定心丸)

(2) 爸爸：这次你要是赢了，你想要什么我给你买什么。
儿子：算了吧，_____。(开空头支票)

(3) 儿子：这块地说方不方，说圆不圆，我不知道怎么去量它的面积。
爸爸：你呀，_____，真没用。(喝墨水)

(4) A：我给你介绍的那本书不错吧？听说最近还获了什么奖了呢！
B：说实话，_____。(不怎么样)

(5) A：那个人看上去很老实，他说只要交100块钱的押金就行。
B：现在骗子很多，你_____。(上圈套)

(6) A：明天又是礼拜天了，也许他们还会来，真烦人！
B：干脆，咱们_____。(空城计)

(7) A：人家小丽帮了你那么多忙，你可别忘了她呀。
B：_____。(有朝一日)

(8) A：昨天你们跟清华大学的那场篮球打得怎么样？
B：快别提了，_____，可还是输了。(使出浑身解数)

편 저 왕혜경

고려대학교 문과대학 졸업
고려대학교 대학원 중국어학 석사과정 졸업
고려대학교 대학원 중국어학 박사과정 졸업(문학박사)
홍익대학교 교양과 조교수

알짜배기 중국어 구어표현 500

초 판 발 행	2006년 9월 15일
1판 12쇄	2024년 6월 25일
저자	沈建华
편저	왕혜경
편집	최미진, 연윤영, 엄수연, 高霞
펴낸이	엄태상
디자인	김지연
콘텐츠 제작	김선웅, 장형진
마케팅본부	이승욱, 왕성석, 노원준, 조성민, 이선민
경영기획	조성근, 최성훈, 김다미, 최수진, 오희연
물류	정종진, 윤덕현, 신승진, 구윤주
펴낸곳	시사중국어사(시사북스)
주소	서울시 종로구 자하문로 300 시사빌딩
주문 및 문의	1588-1582
팩스	0502-989-9592
홈페이지	www.sisabooks.com
이메일	book_chinese@sisadream.com
등록일자	1988년 2월 12일
등록번호	제300 - 2014 - 89호

ISBN 978-89-7364-512-1 18720

ⓒ 북경어언대 출판사 독점 라이선스
　2005 沈建华「汉语口语习惯用语教程」

＊ 이 책의 내용을 사전 허가 없이 전재하거나 복제할 경우 법적인 제재를 받게 됨을 알려 드립니다.
＊ 잘못된 책은 구입하신 서점에서 교환해 드립니다.
＊ 정가는 표지에 표시되어 있습니다.